LES
DROITS D'ENTRÉE ET D'OCTROI
À PARIS
DEPUIS LE DOUZIÈME SIÈCLE

PAR

A. DE SAINT-JULIEN,

ANCIEN DIRECTEUR DES DROITS D'ENTRÉE ET D'OCTROI DE PARIS

ET

G. BIENAYMÉ,

CHEF DE BUREAU AU MINISTÈRE DES FINANCES.

EXTRAIT

du Bulletin de statistique et de législation comparées (année 1885).

PARIS.

IMPRIMERIE NATIONALE.

1886.

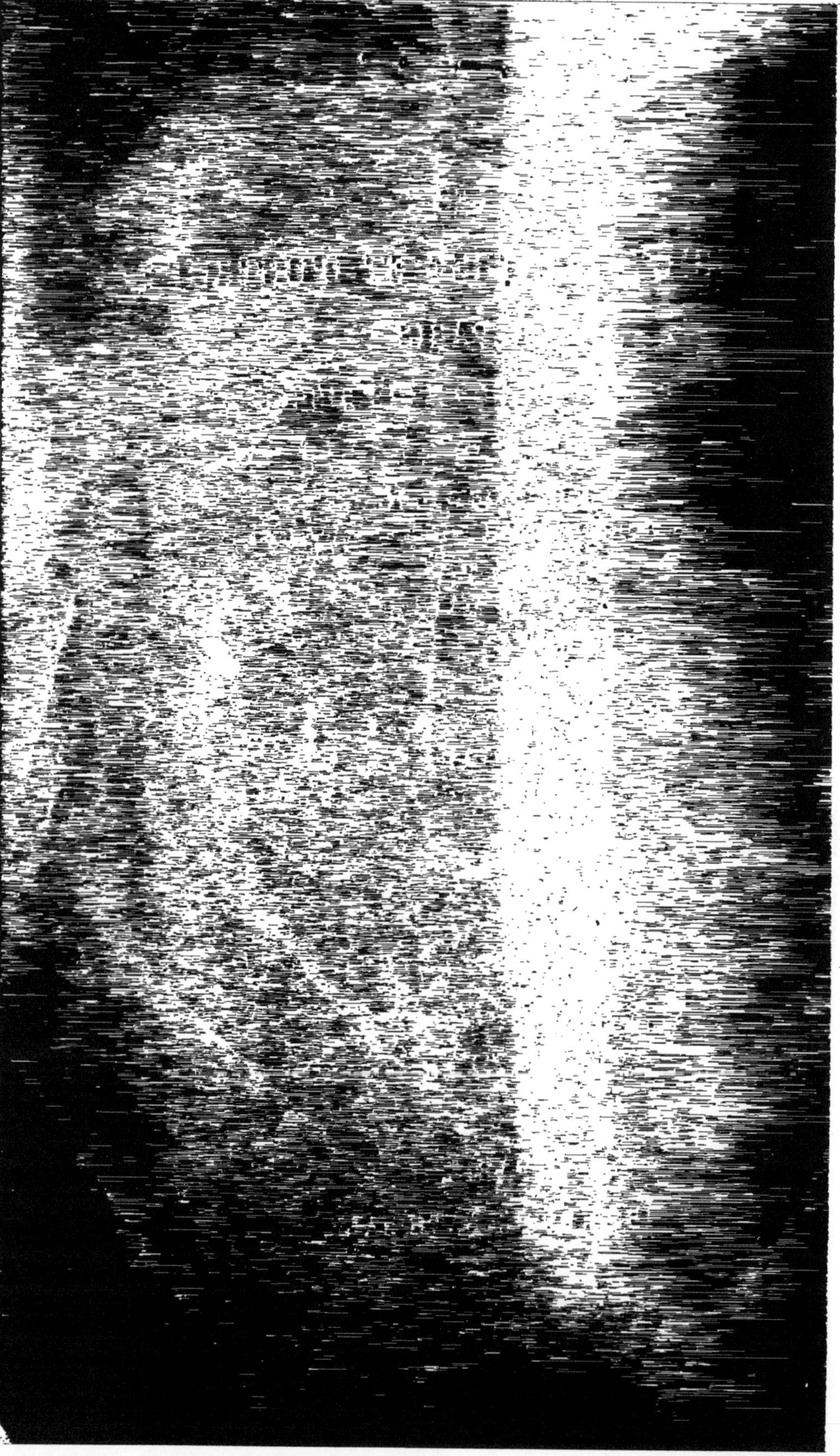

LES
DROITS D'ENTRÉE ET D'OCTROI
À PARIS
DEPUIS LE DOUZIÈME SIÈCLE.

LES
DROITS D'ENTRÉE ET D'OCTROI
À PARIS
DEPUIS LE DOUZIÈME SIÈCLE

PAR

A. DE SAINT-JULIEN,

ANCIEN DIRECTEUR DES DROITS D'ENTRÉE ET D'OCTROI DE PARIS

ET

G. BIENAYMÉ,

CHEF DE BUREAU AU MINISTÈRE DES FINANCES.

EXTRAIT

du Bulletin de statistique et de législation comparée (année 1885).

PARIS.

IMPRIMERIE NATIONALE.

1886.

[illegible]

[illegible]

[illegible]

[illegible]

[illegible]

[illegible]

[illegible]

[illegible]

[illegible]

[illegible]

[illegible]

LES DROITS D'ENTRÉE ET D'OCTROI À PARIS

DEPUIS LE DOUZIÈME SIÈCLE.

Les tableaux qui suivent présentent les tarifs des droits d'entrée et d'octroi à Paris tels qu'ils ont pu être reconstitués depuis le douzième siècle. La lecture en sera rendue plus facile par quelques explications préalables.

On s'était peu occupé jusqu'ici de l'histoire des finances de la Ville de Paris et encore moins de l'histoire de ses impositions. Il est vrai que de toutes celles, directes et indirectes, qu'ont eu à payer les Parisiens, il n'y a eu de spécial à leur ville, excepté quelques taxes personnelles passagères, que des droits de consommation; mais l'importance de ces droits a toujours été grande. Pendant des siècles, en effet, comme encore aujourd'hui, ils ont constitué le principal revenu de la Capitale, en même temps qu'ils apportaient au Trésor des sommes considérables. Or, ces droits de consommation, d'abord perçus tant à la vente des objets que lors de leur introduction dans la Ville, devaient tous finir par prendre cette dernière forme. L'évolution a duré plusieurs centaines d'années et elle ne s'est terminée que par la conversion récente en *octroi* des taxes qui survivaient dans les halles et marchés, sous le nom de *perceptions municipales;* mais la transformation s'était faite de très bonne heure pour la plupart des droits. Donc les phases de cette absorption ancienne peuvent être considérées comme les préliminaires de l'histoire des entrées et octrois, et cette histoire peut aussi revendiquer comme sienne celle des taxes qui ont été absorbées plus ou moins tardivement.

L'étude qu'on pourrait appeler généalogique de tous ces droits restait à faire, car tel n'a pas été le but d'un ou deux traités rédigés seulement pour des époques comprises entre le commencement du seizième siècle et le milieu du dix-huitième sans préoccupation des origines un peu anciennes. C'est pourquoi cette étude a été entreprise en poussant les investigations aussi loin que possible dans le passé.

Que les droits d'entrée et d'octroi à Paris aient continué ou non ce qui a pu exister d'analogue sous l'administration gallo-romaine à Lutèce, on ne trouve avec certitude leur plus ancienne trace qu'au douzième siècle. Il est vrai que des droits sur le vin, le miel et la garance, perçus au passage de Paris, auraient été concédés par Dagobert à l'abbaye de Saint-Denis, s'il faut en croire des diplômes de 635 et 639; mais l'authenticité de ces documents, longtemps mise en doute, est tout à fait contestée maintenant et l'on peut penser que, fabriqués pour reculer l'origine de ces droits, ils n'en attestent pas moins leur existence à une date assez ancienne.

Au douzième siècle donc (1121), on trouve certainement un droit à payer par les bateaux de vin entrant pendant les vendanges, mais c'est au treizième siècle seulement (1213) que se rencontre un premier tarif de droits mis, pour une année, sur les bateaux en tout temps : 5 sols sur ceux de vin arrivant d'amont et 10 sols sur ceux sortant, 5 sols sur ceux de sel venant d'aval, 4 sols sur ceux de harengs, 3 sols sur ceux de blé ou de merrain, 2 sols sur ceux de foin et 12 deniers pour ceux de bois à brûler. Il faut ensuite descendre jusqu'à la dernière partie du même siècle (1268) pour trouver la constatation de droits permanents; mais alors c'est un tarif très complet qui est contenu dans la minutieuse œuvre faite sur l'ordre de saint Louis par son prévôt royal, Étienne Boileau, œuvre connue sous le nom de *Livre des métiers.*

C'est là qu'à côté de la déclaration par les chefs de « métier » des privilèges et des devoirs de leur corporation, sont consignés les droits perçus ou payés par elle et ce que chaque objet servant à son industrie devait acquitter en arrivant à Paris ou lors de la vente. Du dépouillement de cette sorte de procès-verbal, souvent fort confus sous un ordre apparent, est résultée la reconstitution de ce qui peut être considéré comme le point de départ de la fiscalité parisienne.

On trouve d'abord l'énumération des droits de *chaucie* (chaussée) dus pour l'entretien des chemins dans la banlieue. Ce premier titre se compose de 36 articles. Les droits prélevés au *Petit-Pont,* terminus de la route d'Orléans et par conséquent de celle du Midi et même d'Orient, forment 97 articles d'un autre titre. Puis le *rouage,* de même nature que les deux premiers, mais portant seulement sur le vin, le *rivage,* pour les marchandises entrant par eau, le *conduit,* analogue aux droits modernes de sortie, de transit et d'escorte, complètent le groupe qui peut être formé en dégageant les droits d'entrée de la nomenclature enchevêtrée où ils sont mêlés aux droits de vente. Ceux-ci se composent des *tonlieux* et des *coutumes,* taxes dues par le vendeur ou par l'acheteur, quelquefois par tous les deux, et des droits de *congié et hallage,* vraisemblablement formés de deux taxes jadis séparées et qui, soudées par l'usage, représentent au treizième siècle la licence de vendre et la place au marché, c'est-à-dire les modernes *perceptions municipales* de Paris. Outre ces droits de vente communs à la plupart des objets, sous une tarification qui ne porte pas moins de 209 articles, il y avait le droit de *chantelage* pour le débit du vin et le *minage* pour le blé qu'il était obligatoire de mesurer à la mine-le-roi.

Ces droits paraissent tous avoir duré ensuite plusieurs siècles, allant d'abord en augmentant par la rapacité des receveurs, comme cela est constaté en 1400 où le Roi, déclarant que les *chaucies* en sont venues au double, ordonne le retour au tarif primitif qu'il rappelle article par article; ou encore, comme en 1407 où des droits analogues à ces *chaucies* sont ajoutés aux objets déjà frappés. Puis, avec le temps, tous ces droits tombent en désuétude; et probablement ils ne produisaient plus guère ou ne figuraient presque plus que sur le papier des tarifs, quand au dix-septième siècle le Trésor royal les réunit aux impositions qu'on réglementait alors. Jusque-là les propriétaires de quelques-uns étaient le Roi, la Ville et l'Évêque, qui avaient chacun à son tour « la tierce semaine ». D'autres appartenaient à des seigneurs particuliers et à des communautés religieuses ou laïques. Mais la plupart s'étaient, pour ainsi dire, consolidés aux mains du Roi et du prévôt des marchands représentant la Ville ou bien avaient été concédés aux hôpitaux et aux corporations d'officiers de police. Ces officiers établis sur les ports, quais, halles et marchés, en vue d'un contrôle plus ou moins réel, remontaient en partie très haut. Tels les *jaugeurs de vin*, les *compteurs d'œufs et de fromages*, les *mesureurs de bûche*, les *courtiers et les mesureurs de sel*, les *courtiers de foin* et les *langueyeurs de porcs*, dont l'origine est inconnue, puis les *courtiers en vins* qui apparaissent en 1321, les *vendeurs de marée* en 1350, les *jurés-vendeurs de vins* et les *vendeurs de bestial à pied fourché* en 1375, les *déchargeurs de vins* et les *chargeurs de bûche* en 1415. Tous ces officiers devaient aussi disparaître avec les droits qu'ils percevaient, mais pour renaître bientôt sous les mêmes noms ou sous d'autres, dont quelques-uns assez hétéroclites.

Or, pendant que ces taxes de contrôle, ces *chaussées*, ces droits de *petit-pont*, ce *rouage*, ces *rivages*, ces *conduits*, ce *chantelage*, ces *tonlieux*, ces *coutumes*, ces *congiés et hallages* fournissaient leur carrière, des droits de vente distincts des *tonlieux* et des *coutumes* frappèrent passagèrement en 1337, 1341, 1350 et 1351[1], la majorité des denrées et marchandises. A chacune de ces années correspond un tarif détaillé de ce que doit l'acheteur, « et pour revendre autant ». C'est par conséquent à la première de ces dates, 1337, que se place la seconde étape dans la marche d'ensemble des impôts sur la consommation parisienne vers les époques les plus compliquées de notre histoire financière.

Mais bientôt se fait un pas en arrière, car à ce système différentiel en succède un autre d'une simplicité brutale. Il consiste dans un droit *ad valorem* sur *tout* ce qui se vend et se revend. Déjà essayé en 1314 sur le pied de 10 deniers par livre du prix et en 1324 à raison d'un denier, ce système rétrograde porta le droit en 1355 à un sol pour livre. Presque aussitôt interrompu, essayé encore en 1356 avec le même taux, il s'établit enfin sérieusement dans les mêmes conditions en 1360 pour la rançon du roi Jean. Cette imposition dura ensuite plus d'un siècle avec son caractère de généralité; mais, en 1465, elle fut restreinte aux *cinq espèces réservées:* boissons, bestiaux, poissons, combustibles et drap vendu en gros.

Le vin et « les autres menus breuvages » avaient, du reste, les premiers fait reprendre la marche progressive. De 1360 à 1380, ils étaient taxés au treizième de leur valeur en gros, au détail, à l'entrée ou à la sortie; puis lors du rétablissement des droits abolis totalement pendant l'insurrection des Maillotins (1380-1383), après « la punition de Paris », les boissons avaient été frappées du *sol pour livre* (vingtième) à la vente en gros et du *quatrième* au détail. Ce dernier taux devait être abaissé au *huitième* (1395), rétabli (1398), remis encore au huitième (1465). Celui-ci fut ensuite distingué selon le débit à pot (donnant à boire) ou le débit à assiette (donnant à manger) (1498), enfin il fut fixé (1552) à ce qu'on appela le *huitième réglé*, parce qu'un droit spécifique remplaçait le droit proportionnel.

---

[1] Selon l'usage qui a prévalu pour les études historiques récentes, les dates sont données d'après le nouveau style.

Pendant ces variations les quatre autres *espèces réservées* en 1465 continuèrent seules à payer leur sol pour livre de la vente au Roi, et comme la Ville et les hôpitaux se soutenaient avec leurs ressources propres, il y eut un temps d'arrêt dans l'ensemble des impositions de consommation, lequel dura jusqu'à la fin du quinzième siècle. Puis, la tendance des droits de vente à se transformer en droit d'entrée s'affirma pour ne plus cesser que de nos jours.

Avec le seizième siècle donc, les taxes d'introduction, jusque-là limitées aux *chaussées, péage du petit-pont, rouage, rivage* et *conduit*, s'établirent dans le système financier à Paris. D'abord les bestiaux sur pied, payèrent aux barrières (1505-1510), puis le vin fut frappé de la même manière (1544-1546); mais dès 1527 pour les bestiaux et 1551 pour le vin, voici que s'établit carrément le droit d'entrée. La bière (1625), les alcools (1633), la volaille et le gibier, les poissons d'eau douce, les beurre, œufs et fromages, les combustibles, les matériaux et les fourrages suivent bientôt (1640), ensuite les poissons de mer frais, secs et salés (1692) et, pour chacun des objets dont s'empare le tarif, la quotité due à la barrière s'en va croissant. Ce n'est pas que chaque droit fût soumis à des rehaussements successifs, mais que, durant les prorogations qui ne touchaient pas à son montant, d'autres venaient s'y ajouter. La juxtaposition des nouveaux finissait par former un lourd faisceau, et le résultat était bien le même en définitive. Il y a pourtant à remarquer la différence des entrées et des octrois modernes avec leurs analogues d'avant la Révolution : les modernes frappent sous un seul nom (entrée pour le Trésor, octroi pour la Ville) et avec une seule quotité l'objet assujetti à l'un ou à l'autre, sans qu'à chaque coup frappé corresponde une désignation propre à faire connaître qu'il s'agit de subvenir à telle partie des frais généraux de l'État ou de la Ville. Jadis, au contraire, tout droit prenait dans le public un nom tiré de l'objet, du quantum ou de la cause; puis, il gardait ce nom officiellement : les *cinq sols des fortifications* (1544), l'*octroi des fontaines* (1597), les *cinq sols des pauvres* (1610), les *vingt sols de Sedan* (1640), les *cinq sols des bastardeaux* (1650), les *vingt sols de l'Hôpital général* (1658), etc., autant de dénominations distinctes qui mettaient le contribuable éclairé à même de se rendre compte de la raison ou du prétexte qui vidait un peu plus son escarcelle.

Des réglementations avaient, du reste, à plusieurs fois réuni en un seul *droit royal* pour chaque objet — au moins pour les principaux — tous ces droits particuliers. Ainsi, en 1633, les péages auxquels le vin était soumis sur la Seine « et autres rivières affluentes » furent remplacés par un droit unique à l'entrée de Paris. En 1640, les *chaussées* qui se percevaient, on l'a vu, par la Ville pour les chemins de la banlieue et les *barrages* qu'avait le Roi pour d'autres chemins furent réunis au Trésor royal qui en assuma les charges. En 1651, pareille réunion sous le nom de *droit du domaine*, de ceux du *petit-pont*, de *rouage*, de *conduit*, de *tonlieu*, de *coutume* et de *congé et hallage*. Colbert, par l'ordonnance de 1680, fit unifier les droits à l'entrée des boissons, des bestiaux, du poisson et des combustibles et réglementer les droits de vente pour ces objets. Il y eut là un grand pas de plus vers l'unité, non seulement pour ce qui payait au Trésor, mais aussi pour ce qui revenait à la Ville de Paris, dont le Roi prit encore à son compte les dépenses assignées sur ces droits.

En 1715 rentrent aussi au Domaine royal les taxes concédées aux officiers de police; mais par une suite d'emprunts déguisés, elles sont rétablies, supprimées de nouveau, rétablies encore sous les noms bizarres des créations de charges «en titre d'office», dont les fonctions, souvent inutiles, étaient à peu près les mêmes que celles dont il a été question déjà.

Les dépenses de charité n'avaient pas, du reste, tardé à rompre encore une fois l'unité établie par le grand ministre de Louis XIV et presque jusqu'à la veille de la Révolution (1771) des taxes pour l'entretien des hôpitaux avaient porté sur le vin et le bois à brûler notamment.

C'est ainsi que, vers 1630, il y eut jusqu'à 6 bureaux à la fois pour l'entrée du vin et que l'introducteur de certaines denrées devait payer à plusieurs des 15 fermiers existants.

Pour les boissons du moins, cette complication abusive cessa en 1719, lorsque les droits de vente en gros (ancien *sol pour livre*) et ceux de détail (*huitième réglé*) furent remplacés par une augmentation à l'entrée. Jamais depuis on n'est revenu sur l'excellente mesure qui avait fait Paris *ville rédimée*. On peut, en effet, considérer comme accidentel le rétablissement de l'exercice pour assurer le recouvrement pendant quelques années de ce siècle.

Le drap vendu au détail avait cessé de payer en 1465, mais, vendu en gros, il ne fut exempté qu'en 1635.

Le droit du *sol pour livre* à la vente en gros des bestiaux avait cessé en 1680, mais le même droit à la vente de seconde main fut maintenu jusqu'en 1791. Le droit analogue pour le poisson, pour la volaille et pour le gibier eut aussi la même durée, et de plus ces mêmes objets, ainsi que le beurre, les fromages et les œufs, furent repris par les tarifs de vente aux halles pour ne cesser qu'en ces dernières années.

Le nom de *sol pour livre* ne s'appliquait pas qu'aux droits principaux. Il était même encore plus usité pour les surtaxes dont ceux-ci avaient été successivement chargés. Pourtant ce fut relativement tard que s'employa ce moyen facile d'augmenter l'impôt, sans avoir à le discuter, qui consiste à y ajouter une fraction du quantum, laquelle incorporée avec lui se recouvre de même. C'est, seulement en 1633 que, pour obtenir ainsi une plus-value peu sensible au contribuable, on mit, comme timidement, 6 deniers pour livre en sus des droits affermés par le Roi. C'était $\frac{1}{40}$ qui, à Paris ainsi que par toute la France, se trouvait ajouté. Puis on eut recours à cet expédient commode en mettant 6 autres deniers en 1639, 1 sol en 1643, 2 en 1645 et encore 1 sol en 1654, ce qui faisait le total de 5 sols pour livre ou un quart du principal. On y ajouta encore en 1657 un autre sol frappant non seulement le principal, mais aussi le quart additionnel; enfin, en 1658, ce furent 6 deniers pour livre qu'on appliqua sur le principal, sur son quart et sur le sol de l'année précédente. Comme l'augmentation du quart (1654) représentait la proportion existant entre la monnaie tournois et la monnaie parisis, on donna le nom de celle-ci à cette augmentation, et quand (1658) le droit en sus eût atteint sa quotité totale qui était en réalité d'un peu plus du tiers, on l'appela le *parisis sol et six deniers pour livre.*

L'habitude de percevoir ce supplément n'avait pas demandé beaucoup d'années pour le consolider dans la pensée administrative, car Colbert, lors de sa grande réforme de 1680, le comprit dans le droit unique qu'il fixait pour certains objets. Puis on oublia que ce droit comprenait à l'état latent les droits additionnels, car 2 sous pour livre se mettaient en 1705, 2 autres en 1715, 1 en 1760, 1 en 1763, 2 en 1771 et enfin 2 derniers en 1781. C'étaient par conséquent 10 sous pour livre qui avaient été mis pendant le dix-huitième siècle, c'est-à-dire que pour les dix années qui s'écoulèrent sans changement jusqu'à la suppression des entrées et octrois (1791), il y eût à payer moitié en sus du principal. Comme dans celui-ci se trouvaient implicitement contenus les droits supplémentaires du dix-septième siècle, la proportion additionnelle était même encore plus forte d'autant.

Les *sous pour livre* ne devaient pas reparaître dans le siècle présent, mais les *décimes* et les *demi-décimes* furent et sont encore la même chose sous un nom différent. En 1813, le premier de ces décimes est mis pour le compte de l'État sur l'entrée et sur l'octroi, puis il est supprimé en 1814. En 1815, c'est sur l'octroi seul qu'est appliquée une même surtaxe, mais pour le compte de la Ville. Elle a été doublée en 1848 pour certains objets et en 1874 pour d'autres. C'est donc l'équivalent de 4 sous pour livre que payent la plupart des objets soumis à l'octroi parisien. Pour les boissons et liquides, qui seuls sont en outre assujettis aux droits d'entrée pour le Trésor, il y a, depuis 1816, 1 décime, 2 depuis 1855 et 2 1/2 depuis 1873, c'est-à-dire l'équivalent de 5 sous pour livre.

De même que l'octroi moderne, pour les droits additionnels, continuait à peu près l'ancien système, de même pour les droits principaux n'avait-il fait que reprendre les errements de l'institution fiscale dont la Révolution avait cru pouvoir se passer. Dès que, sous le nom timide *d'octroi municipal et de bienfaisance,* quelques objets avaient de nouveau été soumis à une taxe d'introduction (an VII = 1798), c'était, à peine déguisée, la vieille administration octroyenne qui reprenait son service. Puis, comme si elle eût puisé des forces dans l'inaction, elle rentrait assez vite en possession d'une bonne partie des objets frappés naguère. Pourtant, de par la loi organique de 1799, l'imposition ne devait à Paris, comme ailleurs, porter que sur ce qui sert à la *consommation locale.* Cette restriction différencie de l'ancien régime d'entrée et d'octroi le régime actuel qui, ainsi que cela a été remarqué plus haut, a pour autre caractère distinctif de ne pas donner un nom spécial à chacun de ses éléments.

En 1848 eut lieu un accroissement notable dans le nombre des objets assujettis, par la soumission au tarif de la volaille, du gibier et du poisson. Quelques essais faits à la même date cessèrent au bout de plusieurs mois.

De 1871 à 1874, le besoin de nouvelles ressources et le désir de combattre l'abus des boissons alcooliques firent augmenter notablement les articles y relatifs.

Enfin, les lois des 19 juillet et 30 décembre 1880 ont dégrevé les vins d'une quantité assez appréciable pour le consommateur qui se fournit par pièces.

Tout accru qu'il est, le tarif d'aujourd'hui ne contient plus des catégories entières imposées jadis, puisqu'il y a eu plus de 300 articles frappés à la fois. Il y en avait encore près de 150 au moment de la Révolution et actuellement on n'en compte plus que 78. Mais ces changements ne laissent pas que de maintenir une ressemblance entre l'ancien système et le moderne. Aussi une forme identique a-t-elle été donnée aux tableaux reproduisant ci-après les 123 tarifs qui ont précédé celui qui est en vigueur.

Au lieu de montrer tous ces tarifs séparément par ordre chronologique, il a semblé préférable d'adopter l'ordre des matières, en présentant par catégories tous les objets avec leurs taxes successives.

La première colonne indique les années correspondant aux créations, suppressions, modifications; la seconde fait connaître la nature et la date précise des actes constituant le titre de perception : édits, déclarations, lettres patentes, arrêts, ordonnances, lois ou décrets. Pour les édits seuls, le quantième du mois n'est pas donné, selon la coutume. Ensuite, sous l'intitulé de *droits d'entrée* ou d'*octroi* sont placés, dans leur colonne respective, tous ceux appartenant au Trésor, à la Ville, aux hôpitaux et aux officiers de police. La destination des droits rentrant dans ces deux dernières colonnes ressort de leur rubrique même. Dans la première, par *Trésor* est entendue la finance tenue dans les mains du Roi sous l'ancienne monarchie et tenue depuis par le pouvoir gouvernemental. Dans la deuxième colonne, le mot *Ville* désigne la caisse communale, à l'exception, pour l'ancien régime, de ce qui allait directement aux hôpitaux. Pour le régime moderne, c'est *l'octroi*, lequel concourt sans affectation distincte aux frais d'assistance publique.

Une colonne contient les sous pour livre ou les décimes désignés par le nom plus commode que rigoureusement exact de *surtaxes* et une autre colonne est consacrée aux déductions à faire. Enfin, dans une autre tous les droits sont totalisés. C'est là que se trouve la quotité résultant de chaque variation.

Il a paru intéressant de juxtaposer au total des droits d'entrée ou d'octroi le prix moyen de l'objet assujetti, puis d'exprimer le rapport du droit au prix. Deux colonnes sont consacrées à ce coup d'œil d'ordre économique. Elles n'ont pas toujours pu être remplies, car indépendamment de la difficulté de découvrir ce qu'a coûté, même approximativement, un si grand nombre de denrées et de marchandises, il est plusieurs d'entre elles qui, rassemblées dans un même article de tarif, auraient demandé à être présentées chacune séparément, ce qui aurait entraîné un développement presque indéfini. A part ces exceptions, il a été possible de relever des prix authentiques dans les textes relatifs à Paris (comptes d'établissements de charité, de troupes, de collèges, de communautés religieuses ou laïques, mémoires et journaux particuliers, etc.). Ces données ont été employées avec circonspection, quand il n'en a été trouvé qu'à une seule source; quand plusieurs documents en ont fourni, leur moyenne a été utilisée avec plus d'assurance. Comme d'heureuses trouvailles ont permis de faire ce calcul en assez grande quantité et pour des périodes assez longues, on pourra voir que beaucoup de droits, avec le chiffre que les tarifs leur donnent, paraissent d'importance toute autre qu'en réalité. En effet, considérer ces droits tels qu'ils ont été reconstitués, ce serait prendre pour vraie la fallacieuse échelle qui les fait tant monter. Au contraire, le rapprochement des prix donne la mesure de leur véritable intensité.

La dénomination des droits principaux et additionnels a été placée immédiatement avant une colonne d'observations, qui est la dernière de celles qui concernent l'*entrée* ou l'*octroi*. Sur plusieurs tableaux deux autres colonnes sont consacrées à la *vente*. Les droits de cette nature ne sont d'ailleurs mentionnés que quand ils ont eu un caractère de particularité et non pas quand ils résultaient d'une taxation générale et uniforme. Dans ce cas, il eût été hypothétique de taxer d'office, pour ainsi dire, des objets dont la nomenclature n'était pas donnée et que l'usage seul désignait sans doute. Mais, quand un tarif s'est trouvé, comme par exemple en 1337, 1341, 1350 et 1351, la colonne de la vente en gros ou celle de la vente au détail et souvent toutes les deux ont été remplies. De même pour les époques où les boissons ont acquitté ces deux droits. De même encore pour les droits analogues sur les comestibles dont les plus modernes, dites *perceptions municipales,* n'ont plus frappé que l'achat en gros des denrées arrivant sous escorte aux halles et marchés, pour remplacer une partie de l'entrée et de l'octroi, perçue seulement sur les objets à destination particulière.

Il est à remarquer que, sous l'ancien régime, les droits de vente étaient passibles des mêmes sous pour livre que les droits d'introduction et que le montant principal figure seul dans notre travail pour ne pas le compliquer. Les perceptions municipales, au contraire, n'ont jamais été soumises aux décimes.

Telle est la disposition de la plupart de nos tableaux. Plusieurs de leurs pages sont consacrées à des droits de faible apparence, mais qui ont paru comporter certains développements : outre que l'énumération curieuse de tant d'articles concourt à la reconstitution complète des tarifs parisiens, elle permet de constater la date minima de la consommation usuelle des objets dans la ville. Quant à l'ordre des matières suivi, c'est, pour les objets encore assujettis, le tarif d'aujourd'hui qui est le point d'arrivée. Pour ceux qui ont disparu, l'ordre de tarification du temps a été respecté.

Pour les uns et les autres, il y aurait eu aussi rigoureusement à reproduire la dualité de droits qui a existé jusqu'en 1791, à cause de la distinction de l'arrivée par terre et de l'arrivée par eau. De plus il y aurait eu, pour que le travail fût complet, à entrer dans les sous-indications usitées jusqu'à la même époque selon les unités de perception. Or, on distinguait le char, la charrette, le cheval portant à dos ou à trousse, l'âne, la charge d'homme, celle de la femme même, dans quelques cas, le bateau grand et petit, la voie, le millier, le cent, la grosse, la douzaine, le baril, la bascule, la boutique, la botte, le grand et le petit panier, le mannequin, le sac, le paquet, la balle, la pièce; le muid et le setier pour les grains; le muid, la queue, le poinçon, le tonneau, etc., pour les liquides. Faire ressortir tant de subdivisions aurait mené bien loin sans utilité. Il a semblé suffisant de ne donner ci-après, sauf exceptions, que les droits à l'entrée par terre et de choisir, parmi les unités, celle du muid pour les boissons et les liquides, du setier pour les grains, du cent de bottes pour les fourrages, de la livre pour les objets de poids, etc.

Deux tableaux récapitulatifs terminent cette étude. Dans celui qui concerne les droits principaux (pages 138 à 145), pour montrer la durée de chacun, ceux au profit du Trésor sont représentés par la lettre **e**; ceux de la ville, dits d'octroi, par un **o**; ceux des hôpitaux, par un **h** et ceux de police, par un **p**. Quant aux droits de vente, ils sont, pour simplifier, représentés par un **v**, quelle qu'ait été leur affectation. La ligne verticale offerte au regard par la succession de ces lettres tend à montrer la durée des droits qu'elles expriment. De plus les augmentations, diminutions ou réglementations notables sont marquées par une lettre capitale. Donc, soit pour suivre à travers les temps les taxes et leurs accidents, soit pour constater leur coexistence ou leur suppression à une date donnée, c'est l'un ou l'autre sens du tableau qu'on suivra.

Cet artifice typographique fera ressortir comme graphiquement la marche des droits et accusera, par exemple, la substitution des taxes d'introduction à celles de vente; de même, l'extrême densité due, à la fin du XVIIIe siècle, à la juxtaposition de droits de toute nature rendra sensible la raréfaction à l'époque moderne des seuls droits d'entrée pour le Trésor, d'octroi et de vente.

Cette représentation aurait été plus claire encore si, pour ménager la place, il n'avait fallu limiter les colonnes aux catégories et à leurs principales subdivisions, puisque les lettres afférentes aux 78 articles du tarif actuel auraient paru bien clairsemées auprès de celles concernant les 310 articles assujettis naguère.

C'est par un autre mode de représentation qu'est dressée la récapitulation des droits additionnels communs à tous les objets imposés (pages 144 et 145). Ces droits y sont figurés par des filets dont la partie grasse distingue toute nouvelle création. Nous avons voulu, par la dimension de ces filets, exprimer la proportion des sous pour livre ou des décimes avec les droits principaux.

Quoique limités, tous ces tableaux paraîtront peut-être encore nombreux et compliqués. Il était pourtant difficile de restreindre davantage l'aperçu d'une institution fiscale qui a toujours été importante, puisque les Parisiens, sous l'ancien régime, payaient plus de la moitié de leurs impositions en taxes d'entrée et d'octroi et qu'à présent ils contribuent encore sous cette forme dans une très notable proportion à l'entretien de leur ville.

TABLEAUX.

BOISSONS ET LIQUIDES.

ANNÉES. 1	TITRES de PERCEPTION. 2	DROITS D'ENTRÉE OU D'OCTROI pour le TRÉSOR. 3	pour la VILLE. 4	pour les HÔPITAUX. 5	pour les OFFICIERS de police. 6	SURTAXES. 7	À DÉDUIRE pour suppression 8	TOTA apré chaq variati 9
	Vins entrant par eau.							
		l. s. d.	l. s. d.	l. s. d.	l. s. d.	l. s. d.	l. s. d.	l. s.
?	....	60r	......	......	......	......	......	60r
1121..	....	......	60r	......	......	......	......	60
1213..	Charte janvier....	......	5	......	......	......	.....	5
1220..	....	......	......	......	......	......	......	....
1268..	Livre des métiers..	½r	......	......	......	......	......	....
	Idem............	......	......	......	......	......	......	....
	Vins entrant par terre.							
1268..	Livre des métiers..	......	1r	......	......	......	......	....
	Idem............	2	......	......	......	......	......	....
	Idem............	2	......	......	......	......	......	....
	Idem............	4	......	......	......	......	......	....
	Idem............	......	......	......	......	......	......	....
	Idem............	......	......	......	?	......	......	....
1321..	Let. pat. 12 mars..	......	......	......	?	......	......	....
1337..	Let. pat. 10 déc...	......	......	......	......	......	......	....
1341..	Let. pat. 25 avril..	......	......	......	......	......	......	....
1350..	Ord. 30 janvier...	......	......	......	?	......	......	....
1350..	Let. pat. 17 février.	......	......	......	......	......	......	....
1351..	Let. pat. 3 mai....	......	......	......	......	......	......	....
1360..	Inst. Gd Cl 18 déc..	15 4	......	......	......	......	......	15
1383..	Let. pat. 4 avril...	......	......	......	......	......	15r 4r	....
1384..	Instruc. février....	......	......	......	......	......	......	....
1388..	Let. pat. 28 déc...	......	......	......	......	......	......	....
1395..	Ord. 28 mars.....	......	......	......	......	......	......	....
1398..	2 août.....	......	......	......	......	......	......	....
1415..	Ord. février......	......	......	......	?	......	......	....
1418..	Let. pat. 4 octobre.	6	......	......	......	......	......	6
1436..	Let. pat. 9 sept....	2 8	......	......	......	......	6	2
1465..	Ord. 3 août......	......	......	......	......	......	2 8	....
1498..	13 août......	......	......	......	......	......	......	....
1510..	A. du Parl. 27 avril.	......	......	......	......	......	......	....
1527..	Let. pat. 13 août..	......	......	......	......	......	......	....
1544..	Let. pat. 17 août..	......	5r	......	......	......	......	5r
1551..	Let. pat. 15 juin..	2r 6r	......	......	......	......	5r	2
1553..	Let. pat. sept...	......	......	......	......	......	......	....
1554..	Let. pat. 7 février..	10	......	......	......	......	......	3
1556..	Let. pat. 8 avril...	10	......	......	......	......	......	4
1561..	Édit septembre.....	5	......	......	......	......	......	9
1569..	Édit août.........	10	......	......	......	......	......	10
1581..	Let. pat. 18 juillet.	5	......	......	......	......	......	15
1596..	Édit février.......	......	......	......	1r	......	......	....
1597..	Édit mars.........	1 10	......	......	......	......	......	2r 5
1598..	....	......	10	......	......	......	......	2 15
1601..	mars.....	......	5	......	......	......	......	3
1609..	Arrêt 31 décembre.	15	......	......	......	......	15	3
1613..	Décl. 30 juin.....	......	10	5r	......	......	......	3
1625..	A. C. aides 22 nov..	10	......	......	......	......	......	3
1629..	Décl. 15 janvier...	10	......	......	......	......	......	3 10
1630..	Bail 25 septembre.	5	......	......	......	......	......	3 15
1632..	Édit janvier......	......	10	......	......	......	......	3 15

BOISSONS ET LIQUIDES.

PRIX MOYEN dans Paris. 10	RAPPORT du DROIT au prix. 11	DÉNOMINATION DES DROITS D'INTRODUCTION principaux ou additionnels. 12	OBSERVATIONS. 13	DROITS DE VENTE en GROS. 14	DROITS DE VENTE en DÉTAIL. 15
l. s. d.	p. o/o.		LE BATEAU.	l. s. d.	l. s. d.
......	......	......	Pendant les vendanges.		
......	......	......	Cession du Roi à la marchandise de l'Eau.		
......	......	......	Création en faveur de cette institution.		
			LE TONNEAU.		
......	......	......	Origine du droit *annuel* payé par les taverniers.	......	?
......	......	Rivage de Seine.....	Droit de débarquement jusqu'en 1633.		
......	......	......	Tonlieu dû pour la vente du vin introduit..	1^{r}	1^{r}
			LA CHARRETTE.		
......	......	Chaussées..........	Droits réunis à celui de barrage en 1640.		
......	......	Péage du Petit-Pont.	Droits réunis à celui du Domaine R^{al}. en 1651.		
......	......	Rouage............			
......	......	Conduit...........	LE MUID (272 litres).		
......	......	......	Chantelage pour la vente jusqu'en 1649....	1	1
......	......	Jaugeurs.........	......	?	?
......	......	Courtiers..........	......	?	?
......	......	......	Vente et achat..........	16	
......	......	......	*Idem*..........	12	
......	......	Jurés-vendeurs.			
......	......	......	Vente et revente..........	18	18
......	......	......	*Idem*..........	27	27
9^{r} 15^{r} 4^{r}	7.7	Treizième.........	......	15^{r} 4	15^{r} 4
......	......	......	16^{dp} dus par le vendeur et par l'acheteur..	2 8	
......	......	......	......	Sol p^{r} liv.	Quatrièm^{e}
......	......	......	6 d. p. l. s^{r} le gros en sus du s. p. l.-p^{r} peu de tp^{s}	*Idem.*	*Idem.*
......	......	......	......	*Idem.*	Huitième.
......	......	......	......	*Idem.*	Quatrièm^{e}
......	......	Déchargeurs-rouleurs.			
0^{r}	3	......	A l'entrée, à la sort. et en gros en sus du s. p. l.	6^{r}	*Idem.*
......	......	Défense du plat pays.	Sur le vin récolté dans la banlieue..........	Sol p^{r} liv.	*Idem.*
......	......	......	......	*Idem.*	Huitième.
......	......	......	Distinction de la vente à pot ou à assiette..	*Idem.*	*Idem.*
......	......	......	18 deniers p. sur le vin sort^{t}, au profit de la Ville	*Idem.*	*Idem.*
......	......	......	4 sols p. *idem*..........	*Idem.*	*Idem.*
5^{r}	1.6	Cinq sols des fortificat.	Jusqu'en 1546 seulement..........	*Idem.*	*Idem.*
2	1	Deux sols six deniers..	......	*Idem.*	*Idem.*
......	......	......	Fixation du détail à 12^{s} à pot et à 16^{s} à assiette.	*Idem.*	12^{r}
2	1.3	Dix deniers.........	......	*Idem.*	12
2	1.8	Nouveaux dix deniers.	......	*Idem.*	12
2	4.	Anciens cinq sols.....	......	*Idem.*	12
2	4.	Premiers cinq sols....	Complétés par dix derniers deniers..........	*Idem.*	12
0	3.7	Nouveaux cinq sols...	......	*Idem.*	12
......	......	Jaugeurs..........	Avec caractère privé..........	*Idem.*	12
0	7.5	Droit de pancarte....	Dit des trente sols après 1602..........	*Idem.*	12
9	9.	Octroi des fontaines..	Pour l'eau, les quais et le pavé..........	*Idem.*	12
0	7.5	Augmentation. *Idem*..	Avec moitié des 15^{s} pour le *Pont-Neuf*......	*Idem.*	12
0	7.5	Oct. des font. et aug..	Prise du nettoiement à la charge du Trésor..	*Idem.*	12
0	7.5	Cinq sols des pauvres.	Avec maintien de 10^{s} dits *Dix sols de la Ville.*	*Idem.*	12
0	7.5	Ceinture-Reine......	Origine inconnue. — Constatation seul^{t} alors	*Idem.*	12
3	8.	......	A l'entrée de toutes les villes et bourgs.....	*Idem.*	12
3	8.7	5 sols des bastardeaux.	Pour faciliter la navigation..........	*Idem.*	12
3	8.7	Dix sols du canal....	Maintenu à Paris lors de la supp. d^{s} les autres v.	*Idem.*	12

BOISSONS ET LIQUIDES. (Suite.)

ANNÉES. 1	TITRES de PERCEPTION. 2	DROITS D'ENTRÉE OU D'OCTROI: pour le TRÉSOR. 3	pour la VILLE. 4	pour les HÔPITAUX. 5	pour les OFFICIERS de police. 6	SURTAXES. 7	À DÉDUIRE pour suppression 8	TOTA[L] aprè[s] chaq[ue] variati[on] 9
	Vins entrant par terre (Suite.)							
		l. s. d.	l. s. d.	l. s. d.	l. s. d.	l. s. d.	l. s. d.	l. s.
1632..	Bail 23 janvier....							
1633..	Décl. février......				3			
1636..	Décl. 31 décembre.	3						6 15
1640..	Arrêt 1er février ...	2						6 17
	Édit novembre....	1						7 17
1641..	Arrêt 13 juillet....	1						8 17
1643..	Arrêt 18 novembre.	10						9 7
1645..	Édit mai........				3 9			
1646..	Décl. 17 novembre.	3						9 10
1648..	Édit janvier......					5 6		9 16
	Édit octobre......						8 3	9 7
1651..	Décl. 8 février....	5						9 12
1654..	Décl. 5 février....	5 6						10 1
	Édit mars........	8						10 9
	Idem............					2 12 4		13 1
1657..	Décl. 24 mars....					13 1		13 14
1658..	Arrêt 10 avril....					7		14 1
	Décl. 10 février...			1		6		15 2
1663..	Décl. 16 avril....							
1680..	Ord. 3 juin.......	15					15 2 7	15
1691..	Décl. 28 janvier...			1 10				16 10
1702..	Décl. 3 décembre..			10				17
1705..	Décl. 3 mars......			5				17 5
	Idem...........					1 10		18 15
	Édit octobre.....		10					19 5
1706..	Décl. mai.........		11					19 16
1707..	Édit juin.........		11					20 7
	Édit août.........		2 9					20 9
1715..	Décl. 7 mai.......					1 10		21 19
1717..	Décl. 13 février...						1 10	20 9
1718..	Let. pat. 5 mars...					1 10		21 19
1719..	Let. pat. 10 octobre	5				1		27 19
1730..	Édit juin.........				4 6			32 5
1733..	Let. pat. 31 mars..		1 15					34
1741..	Let. pat. 25 août..		2 10					36 10
1743..	Édit décembre....	2 16 8						39 7
1747..	Édit septembre....					3 1 6		42 8
1756..	Décl. 9 juillet....		2 16 8					42 8
1758..	Décl. 10 décembre.		2			8		44 16
1760..	Décl. 3 février....					1 15 4		46 12
1763..	Édit avril........					1 15 4		48 7
1767..	....	4 16 8						48 7
1771..	Décl. 26 juillet...			1		6		49 13
	Édit novembre....					3 8 8		53 2
1775..	....	2				16		55 18
1776..	Édit février......	4 6						55 18
1781..	Édit août.........					4 14 5		60 12
1791..	Loi 19 février....						60 12 8	

BOISSONS ET LIQUIDES. (Suite.)

PRIX MOYEN dans Paris.	RAPPORT du DROIT au prix.	DÉNOMINATION DES DROITS D'INTRODUCTION principaux ou additionnels.	OBSERVATIONS.	DROIT DE VENTE en GROS.	DÉTAIL.
10	11	12	13	14	15
l. s. d.	p. o/o.		LE MUID. (272 litres.)	l. s. d.	l. s. d.
.....	......	....	Fixation du détail par pot à 5^{l}— à assiette 6^{l}.	sou p^{r} liv.	5
.....	......	Jaugeurs...........	Droit porté à 1^{s} 3^{d} encore avec un caract. privé.	*Idem.*	5
45	13	Trois livres.........	Remplac. d'une taxe directe p^{r} toute la France.	*Idem.*	5
45	13	Ancien barrage......	Réunion des chaussées..................	*Idem.*	5
45	14	Subvention.........	Rempl^{t} d'une taxe d'un s. p. l. p^{r} les marchand^{s}	*Idem.*	5
45	16	Vingt sous de Sedan..	Pour la défense des frontières nord-est.....	*Idem.*	5
45	17	Aug. de la subvention.	Spéciale à Paris lors de la suppression ailleurs	*Idem.*	5
.....	......	Jaugeurs...........	Droit porté à 5^{s}.—Voir l'observation ci-dessus.	*Idem.*	5
45	17	Augment. du barrage.	....	*Idem.*	5
45	17	Deux sous pour livre..	S^{r} les 20^{s} de Sed, la subv. de 30^{s} et l'aug. bar..	*Idem.*	5
45	17	....	Suppression de l'aug. du barrage et des 5^{s} 6^{d}.	*Idem.*	5
45	17	Domaine royal......	Réunion de droits remontant à 1268.......	*Idem.*	5
45	18	Cinq sols six deniers..	Devenus droits principaux..............	*Idem.*	5
45	18	Nouveau barrage.....	....	*Idem.*	5
45	22	Parisis.............	Quart des droits principaux	*Idem.*	5
45	23	Sol p^{r} liv. des conserv..	Sur les droits principaux et sur le parisis.....	*Idem.*	5
45	23	6 d. p. l. des trésoriers.	Sur les droits principaux, le parisis et le s. p. l.	*Idem.*	5
45	25	Vingtième de l'hôpital.	Six deniers pour livre seulement en sus.....	*Idem.*	5
.....	......	....	Chang^{t} du sol pour livre à la vente en droit fixe	2 16 3	5
45	25	Droit unique........	Avec défense d'introduire moins d'1/8 de muid	2 16 3	5 8
45	26	Trente sous de l'hôpit.	....	2 16 3	5 8
45	27	Dix sous de l'hôpital..	....	2 16 3	5 8
45	27	Nouv. 5^{s} des pauvres..	....	2 16 3	5 8
45	28	Deux sous pour livre.	Pour le Trésor, sur ses droits principaux ...	2 16 3	5 8
45	29	Inspect^{rs} aux boissons.	....	2 16 3	5 8
45	30	Doublem^{t} des inspect..	Et 2 s. p. l. de ce doublem^{t} d'ab. créé p^{r} le Trés^{r}	2 16 3	5 8
45	31	Contrôleurs-jaugeurs..	Et 2 s. p. l. — Même observation........	2 16 3	5 8
45	31	Petit octroi.........	*Idem*..................................	2 16 3	5 8
45	32	Deux sous pour livre.	Pour le Trésor sur ses droits principaux....	2 16 3	5 8
45	31	....	Suppression de ces 2 s. p. l..............	2 16 3	5 8
45	32	....	Rétablissement de ce droit additionnel.....	2 16 3	5 8
45	38	Remp. des gros et détail	Avec défense d'introduire autrem^{t} qu'en muid.		
50	41	Inspecteurs de police..	Vérif. des lett. de voit., gourmets, gard. de nuit.		
50	43	Rouleurs-déchargeurs.			
50	44	Jurés-vendeurs......	Courtiers, commissionnaires et jaug.-mesur^{rs}.		
55	46	Droits rétablis.			
55	48	....	App. des 4 s. p. l. aux dr. aut. que ceux du Trés.		
55	48	....	Concession des droits rétablis à la Ville.		
50	49	Don gratuit.			
50	50	Un sou pour livre....	Pour le Trésor sur tout excepté le don gratuit		
45	51	*Idem*.............	*Idem.*		
45	51	Droits réservés......	Comp. du don grat. et d'autres droits de la V.		
50	52	Livre des hôpitaux.			
55	50	Deux sous pour livre..	Et appl. des 2 s. p. l. de 1760-63 au don gratuit		
55	50	Remp. de droits de pol.			
55	50	....	Réunion au Trésor des dr. de police de 1730.		
60	50	Deux sous pour livre.	Pour le Trésor, sur tous les droits princip.		
.....	......	....	Suppression de tous droits à l'entrée des villes.		

BOISSONS ET LIQUIDES. (Suite.)

ANNÉES. 1	TITRES de PERCEPTION. 2	DROITS D'ENTRÉE OU D'OCTROI pour le TRÉSOR. 3	pour la VILLE. 4	pour les HÔPITAUX. 5	pour les OFFICIERS de police. 6	SURTAXES. 7	À DÉDUIRE pour suppression 8	TOTAL après chaque variation 9
	Vins entrant par terre pour les bourgeois non marchands, en moins, jusqu'en 1772 :							
		l. s. d.	l. s. d.	l. s. d.	l. s. d.	l. s. d.	l. s. d.	l. s.
1707..	Édit août........	......	2 9	......	......	......	......	2
1730..	Édit juin.........	......	......	......	1 13	......	......	1 15
1741..	Let. pat. 25 août..	......	......	......	2 13	......	......	4 8
1756..	Décl. 9 juillet....	......	1 15	......	......	......	......	6 3
......	Actes déjà cités....	......	......	......	......	2 9 6	......	8 13
	Vins entrant par terre pour les commun[tés] relig[ses] privilégiées comme pour les bourgeois, moins							
		l. s. d.	l. s. d.	l. s. d.	l. s. d.	l. s. d.	l. s. d.	l. s.
1680..	Ord. 3 juin......	15	......	......	......	......	......	15
1719..	Let. pat. 10 octobre	5	......	......	......	......	......	20
1733..	Let. pat. 31 mars.	......	1 15	......	......	......	......	21 15
1756..	Décl. 9 juillet....	......	1 5	......	......	......	......	23
......	Actes déjà cités.....	......	......	......	......	11 10	......	34 10
	Vins entrant par eau pour tous destinataires, en plus :							
		l. s. d.	l. s. d.	l. s. d.	l. s. d.	l. s. d.	l. s. d.	l. s.
1633..	Décl. 12 janvier...	2 5	......	......	......	......	......	2 5
1654..	Édit mars........	......	......	......	......	11 3	......	2 16
1657..	Décl. 24 mars.....	......	......	......	......	2 9	......	2 19
1658..	Arrêt 10 avril....	......	......	......	......	1 7	......	3
1680..	Ord. 3 juin.......	......	......	......	......	......	......	3
1705..	Décl. 3 mars......	......	......	......	......	6	......	3 6
1715..	Décl. 7 mai.......	......	......	......	......	6	......	3 12
1760..	Décl. 3 février....	......	......	......	......	3	......	3 15
1763..	Édit avril.........	......	......	......	......	3	......	3 18
1771..	Édit novembre....	......	......	......	......	2	......	4
	Vins de liqueur entrant par terre ou par eau, en plus :							
		l. s. d.	l. s. d.	l. s. d.	l. s. d.	l. s. d.	l. s. d.	l. s.
1640..	Arrêt 1er février...	8	......	......	......	......	......	8
1651..	Décl. 8 février....	5	......	......	......	......	......	13
1654..	Édit mars........	4 12	......	......	......	......	......	5 5
......	....	......	......	......	......	1 16 2	......	7 1
1680..	Ord. 3 juin.......	1 18 10	......	......	......	......	......	9
1686..	Arrêt 28 décembre.	......	......	......	......	......	6	3
1719..	Let. pat. 10 octobre	9	......	......	......	......	......	12
1730..	Édit juin........	......	......	......	13	......	......	12 13
1733..	Let. pat. 31 mars..	......	......	......	......	......	1 15	10 18
1775..	....	2 8 8	......	......	......	......	......	13 6
......	Actes déjà cités. ..	......	......	......	......	6 13 4	......	20

VINS PASSANT DEBOUT.

Excepté ceux passant debout par eau pour être transportés par mer à l'étranger et pour être transportés par le canal de Picardie.

BOISSONS ET LIQUIDES. (Suite.)

DÉNOMINATION DES DROITS D'ENTRÉE OU D'OCTROI principaux et additionnels. 10	OBSERVATIONS. 11
	LE MUID (272 litres).
'etit octroi.	
ardes de nuit. — Plancheyeurs.	
nspecteurs et gourmets. — Vérif.	
roits rétablis.	
uit sous pour livre..........	Pour le Trésor, sur tous les droits principaux.
	LE MUID.
roit unique.	
emplacement du gros et du détail	
ouleurs-déchargeurs.	
roits rétablis.	
ix sous pour livre...........	Non compris ceux du droit unique de 15 l. qui sont dus.
	LE MUID.
roit des rivières.............	Remplaçant ceux payés sur la Seine et ses affluents.
arisis......................	Quart du droit principal.
ol p^r liv. des conservateurs......	Sur le droit principal et sur le parisis.
den. p. l. des trésoriers......	Sur le droit principal, le parisis et le sol pour livre.
roit unique..................	Excepté pour les communautés religieuses.
eux sous pour livre..........	Obligatoires pour ces communautés.
dem......................	*Ideme*
n sou pour livre.............	*Idem.*
dem......................	*Idem.*
eux sous pour livre..........	Montant limité à 2 s. pour arrondir le total. — *Idem.*
	LE MUID.
ncien barrage.	
omaine royal.	
ouveau barrage.	
arisis, sol et 6 deniers pour livre	
roit unique..................	Comprenant partie des droits de rivières.
....	Réduction.
emplacement du gros et du détail	
....	Déduction de 1 l. 15 s. des rouleurs-déchargeurs.
on gratuit.	
ix sous pour livre............	Pour le Trésor, sur tous les droits principaux.

Mêmes droits pour le muid transporté par terre ou par eau que pour celui entrant.

Droits de rivières.............. }
Droits rétablis................ } Seulement.
Dix sous pour livre............ }

BOISSONS ET LIQUIDES. (Suite.)

ANNÉES. 1	TITRES de PERCEPTION. 2	DROIT D'ENTRÉE OU D'OCTROI — pour le TRÉSOR. 3	pour la VILLE. 4	pour les HÔPITAUX. 5	pour les OFFICIERS de police. 6	SURTAXES. 7	À DÉDUIRE pour suppression 8	TOTAL après chaque variation. 9
	Vins en cercles entrant par terre ou par eau.							
		fr. c.	fr. c.	fr. c.	fr. c.	fr. c.	fr. c.	fr. c.
1798..	Loi 18 octobre....	......	5 50	......	......	......	......	5 50
1799..	Loi 10 décembre..	......	1 10	......	......	......	......	6 60
1802..	Loi 13 décembre..	......	1 25	......	......	......	......	7 85
1803..	Arrêté 21 septemb.	......	5 65	......	......	......	......	13 50
1806..	Décret 4 mars....	......	3 00	......	......	......	......	16 50
	Loi 24 avril......	4	......	......	......	......	......	20 50
	Décret 5 mai.....	......	......	......	......	......	3 00	17 50
1808..	Loi 25 novembre..	2	......	......	......	......	......	19 50
1811..	Décret 10 février..	......	1 50	......	......	......	......	21
1813..	Décret 5 janvier...	2	......	......	......	......	......	23
	Décret 11 novemb.	......	......	......	......	2 30	......	25 30
1814..	Décret 27 avril...	......	......	......	......	......	2 30	23
1815..	Décret 8 avril....	2 50	......	......	......	......	2 50	23
	Ord. 16 août......	......	......	......	......	1 25	......	24 25
	Loi 23 décembre..	......	2 50	......	......	0 25	2 50	24 50
1816..	Loi 28 avril......	2 50	......	......	......	1 05	......	28 05
1818..	Ord. 23 décembre.	......	......	......	......	......	1 65	26 40
1822..	Ord. 25 décembre.	......	......	......	......	......	3 30	23 10
1830..	Loi 12 décembre..	......	......	......	......	......	2 75	20 35
	Ord. 28 décembre.	......	......	......	......	......	2 75	17 60
1832..	Ord. 17 août.....	......	2 50	......	......	0 25	......	20 35
1852..	Décret 17 mars...	......	......	......	......	......	0 693	19 657
1855..	Loi 14 juillet.....	......	......	......	......	0 80	......	20 457
	Décret 3 novembre.	......	0 13	......	......	0 013	......	20 60
1871..	Loi 4 septembre...	0 50	......	......	......	0 10	......	21 20
1873..	Loi 31 décembre..	1	......	......	......	0 675	......	22 875
1874..	Loi 5 août........	......	......	......	......	1	......	23 875
1880..	Loi 19 juillet.....	......	......	......	......	......	2 90	20 25
	Loi 30 décembre..	......	......	......	......	......	1 15	18 87
	Vins en bouteilles entrant par terre ou par eau.							
		fr. c.	fr. c.	fr. c.	fr. c.	fr. c.	fr. c.	fr. c.
1799..	Loi 10 décembre..	......	0 06	......	......	......	......	0 06
1802..	Arrêté 13 août....	......	0 0185	......	......	......	......	0 0785
1803..	Arrêté 21 septemb.	......	0 0815	......	......	......	......	0 16
1806..	Décret 24 avril...	0 04	......	......	......	......	......	0 20
	Décret 4 mai.....	......	0 04	......	......	......	......	0 24
1807..	....	......	......	......	......	......	0 04	0 20
1808..	Loi 25 novembre..	0 02	......	......	......	......	......	0 22
1813..	Décret 5 janvier...	0 04	......	......	......	......	......	0 26
	Décret 11 novemb.	......	......	......	......	0 026	......	0 286
1814..	Décret 27 avril....	......	......	......	......	......	0 026	0 26
1815..	Décret 8 avril.....	0 05	......	......	......	......	0 05	0 26
	Ord. 16 août......	......	......	......	......	0 015	......	0 275
	Loi 23 décembre..	......	......	......	......	......	0 05	0 225
1816..	Loi 28 avril......	0 05	0 05	......	......	0 025	......	0 350
1822..	Ord. 25 décembre.	......	......	......	......	......	0 011	0 339

BOISSONS ET LIQUIDES. (Suite.)

PRIX MOYEN dans Paris. 10	RAPPORT du DROIT au prix. 11	DÉNOMINATION DES DROITS D'ENTRÉE OU D'OCTROI principaux et additionnels. 12	OBSERVATIONS. 13
fr.	p. o/o.		L'HECTOLITRE.
50	11	Octroi municipal et de bienfaisance	(27 vendémiaire an VII.)
50	12	*Idem*..........................	(19 frimaire an VIII.)
50	15	*Idem*..........................	(25 thermidor an X).
63	21	*Idem*..........................	Remplacement de la contribution mobilière.
57	26	*Idem*.	
57	33	Entrée..........................	Remplacement des droits de gros et de détail.
57	30	....	Diminution de l'octroi.
67	29	Entrée..........................	Par suite de l'augmentation du droit de détail.
78	30	Octroi.	
70	30	Entrée.	
71	36	Décime..........................	Pour le Trésor, sur l'entrée et sur l'octroi.
76	32	....	Suppression du décime.
76	32	Entrée..........................	Diminution de l'octroi.
76	33	Décime..........................	Pour la Ville sur l'octroi.
76	33	Octroi..........................	Diminution de l'entrée.
73	38	Entrée et décime..............	Pour le Trésor, sur l'entrée.
98	27	....	Diminution de l'octroi.
80	29	....	*Idem*.
78	26	....	Diminution de l'entrée.
78	22	....	Diminution de l'octroi.
68	28	Octroi.	
70	28	....	Diminution de l'octroi.
97	21	Deuxième décime..............	Pour le Trésor, sur l'entrée.
78	26	Octroi.	
76	28	Entrée.	
75	30	Entrée et demi-décime.........	Pour le Trésor, sur l'entrée.
78	30	Deuxième décime..............	Pour la Ville, sur l'octroi.
84	24	....	Diminution de l'entrée.
80	23	....	Diminution de l'octroi.

OBSERVATIONS.	DÉNOMINATION	OBSERVATIONS
La diversité des crus et celle de leur valeur ne permettent pas d'établir un prix moyen.		LA BOUTEILLE.
	Octroi municipal et de bienfaisance	(19 frimaire an VIII.)
	Idem..........................	(25 thermidor an X.)
	Idem.	
	Entrée..........................	(4e jour complémentaire an XI.)
	Octroi.	
	....	Diminution de l'octroi.
	Entrée.	
	Idem.	
	Décime..........................	Pour le Trésor, sur l'octroi et sur l'entrée.
	....	Suppression du décime.
	Entrée..........................	Diminution de l'octroi.
	Décime..........................	Pour la Ville, sur l'octroi.
	....	Diminution de l'entrée.
	Entrée. — Octroi. — Décime....	Pour le Trésor, sur l'entrée.
	....	Diminution de l'octroi.

BOISSONS ET LIQUIDES. (Suite.)

ANNÉES.	TITRES de PERCEPTION.	DROITS D'ENTRÉE OU D'OCTROI pour le TRÉSOR.	pour la VILLE.	pour les HÔPITAUX.	pour les OFFICIERS de police.	SURTAXES.	À DÉDUIRE pour suppression	TOTAL après chaque variation.
1	2	3	4	5	6	7	8	9
	Vins en bouteilles entrant par terre ou par eau. (Suite.)							
		fr. c.	fr. c.	fr. c.	fr. c.	fr. c.	fr. c.	fr. c.
1830..	Loi 12 décembre..	......	......	......	......	......	......	......
1832..	Ord. 17 août.....	8	18	......	......	2 60	......	28 60
1848..	Arrêté 17 juin.....	......	......	......	......	1 80	......	30 40
1852..	Décret 17 mars...	......	......	......	......	......	1 296	29 104
1855..	Loi 14 juillet......	......	......	......	......	0 80	......	29 904
	Décret 3 novembre.	......	0 08	......	......	0 016	......	30 00
1871..	Loi 1er septembre.	7	......	......	......	1 40	......	38 40
1873..	Loi 31 décembre..	1	......	......	......	1 00	......	40 40
1874..	Loi 5 août.......	......	8	......	......	1 60	......	50
1880..	Loi 19 juillet.....	......	......	......	......	......	......	......
	Vins de liqueur entrant par terre ou par eau.							
	......							
	Eau-de-vie entrant par terre ou par eau.							
		l. s. d.	l. s. d.	l. s. d.	l. s. d.	l. s. d.	l. s. d.	l. s. d.
1633..	Décl. 12 janvier...	18	......	......	......	......	......	18
1640..	Arrêté 1er février..	10	......	......	......	......	......	18 10
1641..	....	......	......	......	......	......	13	5 10
1645..	....	......	......	......	5	......	......	5 10
1651..	Décl. 8 février....	1	......	......	......	......	......	6 10
1654..	Décl. 5 février....	6	......	......	......	......	......	12 10
	Édit mars........	......	......	......	......	3 2 6	......	15 12 6
1657..	Édit février	......	......	......	......	15 8	......	16 8 2
1658..	Décl. 10 avril	......	......	......	......	8 3	......	16 16 5
1659..	Décl. 6 novembre..	15	......	......	......	......	......	31 16 5
1665..	....	15	......	......	......	......	......	46 16 5
1680..	Ord. 3 juin	......	......	......	......	......	1 16 5	45
1686..	Édit décembre.....	5 8	......	......	......	......	......	50 8
1705..	Décl. 3 mars......	......	......	......	......	5 9	......	55 8 9
	Édit octobre......	......	1 10	......	......	......	......	56 18 9
1706..	Décl. mai.	1 13	......	......	......	......	......	58 11 9
1707..	Édit juin........	......	11	......	......	......	......	59 2 10
1715..	Décl. 7 mai.......	......	......	......	......	5 9	......	64 3 7
1719..	....	......	1 13	......	......	......	1 13	64 3 7
1741..	Let. pat. 25 août...	......	18	......	......	......	......	65 1 7
1743..	Édit décembre.....	8	......	......	......	......	......	73 1 7
1744..	Édit août........	23 2	......	......	......	......	......	96 3 7
1747..	Édit septembre....	......	......	......	......	7 2 9	......	103 6 4
1757..	....	......	23 2	......	......	......	23 2	103 6 4
1758..	Décl. 10 décembre.	10	......	......	......	2	......	115 6 4
1760..	Décl. 3 février....	......	......	......	......	4 16 1	......	120 2 6
1763..	Édit avril........	......	......	......	......	4 16 1	......	124 18 7
1767..	....	23 2	......	......	......	......	23 2	124 18 7
1771..	Décl. 26 juillet....	......	......	1	......	6	......	126 4 7
	Édit novembre....	......	......	......	......	......	9 14 3	135 18 10
1775..	....	11	......	......	......	4 8	......	151 6 10
1781..	Édit août........	......	......	......	......	10 16 2	......	162 3
1791..	Loi 19 février....	......	......	......	......	......	162 3	......

BOISSONS ET LIQUIDES. (Suite.)

PRIX MOYEN dans Paris. 10	RAPPORT du DROIT au prix. 11	DÉNOMINATION DES DROITS D'ENTRÉE OU D'OCTROI principaux et additionnels. 12	OBSERVATIONS. 13
			L'HECTOLITRE.
......	......	....	Interruption de la taxe spéciale aux vins en bouteilles.
......	......	Entrée. — Octroi.	
......	......	Deuxième décime.............	Pour la Ville, sur l'octroi.
......	......	....	Diminution sur l'octroi.
La diversité des crus et celle de leur valeur ne permettent pas d'établir un prix moyen.		Deuxième décime.............	Pour le Trésor, sur l'entrée.
		Octroi.	
		Entrée.	
		Entrée. — Demi-décime.......	Pour le Trésor, sur l'entrée.
......	......	Octroi.	
......	......	....	Supp^{on} de la dist^{on} des vins en bout. av. ceux en cercles.

De 1798 à 1852 comme les autres vins. De 1852 à 1871, en plus double droit de consommation, d'entrée et d'octroi pour l'alcool compris entre 18 et 21 degrés. Depuis 1871, même surtaxe au-dessus de 15 degrés. Au delà de 21 degrés, comme alcool pur.

l. s. d.	p. o/o.		LE MUID (272 litres).
......	......	Droit des rivières.	
......	......	Ancien barrage.	
......	......	Droit des rivières.............	Nouvelle réglementation.
......	......	Jaugeurs.....................	Ayant encore un caractère privé.
......	......	Domaine.	
......	......	Nouveau barrage.	
......	......	Parisis.......................	Quart des droits principaux.
......	......	Sol p^r liv. des conservateurs....	Sur les droits principaux et sur le parisis.
......	......	6 deniers des trésoriers........	Sur les droits principaux, le parisis et le s. p. l.
......	......	Droit de détail...............	Mis à l'entrée et non appliqué avant.
......	......	Droit de gros.................	*Idem.* Les deux droits sans surtaxe.
......	......	Droit unique.	
......	......	Subvention générale.	
......	......	Deux sous pour livre..........	Pour le Trésor, sur ses droits.
......	......	Inspecteurs aux boissons.......	Aliénés à la Ville.
......	......	Doublement des inspecteurs....	Et 2 s. p. l. devenant droit principal.
......	......	Contrôleurs-jaugeurs..........	*Idem.*
......	......	Deux sous pour livre..........	Pour le Trésor, sur ses droits.
......	......	Doublement des inspecteurs....	Aliénés à la Ville.
......	......	Jaugeurs-mesureurs...........	Sans surtaxe d'abord.
......	......	Droits rétablis...............	*Idem.*
187	51	Essayeurs-visiteurs...........	*Idem.*
200	51	Quatre sous pour livre........	Pour le Trésor, sur les droits de la Ville.
115	89	Essayeurs-visiteurs...........	Aliénés à la Ville.
......	......	Don gratuit.	
......	......	Un sou pour livre.............	Pour le Trésor, sur tous les droits principaux.
......	......	*Idem.*.......................	*Idem.*
216	57	Essayeurs-visiteurs...........	Repris par le Trésor.
198	63	Droit de l'hôpital général.	
198	68	Deux sous pour livre..........	Pour le Trésor, sur tous les droits principaux.
230	65	Remplacement de droits de police.	
230	70	Deux sous pour livre..........	*Idem.*
......	......	....	Suppression générale.

BOISSONS ET LIQUIDES. (Suite.)

ANNÉES.	TITRES de PERCEPTION.	DROITS D'ENTRÉE OU D'OCTROI						
		pour le TRÉSOR.	pour la VILLE.	pour les HÔPITAUX.	pour les OFFICIERS de police.	SURTAXES.	À DÉDUIRE pour suppression	TOTAL après chaque variation.
1	2	3	4	5	6	7	8	9
	Eau-de-vie double ou **rectifiée** entrant par terre ou par eau.							
		l. s. d.	l. s. d.	l. s. d.	l. s. d.	l. s. d.	l. s. d.	l. s. d.
1687..	Décl. 9 décembre.	100 16	......	......	......	......	......	100 16
1705..	Décl. 3 mars......	......	......	......	......	10 1 7	......	110 17 7
	Édit octobre......	......	1 10	......	......	......	......	112 7 7
1706..	Décl. mars......	1 13	......	......	......	......	......	114 7
1707..	Édit juin........	......	11	......	......	......	......	114 11 7
1715..	Décl. 7 mai......	......	......	......	......	10 1 8	......	124 13 3
1741..	Let. pat. 25 août.	......	18	......	......	......	......	125 12 2
1743..	Édit décembre....	10 13 4	......	......	......	......	......	136 5 6
1744..	Édit août........	31 2	......	......	......	......	......	167 7 7
1747..	Édit septembre....	......	......	......	......	9 5 5	......	176 12
1758..	Décl. 10 décembre.	13 6 8	......	......	......	2 13 4	......	192 12
1760..	Décl. 3 février....	......	......	......	......	8 6	......	200 12 6
1763..	Édit avril........	......	......	......	......	8 6	......	208 13
1771..	Décl. 26 juillet...	......	......	1	......	6	......	209 19
	Édit novembre....	......	......	......	......	16 3	......	226 2
1775..	....	14 6 8	......	......	......	5 14 8	......	246 3
1781..	Édit août........	......	......	......	......	17 11 8	......	263 15 4
1791..	Loi 19 février....	......	......	......	......	......	263 15	......
	Esprit de vin entrant par terre ou par eau.							
		l. s. d.	l. s. d.	l. s. d.	l. s. d.	l. s. d.	l. s. d.	l. s. d.
1687..	Décl. 9 décembre.	151 4	......	......	......	......	......	151 4
1705..	Décl. 3 mars......	......	......	......	......	15 2 5	......	166 6 5
	Édit octobre......	......	1 10	......	......	......	......	167 16 5
1706..	Décl. mars.......	1 13	......	......	......	......	......	169 9 5
1707..	Édit juin........	......	11	......	......	......	......	170 5
1715..	Décl. 7 mai......	......	......	......	......	15 2 5	......	185 2 9
1741..	Let. pat. 25 août..	......	18	......	......	......	......	186 9
1743..	Édit décembre....	15	......	......	......	......	......	201 9
1744..	Édit août........	44	......	......	......	......	......	245 2 9
1747..	Édit septembre...	......	......	......	......	12 14 10	......	257 17 8
1758..	Décl. 10 décembre.	18 15	......	......	......	3 15	......	280 7 7
1760..	Décl. 3 février...	......	......	......	......	11 13 8	......	292 1 4
1763..	Édit avril........	......	......	......	......	11 13 8	......	303 14 11
1771..	Décl. 26 juillet...	......	......	1	......	6	......	305 11
	Édit novembre....	......	......	......	......	23 9 4	......	328 10 3
1775..	....	19 15	......	......	......	7 18	......	356 3 2
1781..	Édit août........	......	......	......	......	25 8 10	......	381 12
1791..	Loi 19 février....	......	......	......	......	......	381 12	......
	Alcool à divers degrés de l'aréomètre Cartier entrant par terre ou par eau.							
		fr. c.	fr. c.	fr. c.	fr. c.	fr. c.	fr. c.	fr. c.
1798..	Loi 18 octobre...	......	16 50	......	......	......	......	16 50
1799..	Loi 10 décembre..	......	3 30	......	......	......	......	19 80
1803..	Arrêté 21 septemb.	......	5 20	......	......	......	......	25
1806..	Loi 24 avril......	4	......	......	......	......	......	29
1808..	Décret 6 juin....	......	......	......	......	......	29	......

BOISSONS ET LIQUIDES. (Suite.)

DÉNOMINATION DES DROITS D'ENTRÉE OU D'OCTROI principaux et additionnels. 10	OBSERVATIONS. 11
	LE MUID (272 litres).
Droit double................	Avant, même droit que pour l'eau-de-vie simple.
Deux sous pour livre..........	Pour le Trésor, sur ses droits principaux.
Inspecteurs aux boissons.......	Aliénés à la Ville.
Doublement *idem*............	Et deux sous pour livre devenant droit principal.
Contrôleurs-jaugeurs..........	*Idem*.
Deux sous pour livre.	
Jaugeurs-mesureurs...........	D'abord sans surtaxe.
Droits rétablis...............	*Idem*.
Essayeurs-visiteurs............	*Idem*.
Quatre sous pour livre.........	Pour le Trésor, sur les droits non encore surtaxés.
Don gratuit.	
Un sou pour livre............	Pour le Trésor, sur tous les droits principaux.
Idem......................	*Idem*.
Droit de l'hôpital général.	
Deux sous pour livre..........	*Idem*.
Remplacement de droits de police.	
Deux sous pour livre..........	*Idem*.
....	Suppression générale.
	LE MUID.
Droit triple.................	Avant, même droit que pour l'eau-de-vie simple.
Deux sous pour livre..........	Pour le Trésor, sur ses droits principaux.
Inspecteurs aux boissons.......	Aliénés à la Ville.
Doublement *idem*............	*Idem*.
Contrôleurs-jaugeurs..........	Et deux sous pour livre devenant droit principal.
Deux sous pour livre..........	Pour le Trésor, sur tous ses droits principaux.
Jaugeurs-mesureurs...........	D'abord sans surtaxe.
Droits rétablis...............	*Idem*.
Essayeurs-visiteurs............	*Idem*.
Quatre sous pour livre.........	Pour le Trésor, sur les droits non encore surtaxés.
Don gratuit.	
Un sou pour livre............	Pour le Trésor, sur tous les droits principaux.
Idem......................	*Idem*.
Droit de l'hôpital général.	
Deux sous pour livre..........	*Idem*.
Remplacement de droits de police.	
Deux sous pour livre..........	*Idem*.
....	Suppression générale.
	L'HECTOLITRE.
Octroi municipal et de bienfaisance	(27 vendémiaire an VII.)
Idem......................	(19 frimaire an VIII.)
Idem......................	Remplacement de la taxe mobilière.
Entrée.....................	(4ᵉ jour complémentaire an XI.)
....	Division en degrés pour l'octroi.

Tableau n° 1.

BOISSONS ET LIQUIDES. (Suite.)

ANNÉES.	TITRES de PERCEPTION.	DROITS D'ENTRÉE OU D'OCTROI						
		pour le TRÉSOR.	pour la VILLE.	pour les HÔPITAUX.	pour les OFFICIERS de police.	SURTAXES.	À DÉDUIRE pour suppression	TOTAL après chaque variation.
1	2	3	4	5	6	7	8	9
Alcool au-dessous de 22 degrés de l'aréomètre Cartier entrant par terre ou par eau.								
		fr. c.	fr. c.	fr. c.	fr. c.	fr. c.	fr. c.	fr. c.
1808..	Décret 9 juin.....	4	25	......	......	......	......	29
	Loi 25 novembre..	2	......	......	......	......	......	31
1813..	Décret 5 janvier...	9	......	......	......	......	......	40
	Décret 11 novembre	......	......	......	......	4	......	44
1814..	Décret 27 avril...	......	......	......	......	......	4	40
1815..	Décret 8 avril.....	3	......	......	......	......	3	40
	Ord. 16 août.....	......	......	......	......	2 20	......	42 20
	Loi 23 décembre..	......	3	......	......	0 30	3	42 50
1816..	Loi 28 avril......	3	......	......	......	1 80	......	47 30
Alcool de 22 à 27 degrés entrant par terre ou par eau.								
		fr. c.	fr. c.	fr. c.	fr. c.	fr. c.	fr. c.	fr. c.
1808..	Décret 9 juin.....	4	35	......	......	......	......	39
	Loi 25 novembre..	2	......	......	......	......	......	41
1813..	Décret 5 janvier...	24	......	......	......	......	......	65
	Décret 11 novembre	......	......	......	......	6 50	......	71 50
1814..	Décret 27 avril....	......	......	......	......	......	6 50	65
1815..	Décret 8 avril.....	6	......	......	......	......	6	65
	Ord. 16 août......	......	......	......	......	2 90	......	67 90
	Loi 23 décembre..	......	6	......	......	0 60	6	68 50
1816..	Loi 24 juin......	6	......	......	......	3 60	......	78 10
Alcool de 28 degrés et au-dessus entrant par terre ou par eau.								
		fr. c.	fr. c.	fr. c.	fr. c.	fr. c.	fr. c.	fr. c.
1808..	Décret 9 juin.....	4	50	......	......	......	......	54
	Loi 25 novembre..	2	......	......	......	......	......	56
1813..	Décret 5 janvier ..	24	......	......	......	......	......	80
	Décret 11 novembre	......	......	......	......	5	......	85
1814..	Décret 27 avril....	......	......	......	......	......	......	80
1815..	Décret 8 avril	6	......	......	......	......	6	80
	Ord. 16 août.....	......	......	......	......	4 40	......	84 40
	Loi 23 décembre...	......	......	......	......	......	6	78 40
1816..	Loi 28 avril......	30	......	......	......	6	......	114 40
Alcool à divers degrés de l'alcoomètre Gay-Lussac entrant par terre ou par eau.								
		fr. c.	fr. c.	fr. c.	fr. c.	fr. c.	fr. c.	fr. c.
1824..	Loi 24 juin......	38	25	......	......	6 30	......	69 30
	Ord. 29 décembre.	......	18 40	......	......	1 84	......	89 54
1829..	....	......	......	......	......	......	40 70	48 84
1830..	Loi 12 décembre..	12	......	......	......	1 20	......	62 04
	Ord. 28 décembre.	......	13 60	......	......	1 36	......	77
1832..	Ord. 17 août.....	......	5	......	......	0 50	......	82 50
1848..	Arrêté 17 juin....	......	......	......	......	2 50	......	85
1852..	Décret 17 mars....	......	......	......	......	......	1 80	83 20
1855..	Loi 14 juillet.....	16	......	......	......	8 20	......	107 40
1860..	Loi 26 juillet.....	25	......	......	......	5	......	137 40
1871..	Loi 1er septembre..	50	......	......	......	10	......	197 40
	Loi 26 décembre..	......	43	......	......	8 60	......	249
1872..	Loi 26 mars......	8	......	......	......	1 60	......	258 60
1873..	Loi 30 décembre..	......	......	......	......	7 45	......	266 05

BOISSONS ET LIQUIDES. (Suite)

DÉNOMINATION DES DROITS D'ENTRÉE OU D'OCTROI principaux et additionnels. 10	OBSERVATIONS. 11
	L'HECTOLITRE.
Entrée. — Octroi	Sans distinction de degré pour l'entrée jusqu'en 1813.
Entrée	*Idem.*
Idem.	Au-dessous de 22 degrés pour l'entrée jusqu'en 1824.
Décime	Pour le Trésor, sur l'entrée et sur l'octroi.
	Suppression du décime.
Entrée	Diminution de l'octroi.
Décime	Pour la Ville, sur l'octroi.
Octroi	Diminution de l'entrée.
Entrée. — Décime	Pour le Trésor, sur l'entrée.
	L'HECTOLITRE.
Entrée. — Octroi	Sans distinction de degré pour l'entrée jusqu'en 1816.
Entrée	*Idem.*
Idem	22 degrés et au-dessus jusqu'en 1816.
Décime	Pour le Trésor, sur l'entrée et sur l'octroi.
	Suppression du décime.
Entrée	Diminution de l'octroi.
Décime	Pour la Ville, sur l'octroi.
Octroi	Diminution de l'entrée.
Entrée. — Décime	Pour le Trésor, sur l'entrée. — De 22 à 27 degrés jusqu'en 1824.
	L'HECTOLITRE.
Entrée. — Octroi	Sans distinction de degré pour l'entrée jusqu'en 1813.
Entrée	*Idem.*
Idem	22 degrés et au-dessus jusqu'en 1816.
Décime	Pour le Trésor, sur l'entrée et sur l'octroi.
	Suppression du décime.
Entrée	Diminution de l'octroi.
Décime	Pour la Ville, sur l'octroi.
	Diminution de l'entrée.
Entrée. — Décime	Pour le Trésor, sur l'entrée. — 28 degrés et au-dessus jusqu'en 1824.

s eaux-de-vie en bouteilles, liqueurs et fruits à l'eau-de-vie ont été imposés d'après le volume total de 1824 à 1872. Depuis ils sont taxés suivant le degré.

	L'HECTOLITRE.
Entrée. — Octroi.	
Octroi.	
Octroi	Exécution de l'article 3 de la loi du 24 juin 1824.
Entrée.	
Octroi.	
Idem.	
Deuxième décime	Pour la Ville, sur l'octroi.
	Diminution de l'octroi.
Entrée. — Deuxième décime	Pour le Trésor, sur l'entrée.
Entrée.	
Idem.	
Octroi.	
Entrée.	
Demi-décime	Pour le Trésor, sur l'entrée.

TABLEAU N° 1.

BOISSONS ET LIQUIDES. (Suite.)

ANNÉES.	TITRES de PERCEPTION.	DROITS D'ENTRÉE OU D'OCTROI						
		pour le TRÉSOR.	pour la VILLE.	pour les HÔPITAUX.	pour les OFFICIERS de police.	SURTAXES.	À DÉDUIRE pour suppression	TOTA[L] aprè[s] chaqu[e] variati[on]
1	2	3	4	5	6	7	8	9
	Absinthes en cercles ou en bouteilles (volume total), entrant par terre ou par eau.							
		fr. c.	fr. c.	fr. c.	fr. c.	fr. c.	fr. c.	fr.
1871 ..	Loi 1er septembre..	141 00	66 50	......	......	41 50	......	249
1872 ..	Loi 26 mars......	58 00	......	......	......	11 60	......	318
1873 ..	Loi 30 décembre..	......	......	......	......	9 95	......	328
1880 ..	Loi 19 juillet.....	......	......	......	......	......	328 55	....
	Alcools dénaturés de 2 à 3 dixièmes d'huile essentielle, entrant par terre ou par eau.							
		fr. c.	fr. c.	fr. c.	fr. c.	fr. c.	fr. c.	fr.
1844 ..	Ord. 14 juin.....	28 80	9 60	......	......	3 84	......	42 2
1845 ..	Ord. 19 août.....	......	......	......	......	......	9 856	32 3
1848 ..	Arrêté 17 juin....	......	......	......	......	0 736	......	33 1
1852 ..	Décret 17 mars...	......	......	......	......	......	0 528	32 5
1855 ..	Décret 14 juillet..	......	......	......	......	2 208	......	34 8
......	Décret 3 novembre.	......	0 08	......	......	0 016	......	34 8
1874 ..	Loi 5 août.......	......	......	......	......	......	34 896	.....
	Alcools dénaturés de 3 à 4 dixièmes d'huile essentielle, entrant par terre ou par eau.							
		fr. c.	fr. c.	fr. c.	fr. c.	fr. c.	fr. c.	fr. c
1844 ..	Ord. 14 juin.....	29 20	8 40	......	......	3 76	......	41 3
1845 ..	Ord. 19 août.. ..	......	......	......	......	......	13 124	28 3
1848 ..	Arrêté 17 juin....	......	......	......	......	0 644	......	28 9
1852 ..	Décret 17 mars...	......	......	......	......	......	0 468	28 51
1855 ..	Décret 14 juillet..	......	......	......	......	1 932	......	30 44
......	Décret 3 novembre.	......	0 05	......	......	0 01	......	30 50
1874 ..	Loi 5 août.......	......	......	......	......	......	30 504	.....
	Alcools dénaturés de 4 à 5 dixièmes d'huile essentielle, entrant par terre ou par eau.							
		fr. c.	fr. c.	fr. c.	fr. c.	fr. c.	fr. c.	fr. c
1844 ..	Ord. 14 juin.....	21 60	7 20	......	......	2 88	......	31 68
1845 ..	Ord. 19 août.....	......	......	......	......	......	7 392	24 28
1848 ..	Arrêté 17 juin ...	......	......	......	......	0 552	......	24 84
1852 ..	Décret 17 mars...	......	......	......	......	......	0 384	24 45
1855 ..	Décret 14 juillet..	......	......	......	......	1 656	......	26 11
1874 ..	Loi 5 août.......	......	......	......	......	......	26 112	.....
	Alcools dénaturés de 5 à 10 dixièmes d'huile essentielle, entrant par terre ou par eau.							
		fr. c.	fr. c.	fr. c.	fr. c.	fr. c.	fr. c.	fr. c.
1844 ..	Ord. 14 juin.....	18 00	6 00	......	......	2 40	......	26 4
1845 ..	Ord. 19 août.....	......	......	......	......	......	6 16	20 2
1848 ..	Arrêté 17 juin ...	......	......	......	......	1 94	......	20 7
1852 ..	Décret 17 mars...	......	......	......	......	......	0 36	20 3
1855 ..	Décret 14 juillet..	......	......	......	......	1 38	......	21 7
1874 ..	Loi 5 août.......	......	......	......	......	......	21 72	.....
	Alcool pur contenu dans les préparations dites alcools dénaturés, entrant par terre ou par ea[u]							
		fr. c.	fr. c.	fr. c.	fr. c.	fr. c.	fr. c.	fr. c
1874 ..	Loi 5 août.......	30 00	7 50	......	......	9 00	......	46 5
1880 ..	Loi 30 décembre..	......	......	......	......	......	1 50	45

Éther entrant par terre ou par eau.

BOISSONS ET LIQUIDES. (Suite.)

DÉNOMINATION DES DROITS D'ENTRÉE OU D'OCTROI principaux et additionnels. 10	OBSERVATIONS. 11
	L'HECTOLITRE.
Entrée. — Octroi.	
Entrée.	
Demi-décime..................	Pour le Trésor, sur l'entrée.
Entrée. — Octroi..............	Suppression de la tarification d'après le volume total.
	L'HECTOLITRE.
Entrée. — Octroi.	
....	Diminution de 6^{f} 72^{c} sur l'entrée et de 2^{f} 24^{c} sur l'octroi.
Deuxième décime.............	Pour la Ville, sur l'octroi.
....	Diminution de l'octroi.
Deuxième décime.............	Pour le Trésor, sur l'entrée.
Octroi.	
....	Changement de tarification.
	L'HECTOLITRE.
Entrée. — Octroi.	
....	Diminution de 9^{f} 88^{c} sur l'entrée et de 1^{f} 96^{c} sur l'octroi.
Deuxième décime.............	Pour la Ville, sur l'octroi.
....	Diminution de l'octroi.
Deuxième décime.............	Pour le Trésor, sur l'entrée.
Octroi.	
....	Changement de tarification.
	L'HECTOLITRE.
Entrée. — Octroi.	
....	Diminution de 5^{f} 04^{c} sur l'entrée et de 1^{f} 68^{c} sur l'octroi.
Deuxième décime.............	Pour la Ville, sur l'octroi.
....	Diminution de l'octroi.
Deuxième décime.............	Pour le Trésor, sur l'entrée.
....	Changement de tarification.
	L'HECTOLITRE.
Entrée. — Octroi.	
....	Diminution de 4^{f} 20^{c} sur l'entrée et de 1^{f} 40^{c} sur l'octroi.
Deuxième décime.............	Pour la Ville, sur l'octroi.
....	Diminution de l'octroi.
Deuxième décime.............	Pour le Trésor, sur l'entrée.
....	Changement de tarification.
	L'HECTOLITRE.
Entrée. — Octroi. — Décimes..	Deux et demi pour le Trésor sur l'entrée. — Deux pour la Ville sur l'octroi.
....	Décimes pour la Ville supprimés.

De 1855 à 1871, octroi de 23^{f} 50^{c} et 2 décimes = 28^{f} 20^{c}. Depuis confondu dans les produits à base d'alcool.

BOISSONS ET LIQUIDES. (Suite.)

ANNÉES.	TITRES de PERCEPTION.	DROITS D'ENTRÉE OU D'OCTROI						
		pour le TRÉSOR.	pour la VILLE.	pour les HÔPITAUX.	pour les OFFICIERS de police.	SURTAXES.	À DÉDUIRE pour suppression	TOTA après chaqu variatio
1	2	3	4	5	6	7	8	9
	Cidre entrant par terre et par eau.							
		l. s. d.	l. s. d.	l. s. d.	l. s. d.	l. s. d.	l. s. d.	l. s.
1640..	Arrêt 16 avril.....	1	......	......	......	......	......	1
	Édit novembre....	10	......	......	......	......	......	11
1643..	Arrêt 18 novemb..	5	......	......	......	......	......	16
1645..	?	5	......	......	......	......	......	1 1
1651..	Décl. 8 février...	1	......	......	......	......	......	1 2
1654..	Édit mars........	5	......	......	......	......	......	1 7
	Décl. 5 février....	......	......	......	......	6 10	......	1 13
1657..	Arrêt 24 mars.....	......	......	......	......	1 8	......	1 15
1658..	Décl. 10 avril.....	......	......	......	......	11	......	1 16
1680..	Ord. 3 juin.......	......	......	......	......	......	1 5	1 15
1705..	Décl. 3 mars......	......	......	......	......	3 6	......	1 18
	Édit octobre......	......	5	......	......	......	......	2 3
1706..	Décl. mai........	5 6	......	......	......	......	......	2 9
1707..	Édit juin........	......	5 6	......	......	......	......	2 14
1715..	Décl. 7 mai......	......	......	......	......	3 6	......	2 18
1719..	Let. pat. 10 octobre.	2 5	......	......	......	9	......	5 12
1730..	Édit juin........	......	......	......	1 18	......	......	7 10
1741..	Let. pat. 25 août..	......	18	......	......	......	......	8 8
1747..	Édit septembre...	......	......	......	......	14 5	......	9 2
1760..	Décl. 3 février....	......	......	......	......	7 7	......	9 10
1763..	Édit avril........	......	......	......	......	7 7	......	9 17
1767..	....	3	......	......	......	18	......	13 15
1771..	Édit novembre...	......	......	......	......	1 1 2	......	14 16
1781..	Édit août........	......	......	......	......	1 1 3	......	15 18
1782..	....	......	......	......	......	......	4 10	11 8
1791..	Loi 19 août......	......	......	......	......	......	11 8	......
		fr. c.	fr. c.	fr. c.	fr. c.	fr. c.	fr. c.	fr. c.
1803..	Arrêté 21 septemb.	......	4 69	......	......	......	......	4 69
1806..	Décret 4 mars....	......	0 31	......	......	......	......	5
	Loi 24 avril......	2	......	......	......	......	......	7
	Décret 5 mai.....	......	......	......	......	......	1	6
1808..	Loi 25 novembre..	1	......	......	......	......	......	7
1813..	Décret 5 février...	1	......	......	......	......	......	8
	Décret 11 novemb.	......	......	......	......	0 80	......	8 80
1814..	Décret 27 avril....	......	......	......	......	......	0 80	8
1815..	Décret 8 avril....	1	......	......	......	......	1	8
	Loi 16 août......	......	......	......	......	0 30	......	8 30
	Décret 23 décemb.	......	......	......	......	......	1	7 30
	Ord. 29 décembre.	......	3	......	......	0 30	......	10 60
1816..	Loi 28 avril......	1	......	......	......	0 50	......	12 10
1825..	Ord. 4 mai.......	......	......	......	......	......	1 10	11
1830..	Loi 12 décembre..	......	......	......	......	......	1 10	9 90
	Ord. 28 décembre.	......	......	......	......	......	1 10	8 80
1852..	Loi 17 mars......	......	......	......	......	......	0 264	8 53
1855..	Loi 14 juillet.....	......	......	......	......	0 40	......	8 93
	Décret 3 novembre.	......	0 04	......	......	0 004	......	8 98
1873..	Décret 31 décemb.	0 75	......	......	......	1 1175	......	10 11
1874..	Décret 5 août.....	......	......	......	......	0 38	......	10 49
1880..	Loi 19 juillet.....	......	......	......	......	......	1 4375	9 06
	Arrêté 30 décemb.	......	......	......	......	......	552	8 50

BOISSONS ET LIQUIDES. (Suite.)

PRIX MOYEN dans Paris. 10	RAPPORT du DROIT au prix. 11	DÉNOMINATION DES DROITS D'ENTRÉE OU D'OCTROI principaux et additionnels. 12	OBSERVATIONS. 13
livres.	p. o/o.		LE MUID (272 litres).
......	......	Ancien barrage.	
30	1	Subvention.	
30	2	Augmentation de la subvention.	
30	3	*Idem.*	
30	3	Domaine.	
30	4	Nouveau barrage.	
30	5	Parisis......................	Quart des droits principaux.
30	5	Sol pour livre des conservateurs..	Sur les droits principaux et sur le parisis.
30	6	Six deniers des trésoriers........	Sur les droits principaux, le parisis et le s. p. l.
30	5	Droit unique.	
30	6	Deux sous pour livre..........	Pour le Trésor, sur ses droits principaux.
30	7	Inspecteurs aux boissons.	
30	8	Doubl[t] des insp. aux boissons....	Et deux sous pour livre (droit principal).
30	9	Contrôleurs-jaugeurs..........	*Idem.*
30	9	Deux sous pour livre.	
35	16	Rempl[t] des gros et détail.......	Ces droits de vente étaient de la moitié de ceux du vin.
35	16	Gardes de nuit, plancheyeurs, etc.	
40	21	Jaugeurs-mesureurs.	
45	20	Quatre sous pour livre.........	Sur les droits de la Ville et des officiers de police.
45	20	Un sou pour livre............	Pour le Trésor, sur tous les droits principaux.
45	20	*Idem*.....................	*Idem.*
50	27	Entrée.	
55	26	Deux sous pour livre..........	*Idem.*
55	26	*Idem*.....................	*Idem.*
60	19	....	Entrée de 1767 et dix sous pour livre supprimés.
.....	......	....	Suppression générale.
fr.	p. o/o.		L'HECTOLITRE.
26	15	Octroi.....................	(4e jour complémentaire an XI).
27	18	*Idem.*	
27	26	Entrée.....................	Remplacement des droits de gros et de détail.
27	22	....	Diminution de l'octroi.
27	26	Entrée.....................	Par suite de l'augmentation du droit de détail.
27	30	*Idem.*	
27	33	Décime....................	Pour le Trésor, sur l'entrée et sur l'octroi
27	30	....	Suppression du décime.
27	30	Entrée....................	Diminution de l'octroi.
27	30	Décime....................	Pour la Ville, sur l'octroi.
27	29	....	Diminution de l'entrée.
27	39	Octroi.	
27	45	Entrée. — Décime...........	Pour le Trésor, sur l'entrée.
30	37	....	Diminution de l'octroi.
30	33	....	Diminution de l'entrée.
30	29	....	Diminution de l'octroi.
30	28	....	*Idem.*
30	30	Deuxième décime.............	Pour le Trésor, sur l'entrée.
30	30	Octroi.	
30	34	Entrée. — Demi-décime.......	Pour le Trésor, sur l'entrée.
30	35	Deuxième décime............	Pour la Ville, sur l'octroi.
30	30	....	Diminution de l'entrée.
30	28	....	Diminution de l'octroi.

BOISSONS ET LIQUIDES. (Suite.)

ANNÉES.	TITRES de PERCEPTION.	DROITS D'ENTRÉE OU D'OCTROI — pour le TRÉSOR.	pour la VILLE.	pour les HÔPITAUX.	pour les OFFICIERS de police.	SURTAXES.	À DÉDUIRE pour suppression	TOTAL après chaque variation
1	2	3	4	5	6	7	8	9
	Poiré entrant par terre ou par eau.							
		l. s. d.	l. s. d.	l. s. d.	l. s. d.	l. s. d.	l. s. d.	l. s.
1680..	Ord. 3 juin......	17	......	......	......	......	......	17
1705..	Décl. 3 mars.....	......	......	......	......	1 9	......	19
	Édit octobre......	......	2 6	......	......	......	......	1 1
1706..	Décl. mai........	2 9	......	......	......	......	......	1 4
1707..	Édit juin.........	5 6	......	......	......	......	......	1 10
1715..	Décl. 7 mai......	......	......	......	......	1 9	......	1 11
1719..	Let. pat. 10 octob.	1 2 6	......	......	......	4 6	......	2 18
1730..	Édit juin.........	......	......	......	1 18	......	......	4 16
1741..	Let. pat. 25 août..	......	......	......	18	......	......	5 14
1747..	Édit sept.........	......	......	......	......	13 4	......	6 8
1760..	Décl. 3 février....	......	......	......	......	5 8	......	6 13
1763..	Édit avril........	......	......	......	......	5 8	......	6 19
1771..	Arrêt 24 mars.....	......	......	......	......	11 5	......	7 10 1
1781..	Édit août.........	......	......	......	......	11 5	......	8 2
1791..	Loi 19 février.....	......	......	......	......	......	8 2 3	......
	Poirés et hydromels entrant par terre ou par eau.							
		fr. c.	fr. c.	fr. c.	fr. c.	fr. c.	fr. c.	fr. c.
1799..	Loi 10 décembre..	......	3 60	......	......	......	......	3 6
	Vinaigres entrant par terre ou par eau.							
		l. s. d.	l. s. d.	l. s. d.	l. s. d.	l. s. d.	l. s. d.	l. s.
1337..	Let. pat. 10 déc...	......	......	......	......	......	......	......
1341..	Let. pat. 25 avril..	......	......	......	......	......	......	......
1350..	Let. pat. 17 février.	......	......	......	......	......	......	......
1351..	Let. pat. 3 mai...	......	......	......	......	......	......	......
1360..	Inst. Gd Cl 18 déc.	......	......	......	......	......	......	......
1384..	Instruc. février....	......	......	......	......	......	......	......
1465..	Ord. 3 août......	......	......	......	......	......	......	......
1707..	Édit août.........	......	2 9	......	......	......	......	2
1730..	Édit juin.........	......	......	......	2 5	......	......	2 7
1747..	Édit sept.........	......	......	......	......	9 7	......	2 17
1760..	Décl. 3 février....	......	......	......	......	2 4	......	2 19
1763..	Édit avril........	......	......	......	......	2 4	......	3 2
1771..	Édit novembre...	......	......	......	......	4 9	......	3 6
1781..	Édit août.........	......	......	......	......	4 9	......	3 11
1791..	Loi 19 février.....	......	......	......	......	......	3 11 3	......
		fr. c.	fr. c.	fr. c.	fr. c.	fr. c.	fr. c.	fr. c.
1798..	Loi 18 octobre.....	......	5 50	......	......	......	......	5 5
1799..	Loi 10 décembre..	......	1 10	......	......	......	......	6 6
1802..	?	......	1 25	......	......	......	......	7 8
1803..	Arrêté 21 septemb.	......	5 65	......	......	......	......	13 5
1806..	Décret 4 mars.....	......	3 00	......	......	......	......	16 5
1807..	Décret 5 mai.....	......	......	......	......	......	3 00	13 5
1811..	Décret 10 mai....	......	1 50	......	......	......	......	15 0
1813..	Décret 11 novembre	......	......	......	......	1 50	......	16 5
1814..	Décret 27 avril...	......	......	......	......	......	1 50	15 0
1815..	Ord. 16 août.....	......	......	......	......	1 50	......	16 5
1818..	Ord. 23 décembre.	......	......	......	......	......	1 65	14 8
1822..	Ord. 25 décembre.	......	......	......	......	......	3 30	11 5
1830..	Ord. 28 décembre.	......	......	......	......	......	2 75	8 8
1832..	Ord. 17 août.....	......	2 50	......	......	0 25	......	11 5

BOISSONS ET LIQUIDES. (Suite.)

PRIX MOYEN dans Paris.	RAPPORT du DROIT au prix.	DÉNOMINATION DES DROITS D'INTRODUCTION principaux ou additionnels.	OBSERVATIONS.	DROITS DE VENTE en GROS.	DROITS DE VENTE en DÉTAIL.
10	11	12	13	14	15
			LE MUID (272 litres).		
......	......	Droit unique........	Antérieurement mêmes droits que p^{r} le cidre.	Quart des droits du vin.	
......	......	Deux sous pour livre..	Pour le Trésor sur ses droits..............	*Idem.*	
......	......	Inspect. aux boissons..	Aliénés à la Ville.....................	*Idem.*	
......	......	Doublem^{t} des inspect..	Et deux sous pour livre (droit principal)...	*Idem.*	
......	......	Contrôleurs-jaugeurs..	....	*Idem.*	
......	......	Deux sous pour livre..	Pour le Trésor, sur ses droits principaux...	*Idem.*	
......	......	Remp. des gros et dét^{l}			
......	......	Gard.d.n.plancheyeurs			
......	......	Jaugeurs-mesureurs.			
......	......	Quatre sous pour livre.	P^{r} le Trésor, sur les droits non encore surtaxés		
......	......	Un sou pour livre....	Pour le Trésor, sur tous les droits principaux		
......	......	*Idem*..............	*Idem.*		
......	......	Deux sous pour livre..	*Idem.*		
......	......	*Idem*..............	*Idem.*		
......	......	....	Suppression générale.		
			L'HECTOLITRE.		
......	......	Octroi mun. et de bienf.	Mêmes droits que pour le cidre depuis 1802.		
livres.	p. o/o.		LE MUID.	l. s. d.	l. s. d.
......	......	....	Vente et achat.........................	16^{p}	16^{p}
......	......	....	*Idem*................................	12	12
......	......	....	Vente et revente.......................	18	18
......	......	....	*Idem*................................	27	27
......	......	....	Vente..................................	Treizième.	
......	......	....	*Idem*................................	Sol pour livre.	
......	......	....	Suppression du droit de vente.		
......	......	Petit octroi.........	Et deux sous pour livre (droit principal).		
43	5	Inspect.-vérificat., etc.			
56	5	Quatre sous pour livre.	Pour le Trésor, sur les droits non encore surtaxés		
......	......	Un sou pour livre....	Pour le Trésor, sur tous les droits principaux		
55	6	*Idem.*	*Idem.*		
......	......	Deux sous pour livre..	*Idem.*		
......	......	*Idem*..............	*Idem.*		
......	......	....	Suppression générale.		
francs.	p. o/o.		L'HECTOLITRE.		
35	15	Octroi mun. et de bienf.	(27 vendémiaire an VII.)		
35	18	*Idem*..............	(19 frimaire an VIII.)		
35	22	*Idem.*			
35	38	*Idem.*			
35	47	*Idem.*			
35	38	*Idem.*			
35	42	*Idem.*			
35	47	Décime.	Pour le Trésor.		
35	42	....	Suppression du décime.		
35	47	*Idem.*	Pour la Ville.		
45	33	Octroi.			
45	25	*Idem.*			
45	19	*Idem.*			
45	25	*Idem.*			

Tableau n° 1.

BOISSONS ET LIQUIDES. (Suite.)

ANNÉES.	TITRES de PERCEPTION.	DROITS D'ENTRÉE, DE CONSOMMATION OU D'OCTROI. pour le TRÉSOR.	pour la VILLE.	pour les HÔPITAUX.	pour les OFFICIERS de police.	SURTAXES.	À DÉDUIRE pour suppression	TOTAL après chaque variation
1	2	3	4	5	6	7	8	9
	Vinaigres entrant par terre ou par eau. (Suite.)							
		fr. c.	fr. c.	fr. c.	fr. c.	fr. c.	fr. c.	fr. c.
1848..	Arrêté 17 juin....	......	......	......	......	1 05	......	12 60
1852..	Décret 17 mars....	......	......	......	......	......	0 756	11 84
1855..	Décret 3 novembre.	......	0 13	......	......	0 26	......	12
1874..	Décret 28 juillet..	......	5	......	......	1	......	18
	Vinaigres contenant 8 p. o/o d'acide acétique.							
1875..	Décret 17 juillet...	4f	15f	......	......	4f	......	23f
	Vinaigres contenant de 9 à 12 p. o/o d'acide acétique.							
1875..	Décret 17 juillet..	6f	15f	......	......	4f 50c	......	25f 5
1878..	Décret 7 mars....	......	7 50	......	......	1 50	......	34 5
	Vinaigres contenant de 13 à 16 p. o/o d'acide acétique.							
1875..	Décret 17 juillet...	8f	15f	......	......	5f	......	28f
1878..	Décret 7 mars.....	......	15	......	......	3	......	46
	Acides acétiques entrant par terre ou par eau.							
1874..	Décret 28 juillet...	......	50f	......	......	10f	......	60f
	Acides acétiques et vinaigres contenant de 17 à 30 p. o/o d'acide.							
1875..	Décret 17 juillet...	15f	50f	......	......	13f 75c	......	78f 7
1878..	Décret 7 mars....	......	6 25	......	......	1 25	......	86 2
	Acides acétiques et vinaigres contenant de 31 à 40 p. o/o d'acide.							
1875..	Décret 17 juillet...	20f	50f	......	......	15f	......	85f
1878..	Décret 7 mars....	......	25	......	......	5	......	115
	Acides acétiques et vinaigres contenant plus de 40 p. o/o d'acide.							
1875..	Décret 17 juillet...	42f	50f	......	......	20f 50c	......	112f 5
1878..	Décret 7 mars.....	......	100	......	......	20	......	232 5
	Acide acétique cristallisable ou à l'état solide.							
1875..	Décret 17 juillet...	50f	50f	......	......	22f 50c	......	122f 5
1878..	Décret 7 mars....	......	137 50	......	......	27 50	......	287 5
	Vins gâtés entrant par terre.							
		l. s. d.	l. s. d.	l. s. d.	l. s. d.	l. s. d.	l. s. d.	l. s.
1680..	Ord. 3 juin......	7	......	......	......	......	......	7
1705..	Décl. 3 mars.....	......	......	......	......	8	......	7
1707..	Édit août........	......	2 9	......	......	......	......	10
1715..	Décl. 7 mai......	......	......	......	......	8	......	11
1730..	Édit juin........	......	......	......	2 5	......	......	2 11
1747..	Édit septembre....	......	......	......	......	9 7	......	3 1
1760..	Décl. 3 février....	......	......	......	......	2 8	......	3 3
1763..	Édit avril........	......	......	......	......	2 8	......	3 5
1771..	Décl. 26 juillet....	......	......	......	......	5 4	......	3 10
1781..	Édit août........	......	......	......	......	5 4	......	3 16
1791..	Loi 19 février.....	......	......	......	......	......	3 16 1	......
	Vins gâtés entrant par eau, en plus :							
1633..	Décl. 12 janvier...	3	......	......	......	......	......	3
......	Actes déjà cités...	......	......	......	......	1	......	4

BOISSONS ET LIQUIDES. (Suite.)

DÉNOMINATION DES DROITS D'ENTRÉE DE CONSOMMATION OU D'OCTROI principaux et additionnels. 10	OBSERVATIONS. 11
	L'HECTOLITRE.
Deuxième décime............	Pour la Ville.
Octroi.	
Idem.	
Idem.	
	L'HECTOLITRE.
Consommation. — Octroi......	2 décimes 1/2 pour le Trésor et 2 décimes pour la Ville.
	L'HECTOLITRE.
Consommation. — Octroi......	2 décimes 1/2 pour le Trésor et 2 décimes pour la Ville.
Octroi.....................	2 décimes pour la Ville.
	L'HECTOLITRE.
Consommation. — Octroi......	2 décimes 1/2 pour le Trésor et 2 décimes pour la Ville.
Octroi.	
	L'HECTOLITRE.
Octroi.....................	2 décimes pour la Ville.
	L'HECTOLITRE.
Consommation. — Octroi......	2 décimes 1/2 pour le Trésor et 2 décimes pour la Ville.
Octroi.....................	2 décimes pour la Ville.
	L'HECTOLITRE.
Consommation. — Octroi......	2 décimes 1/2 pour le Trésor et 2 décimes pour la Ville.
Octroi.....................	2 décimes pour la Ville.
	L'HECTOLITRE.
Consommation. — Octroi......	2 décimes 1/2 pour le Trésor et 2 décimes pour la Ville.
Octroi.....................	2 décimes pour la Ville.
	L'HECTOLITRE.
Consommation. — Octroi......	2 décimes 1/2 pour le Trésor et 2 décimes pour la Ville.
Octroi.....................	2 décimes pour la Ville.
	LE MUID (272 litres).
Droit unique.	
Deux sous pour livre...........	Pour le Trésor, sur ses droits principaux.
Petit octroi.	
Deux sous pour livre...........	*Idem.*
Inspecteurs de police.	
Quatre sous pour livre.........	Pour le Trésor, sur les droits de la Ville et de police.
Un sou pour livre.............	Pour le Trésor, sur tous les droits principaux.
Idem.	
Deux sous pour livre..........	*Idem.*
Idem........................	*Idem.*
....	Suppression générale.
Droit des rivières.............	Comme pour le vin.
Dix sous pour livre............	*Idem.*

BOISSONS ET LIQUIDES. (Suite.)

ANNÉES. 1	TITRES de PERCEPTION. 2	DROITS D'ENTRÉE OU D'OCTROI						
		pour le TRÉSOR. 3	pour la VILLE. 4	pour les HÔPITAUX. 5	pour les OFFICIERS de police. 6	SURTAXES. 7	À DÉDUIRE pour suppression 8	TOTAL après chaque variation 9
	Verjus entrant par terre ou par eau.							
		l. s. d.	l. s. d.	l. s. d.	l. s. d.	l. s. d.	l. s. d.	l. s. d.
1337..	Let. pat. 10 déc...	......	......	......	......	......	......	......
1341..	Let. pat. 25 avril.	......	......	......	......	......	......	......
1350..	Let. pat. 17 février.	......	......	......	......	......	......	......
1351..	Let. pat. 3 mai...	......	......	......	......	......	......	......
1415..	Ord. février....	......	......	......	2s	......	......	2
1680..	Ord. 3 juin......	2s	......	......	......	......	......	2s
1705..	Décl. 3 mars.....	......	......	......	......	2s	......	2 2
1715..	Décl. 7 mai......	......	......	......	......	2	......	2 4
1730..	Édit juin........	......	......	......	2s 5s	......	......	2s 7 4
1747 .	Edit septembre....	......	......	......	......	9s	......	2 16 4
1760..	Décl. 3 février....	......	......	......	......	4 8	......	3 1
1763..	Édit avril.......	......	......	......	......	4 8	......	3 5 8
1771..	Édit novembre....	......	......	......	......	9 2	......	3 14 10
1781..	Edit août........	......	......	......	......	9 2	......	4 4
1791..	Loi 19 février....	......	......	......	......	......	4 4	......
	Fruits et **conserves au vinaigre, verjus, sureau, hièble** en fruits ou en jus, **Vins gâtés et lies** liquides ou épaisses entrant par terre ou par eau.							
		fr. c.	fr. c.	fr. c.	fr. c.	fr. c.	fr. c.	fr. c.
1878..	Décret 7 mars....	......	10	......	......	2	......	12
	Cervoises.							
		l. s. d.	l. s. d.	l. s. d.	l. s. d.	l. s. d.	l. s. d.	l. s. d.
1337..	Let. pat. 10 déc..	......	......	......	......	......	......	......
1341..	Let. pat. 25 avril.	......	......	......	......	......	......	......
1350..	Let. pat. 17 février.	......	......	......	......	......	......	......
1360..	Inst. Gd Cl 18 déc..	?	......	......	......	......	......	?
1383..	Let. pat. 4 avril..	......	......	......	......	......	......	......
1384..	Instruct. février..	......	......	......	......	......	......	......
1395..	Ord. 28 mars.....	......	......	......	......	......	......	......
1465..	Ord. 3 août......	......	......	......	......	......	......	......
	Bières françaises entrant par terre ou par eau.							
		l. s. d.	l. s. d.	l. s. d.	l. s. d.	l. s. d.	l. s. d.	l. s. d.
1625..	Édit décembre....	......	......	......	6	......	......	6
1635..	Décl. 16 février...	6	......	......	......	......	6	6
1638..	Décl. 15 décembre.	1 2	......	......	......	......	......	1 2
1646..	Édit mars.......	6	......	......	......	......	......	1 8
1654..	Édit mars.......	......	......	......	......	7	......	1 15
1657..	Arrêt 24 mars....	......	......	......	......	1 9	......	1 16 9
1658..	Décl. 10 avril....	......	......	......	......	10	......	1 17 7
1680..	Ord. 3 juin......	1 17 7	......	......	......	......	9 7	1 17 7
1697..	Édit août.......	......	......	......	1 15	......	......	3 12 7
1698..	Édit mars........	1 15	......	......	......	......	1 15	3 12 7

BOISSONS ET LIQUIDES. (Suite.)

DÉNOMINATION DES DROITS D'ENTRÉE OU D'OCTROI principaux et additionnels.	OBSERVATIONS.	DROIT DE VENTE en GROS.	DROIT DE VENTE en DÉTAIL.
10	11	12	13
	LE TONNEAU.	d. p.	d. p.
....	Vente et achat........................	16	16
....	*Idem*........................	12	12
....	Vente et revente........................	18	18
....	*Idem*........................	27	27
	LA CAQUE.		
Jaugeurs.			
	LE MUID (272 litres).		
Droit unique.			
Deux sous pour livre...........	Pour le Trésor, sur ses droits principaux.		
Idem.			
Inspecteurs, vérificateurs, etc.			
Quatre sous pour livre.........	Pour le Trésor, sur les droits de police.		
Un sou pour livre.............	Pour le Trésor, sur tous les droits principaux.		
Idem......................	*Idem.*		
Deux sous pour livre..........	*Idem.*		
Idem......................	*Idem.*		
....	Suppression générale.		
	L'HECTOLITRE.		
Octroi.....................	Depuis 1848, mêmes droits que pour le vinaigre.		
	LE TONNEAU.	d. p.	d. p.
....	Vente et achat........................		16
....	*Idem*........................		12
....	Vente et revente........................		18
Treizième................	....	Treizième.	
....	....	3	
....	....	Sol. p. l.	Quatrième.
....	....	*Idem.*	Huitième.
....	Suppression des droits de vente.		
	LE MUID (272 litres).		
Contrôleurs.			
Idem......................	Suppression des officiers et attribution du droit au Trésor.		
Augmentation des contrôleurs.			
Nouvelle augmentation *idem.*			
Parisis....................	Quart des droits principaux.		
Sol p. l. des conservateurs......	Sur les droits principaux et sur le parisis.		
6 deniers p. l. des trésoriers....	Sur les droits principaux, le parisis et le sol pour livre.		
Droit unique.			
Essayeurs.			
Idem......................	Suppression des officiers et attribution du droit au Trésor.		

BOISSONS ET LIQUIDES. (Suite.)

Bières françaises entrant par terre ou par eau. (Suite.)

ANNÉES.	TITRES de PERCEPTION.	DROITS D'ENTRÉE OU D'OCTROI pour le TRÉSOR.	pour la VILLE.	pour les HÔPITAUX.	pour les OFFICIERS de police.	SURTAXES.	À DÉDUIRE pour suppression	TOTAL après chaque variation
1	2	3	4	5	6	7	8	9
		l. s. d.	l. s. d.	l. s. d.	l. s. d.	l. s. d.	l. s. d.	l. s. d.
1705..	Décl. 3 mars......	......	......	......	......	7 3	......	3 19
......	Édit octobre......	......	5	......	......	......	......	4 4
1706..	Édit mars........	5 6	......	......	......	......	......	4 10
1707..	Édit juin	5 6	......	......	......	......	......	4 15
1715..	Décl. 7 mai......	......	......	......	......	7 3	......	5 3
1730..	Édit juin........	......	1 13	......	......	......	......	6 16
1743..	Édit décembre....	2	......	......	......	......	......	8 16
1747..	Édit septembre....	......	......	......	......	17 10	......	9 13
1756..	Décl. 7 juillet....	......	2	......	......	......	2	9 12
1758..	Décl. 10 décembre.	3	......	......	......	12	......	13 15
1760..	Décl. 3 février...	......	......	......	......	11	......	13 16
1763..	Édit avril........	......	......	......	......	11	......	14 7
1771..	Édit novembre..	......	......	......	......	1 2 2	......	15 10
1775..	....	3	......	......	......	1 4	......	19 14
1781..	Édit août........	......	......	......	......	1 8 2	......	21 2
1791..	Loi 19 février....	......	......	......	......	......	21 2 3	......

Bières étrangères entrant par terre ou par eau.

Bières entrant par terre ou par eau.

ANNÉES.	TITRES de PERCEPTION.	pour le TRÉSOR.	pour la VILLE.	pour les HÔPITAUX.	pour les OFFICIERS de police.	SURTAXES.	À DÉDUIRE pour suppression	TOTAL après chaque variation
		fr. c.	fr. c.	fr. c.	fr. c.	fr. c.	fr. c.	fr. c.
1799..	Loi 10 décembre..	......	1 20	......	......	......	......	1 20
1803..	Arrêté 21 septemb.	......	3 49	......	......	......	......	4 69
1806..	Décret 4 mars....	......	0 31	......	......	......	......	5 00
......	Décret 5 mai.....	......	......	......	......	......	1 00	4 00
1813..	Décret 11 novemb.	......	......	......	......	0 40	......	4 40
1814..	Décret 27 avril...	......	......	......	......	......	0 40	4 00
1815..	Ord. 16 août.....	......	......	......	......	0 40	......	4 40
......	Ord. 29 décembre.	......	2 00	......	......	0 20	......	6 60
1818..	Ord. 23 décembre.	......	......	......	......	......	2 00	4 40
1848..	Arrêté 17 juin....	......	......	......	......	0 40	......	4 80
1852..	Décret 17 mars...	......	......	......	......	......	0 24	4 51
1855..	Décret 3 novembre	......	0 04	......	......	0 008	......	4 56
1872..	Décret 14 mars...	......	8 70	......	......	1 74	......	15 00

Bières à la fabrication.

ANNÉES.	TITRES de PERCEPTION.	pour le TRÉSOR.	pour la VILLE.	pour les HÔPITAUX.	pour les OFFICIERS de police.	SURTAXES.	À DÉDUIRE pour suppression	TOTAL après chaque variation
		l. s. d.	l. s. d.	l. s. d.	l. s. d.	l. s. d.	l. s. d.	l. s. d.
1635..	Édit décembre ...	......	......	......	6	......	......	6
1638..	Décl. 15 décembre.	......	......	......	16	......	......	1 2
1646..	Édit mars........	......	......	......	6	......	......	1 8
......	Actes déjà cités...	......	......	......	......	14	......	2 2
1791..	Loi 19 février....	......	......	......	......	......	......	......

ANNÉES.	TITRES de PERCEPTION.	pour le TRÉSOR.	pour la VILLE.	pour les HÔPITAUX.	pour les OFFICIERS de police.	SURTAXES.	À DÉDUIRE pour suppression	TOTAL après chaque variation
		fr. c.	fr. c.	fr. c.	fr. c.	fr. c.	fr. c.	fr. c.
1803..	Arrêté 21 sept....	......	2 66	......	......	......	......	2 66
1815..	Ord. 29 décembre.	......	2 44	......	......	0 50	......	5 50
1818..	Ord. 23 décembre.	......	......	......	......	......	2 20	3 30
1852..	Décret 17 mars...	......	......	......	......	......	0 198	3 10
1855..	Décret 3 novembre.	......	0 03	......	......	0 003	......	3 13
1872..	Décret 14 mars...	......	8 45	......	......	1 975	......	13 56
1873..	Décret 23 décemb.	......	1 20	......	......	0 24	......	15 00

BOISSONS ET LIQUIDES. (Suite.)

PRIX MOYEN dans Paris. 10	RAPPORT du DROIT au prix. 11	DÉNOMINATION DES DROITS D'ENTRÉE OU D'OCTROI principaux et additionnels. 12	OBSERVATIONS. 13
livres.	p. o/o.		LE MUID (272 litres).
30	12	Deux sous pour livre............	Pour le Trésor sur ses droits principaux.
....	......	Inspecteurs aux boissons.	
....	......	Doublement *idem*.	Et 2 sous pour livre (droit principal).
....	......	Contrôleurs-jaugeurs..........	*Idem.*
....	......	Deux sous pour livre..........	Pour le Trésor sur ses droits principaux.
35	19	Inspecteurs, visiteurs, etc......	Aliénés à la Ville.
38	23	Droits rétablis.	
40	24	Quatre sous pour livre.........	Pour le Trésor, sur les droits de la Ville.
40	24	Droits rétablis...............	Aliénés à la Ville.
45	29	Don gratuit.	
....	......	Un sou pour livre............	Pour le Trésor, sur tous les droits principaux.
....	......	*Idem.*	
50	31	Deux sous pour livre..........	*Idem.*
55	35	Remplacemt de droits de police..	*Idem.*
60	35	Deux sous pour livre..........	*Idem*
....	......	....	Suppression générale

De 1635 à 1791, droit des contrôleurs doublés et mêmes autres droits que pour les bières françaises.

PRIX MOYEN dans Paris. 10	RAPPORT du DROIT au prix. 11	DÉNOMINATION 12	OBSERVATIONS. 13
francs.	p. o/o.		L'HECTOLITRE.
....	......	Octroi municip. et de bienfaisance.	(19 frimaire an VIII.)
25	16	*Idem*......................	(4e jour complémentaire an XI).
25	20	*Idem*......................	Du 24 avril 1806 au 25 novembre 1808 droit de 2 francs à l'entrée remplacé par un droit de fabrication.
25	16	*Idem*......................	
35	12	Décime	Pour le Trésor.
35	11	....	Suppression du décime.
35	12	Décime....................	Pour la Ville.
38	17	Octroi.	
38	11	*Idem.*	
45	10	Deuxième décime............	*Idem.*
50	9	Octroi.	
55	8	*Idem.*	
60	25		

PRIX MOYEN dans Paris. 10	RAPPORT du DROIT au prix. 11	DÉNOMINATION 12	OBSERVATIONS. 13
			LE MUID.
......	......	Contrôleurs.	
......	......	*Idem.*	
......	......	*Idem.*	
......	......	Dix sous pour livre...........	Pour le Trésor.
......	......	....	Suppression générale.
			L'HECTOLITRE.
......	......	Octroi......................	Outre le droit de fabrication pour le Trésor.
......	......	*Idem*......................	Et décime pour la Ville.
......	......	*Idem.*	
......	......	*Idem.*	
......	......	*Idem.*	
......	......	*Idem.* — Deuxième décime.....	Pour la Ville.
......	......	Octroi.	

BOISSONS ET LIQUIDES. (Suite.)

ANNÉES.	TITRES de PERCEPTION.	DROITS D'ENTRÉE OU D'OCTROI						
		pour le TRÉSOR.	pour la VILLE.	pour les HÔPITAUX.	pour les OFFICIERS de police.	SURTAXES.	À DÉDUIRE pour suppression	[illegible]
1	2	3	4	5	6	7	8	[illegible]
		l. s. d.	l. s. d.	l. s. d.	l. s. d.	l. s. d.	l. s. d.	[illegible]
Huiles entrant par terre.								
1268..	Livre des métiers..	4ˢ	......	......	......	......	......	..
1268..	*Idem*............	6	......	......	......	......	......	.
1415..	Ord. février.......	......	......	......	6ˢ	......	......	..
1268..	Livre des métiers..	......	......	......	......	......	......	....
......	*Idem*............	4	......	......	......	......	......	
1640..	Arrêt 1ᵉʳ février....	5ˢ	......	......	......	......	......	
1651..	Décl. 8 février....	10	......	......	......	......	......	
1654..	Décl. 5 février....	......	......	......	......	3ˢ 9ˢ	......	
1657..	Décl. 24 mars....	......	......	......	......	1 2	......	
1658..	Décl. 10 avril....	......	......	......	......	7	......	1ˢ 1
1692..	Décl. 17 septembre.	5	......	......	......	......	3ˢ	1 1
1705..	Décl. 7 juillet....	1ˢ	......	......	......	......	......	2 2
......	Décl. 3 mars.....	......	......	......	......	4	......	2 2
1709..	Décl. 29 octobre..	......	......	4ˢ	......	......	......	2 2
1711..	Décl. 3 janvier...	......	......	2	......	......	4ˢ	2 2
1715..	Décl. 7 mai......	......	......	......	......	4	......	2 2
1730..	Édit juin........	......	......	......	7ˢ	......	......	9 9
1747..	Édit septembre....	......	......	......	......	1 8 5	......	10 10
1758..	Décl. 10 décembre.	10	......	......	......	2	......	21 21
1760..	Décl. 3 février....	......	......	......	......	19 1	......	21 21
1763..	Édit avril........	......	......	......	......	19 1	......	22 22
1771..	Décl. 26 juillet...	......	......	......	......	1 18 3	......	24 24
1781..	Édit août........	5	......	......	......	4 8 3	......	29 29
1782..	Décl. 17 juillet...	......	......	......	......	......	24ˢ 5 1	5 5
1791..	Loi 19 février....	......	......	......	......	......	5	....
Huiles entrant par eau.								
1268..	Livre des métiers..	½ˢ	......	......	......	......	......	
Savons entrant par terre.								
1341..	Let. pat. 25 février.	......	......	......	......	......	......	....
1350..	Let. pat. 17 février.	......	......	......	......	......	......	....
1351..	Let pat. 3 mai.....	......	......	......	......	......	......	....
1360..	Inst. Gᵈ Cˡ 18 déc..	......	......	......	......	......	......	....
1465..	Ord. 3 août......	......	......	......	......	......	......	....
1640..	Arrêt 1ᵉʳ février...	5ˢ	......	......	......	......	......	....
Huile d'olive.								
1341..	Let. pat. 25 février.	......	......	......	......	......	......	....
1350..	Let. pat. 17 février.	......	......	......	......	......	......	....
1351..	Let. pat. 3 mai...	......	......	......	......	......	......	....
1360..	Inst.. Gᵈ Cˡ 18 déc.	......	......	......	......	......	......	....
1465..	Ord. 3 août......	......	......	......	......	......	......	....
1341..	Let. pat. 25 février.	......	......	......	......	......	......	....
1350..	Let. pat. 17 février.	......	......	......	......	......	......	....
1351..	Let. pat. 3 mai...	......	......	......	......	......	......	....
1360..	Inst. Gᵈ Cˡ 18 déc..	......	......	......	......	......	......	....
1465..	Ord. 3 août......	......	......	......	......	......	......	....

BOISSONS ET LIQUIDES. (Suite.)

...	RAPPORT du DROIT ou prix. 11	DÉNOMINATION DES DROITS D'INTRODUCTION principaux et additionnels. 12	OBSERVATIONS. 13	DROITS DE VENTE. 14
..	p. o/o.			
			LA SOMME.	
...	......	Péage du Petit-Pont.		s. d.
			LE MUID.	
....	......	Péage du Petit-Pont.		
...	......	Jaugeurs.		
			LE TONNEAU.	
....	......	....	Tonlieu..............................	1P.
....	......	Conduit.		
			LA CHARRETTE DE 2,000 LIVRES.	
....	......	Barrage.		
....	......	Domaine.		
....	......	Parisis.............	Quart des droits principaux.	
....	......	Sol des conservateurs..	Sur les droits principaux et le parisis.	
....	......	Six deniers des trésor''.	Sur les droits principaux, le parisis et le s.p. l.	
	8	Domaine et barrage.		
	15	Doublement du barrage		
....	......	Deux sous pour livre..	Pour le Trésor sur ses droits principaux.	
....	......	Dixième de l'hôpital.		
....	......	Vingtième de l'hôpital.	A la place du dixième.	
	15	Deux sous pour livre..	Pour le Trésor sur ses droits principaux.	
....	......	Droit de police.		
	13	Quatre sous pour livre.	Sur les droits des hôpitaux et de police.	
	13	Don gratuit.		
....	......	Un sou pour livre....	Pour le Trésor sur tous les droits principaux.	
	12	*Idem*..............	*Idem*.	
	11	Deux sous pour livre..	*Idem*.	
	11	Entrée. Deux s. p. liv.	*Idem*.	
	3	Droit unique.		
....	......	....	Suppression générale.	
			LE TONNEAU.	
....	......	Rivage............	Réuni en 1651 au droit du Domaine.	
			TOUTE QUANTITÉ.	
....	......	....	Vente et achat........................	4d pour livre.
....	......	....	Vente et revente......................	*Idem*.
....	......	....	*Idem*...............................	*Idem*.
....	......	....	Vente................................	Sol pour livre.
....	......	....	Suppression des droits de vente.	
....	......	Barrage...........	Ensuite mêmes droits que l'huile jusqu'en 1791.	
			LE TONNEAU	s. d.
....	......	....	Vente et achat........................	10P.
....	......	....	Vente et revente......................	12
....	......	....	*Idem*...............................	18
....	......	....	Vente................................	Sol pour livre.
....	......	....	Suppression des droits de vente.	
			LA CHÈVRE.	
.....	......	....	Vente et achat........................	12P.
.....	......	....	Vente et revente......................	18
.....	......	....	*Idem*...............................	27
.....	......	....	Vente................................	Sol pour livre.
.....	......	....	Suppression des droits de vente.	

BOISSONS ET LIQUIDES. (Fin.)

ANNÉES.	TITRES de PERCEPTION.	DROITS D'ENTRÉE OU D'OCTROI pour le TRÉSOR.	pour la VILLE.	pour les HÔPITAUX.	pour les OFFICIERS de police.	SURTAXES.	À DÉDUIRE pour suppression	TOTAL après chaque variation
1	2	3	4	5	6	7	8	9
		fr. c.	fr. c.	fr. c.	fr. c.	fr. c.	fr. c.	fr. c.
Huile d'olive, Fruits et conserves à l'huile. Huiles parfumées de toute espèce, entrant par terre ou par eau.								
1817 ..	Loi 25 mars	40	......	......	......	......	......	40
1822 ..	Ord. 25 décembre..	......	40	......	......	4	......	44
1848 ..	Décret 17 juin....	......	......	......	......	4	......	48
1852 ..	Décret 17 mars....	......	......	......	......	......	2 88	45 12
1855 ..	Décret 8 novembre	......	0 40	......	......	0 08	......	45 60
1873 ..	Loi 30 décembre..	12	......	......	......	3	......	15
1874 ..	Loi 5 août......	......	43 705	......	......	8 741	......	67 45
Huile de toute autre espèce provenant de substances animales ou végétales, **Huiles animales** sortant des abattoirs, entrant par terre ou par eau.								
1817 ..	Loi 25 mars	20	......	......	......	......	......	20
1822 ..	Ord. 25 décembre.	......	20	......	......	2	......	22
1831 ..	Ord. 14 mai......	......	......	......	......	......	5 50	16 50
1832 ..	Ord. 17 août.....	......	5	......	......	0 50	......	22
1848 ..	Arrêté 17 juin.....	......	......	......	......	2 00	......	24
1851 ..	Décret 21 juillet ..	......	2	......	......	0 40	......	26 40
1852 ..	Décret 17 mars ...	......	......	......	......	......	1 584	24 816
1855 ..	Décret 3 novembre.	......	0 32	......	......	0 064	......	25 20
1873 ..	Loi 30 décembre..	12	......	......	......	3	......	15
1874 ..	Loi 5 août.......	......	27 325	......	......	5 465	......	32 79
Huile d'œillette ou **de faîne**, entrant par terre ou par eau.								
Huiles et **essences minérales**, entrant par terre ou par eau.								
1865 ..	Décret 5 juillet...	......	15	......	......	3	......	18
1874 ..	Décret 28 juillet..	......	3	......	......	0 60	......	21 60
Vernis de toute espèce sans alcool, entrant par terre ou par eau.								
1848 ..	Arrêté 17 juin....	......	10	......	......	2	......	12
1852 ..	Décret 17 mars....	......	......	......	......	......	0 72	11 28
1855 ..	Décret 3 novembre.	......	0 10	......	......	0 12	......	11 40
1874 ..	Décret 28 juillet..	......	8 50	......	......	1 70	......	21 60
Blanc de céruse ou **de zinc et autres couleurs** contenant de l'huile, etc.								
1874 ..	Décret 28 juillet..	......	9 50	......	......	1 90	......	11 40
Essences non minérales, etc.								
1832 ..	Ord. 17 août......	......	4	......	......	0 40	......	4 40
1834 ..	Ord. 30 novembre.	......	6	......	......	0 60	......	11 00
1848 ..	Arrêté 17 juin....	......	9	......	......	1 80	......	10 80
1852 ..	Décret 17 mars...	......	......	......	......	......	0 648	10 152
1855 ..	Décret 3 novembre.	......	......	......	......	......	0 008	10 20
Goudrons liquides à l'état brut et liquides provenant de la distillation des goudrons, etc.								
1865 ..	Décret 5 juillet...	......	0 60	......	......	0 12	......	0 72

BOISSONS ET LIQUIDES. (Fin.)

PRIX MOYEN dans Paris. 10	RAPPORT du DROIT au prix. 11	DÉNOMINATION DES DROITS D'ENTRÉE OU D'OCTROI principaux et additionnels. 12	OBSERVATIONS. 13
fr. c.	p. o/o.		
			L'HECTOLITRE (92 kilogr.).
2 60	16	Entrée........................	Suppression le 17 août 1822... Les prix de la col. 10 sont ceux de l'huile d'olive.
2 60	17	Octroi........................	Et décime pour la Ville........
2 55	19	Deuxième décime............	Pour la Ville sur l'octroi. .....
2 50	18	....	Diminution de l'octroi.
2 46	18	Octroi.	
			LES 100 KILOGRAMMES.
......	......	Entrée. — Deux décimes et demi.	Pour le Trésor sur l'entrée.
......	......	Octroi.	
			L'HECTOLITRE.
......	......	Entrée........................	Suppression le 17 août 1822.
......	......	Octroi........................	Et décime pour la Ville.
......	......	....	Diminution de l'octroi.
......	......		
......	......	Deuxième décime............	Pour la Ville sur l'octroi.
......	......	Octroi.	
......	......	....	Diminution de l'octroi.
......	......	Octroi.	
			LES 100 KILOGRAMMES.
......	......	Entrée.	
......	......	Octroi.	
1848 à 1851, octroi de 30f par hectolitre et 2 décimes, total 36f. Depuis comme pour les autres huiles.			
			L'HECTOLITRE.
......	......	Octroi........................	Et 2 décimes pour la Ville.
......	......	*Idem.*	
			L'HECTOLITRE.
......	......	Octroi........................	Et 2 décimes pour la Ville.
......	......	*Idem.*	
......	......	*Idem.*	
......	......	*Idem.*	
			L'HECTOLITRE.
......	......	Octroi.	Et 2 décimes pour la Ville.
			LES 100 KILOGRAMMES.
......	......	Octroi........................	Et 1 décime pour la Ville.
......	......	*Idem.*	
			L'HECTOLITRE.
......	......	Octroi........................	Et 2 décimes pour la Ville.
......	......	*Idem.*	
......	......	*Idem.*	
			LES 100 KILOGRAMMES.
......	......	Octroi........................	Et 2 décimes pour la Ville.

TABLEAU N° 2.

COMESTIBLES.

ANNÉES. 1	TITRES de PERCEPTION. 2	DROITS D'ENTRÉE OU D'OCTROI pour le TRÉSOR. 3	pour la VILLE. 4	pour les HÔPITAUX. 5	pour les OFFICIERS de police. 6	SURTAXES. 7	À DÉDUIRE pour suppression 8	TOTAL après chaque variation 9
	Bœufs entrant par terre.							
		l. s. d.	l. s. d.	l. s. d.	l. s. d.	l. s. d.	l. s. d.	l. s.
1268..	Livre des métiers..	1^{r}	......	......	......	......	......	
	Idem...........	......	......	......	......	......	......	......
1350..	Let. pat. 17 février.	......	......	......	......	......	......	......
1351..	Let. pat. 3 mai....	......	......	......	......	......	......	......
1360..	Inst. G^{d} C^{l} 18 déc.	......	......	......	......	......	......	......
1375..	Let. pat. 13 nov...	......	......	......	......	......	......	......
1499..	Let. pat. 19 décemb.	......	......	......	......	......	......	......
1505..	Let. pat. 3 nov....	......	4^{r}	......	......	......	......	4^{r}
1510..	Arrêt parl. 27 avril,	......	......	......	......	......	4^{r}	......
1527..	Let. pat. 13 février.	......	8	......	......	......	......	8
1539..	Let. pat. 19 juin...	......	8	......	......	......	......	8
1548..	Décl. 10 mai......	......	5^{r}	......	......	......	......	15^{r}
1567..	Décl. 17 mars....	1^{r} 5^{r}	......	......	......	......	15^{r}	1^{r} 5
	Décl. 3 septembre .	......	......	......	......	......	5	1
1630..	Décl. 28 février...	5	......	......	......	......	......	1 5
1634..	Décl. 2 janvier....	......	......	......	......	......	5	1
1640..	Édit novembre....	4^{r}	......	......	......	......	......	......
1641..	Décl. 4 décembre..	2	......	......	......	......	......	3
1643..	Décl. 10 décembre.	......	......	......	......	2^{r}	......	3 2
1644..	Édit mars........	......	......	......	......	......	......	......
1651..	Décl. 8 février....	4	......	......	......	......	......	......
1652..	Édit décembre....	......	......	......	......	......	......	......
1654..	Édit janvier......	......	......	......	......	2	......	3 4
1655..	Édit septembre...	......	......	......	3^{r} 4^{r}	......	3^{r} 4	3 4
1680..	Ord. juin........	......	......	......	......	......	3 4	3 4
1690..	Décl. 11 mars.....	5	......	......	......	......	......	3 4
1693..	Décl. 3 mars.....	11	......	......	......	......	......	8 4 1
1704..	Édit février......	......	3^{r}	......	......	......	......	11 4 1
1705..	Décl. 7 juillet....	11	......	......	......	......	......	11 5 1
	Déc. 3 mars......	......	......	......	......	16 7^{r}	......	12 2
1709..	Décl. 29 octobre...	1 2 7	......	......	......	......	......	13 5
1711..	Décl. 3 janvier....	......	......	11^{r} 3^{r}	......	......	1 2 7^{r}	12 13
1715..	Décl. 7 mai......	......	......	......	......	16 7	......	13 10
1747..	Édit septembre....	......	......	......	......	14 3	......	14 4
1760..	Décl. 3 février....	......	......	......	......	11 10	......	14 16
1763..	Édit avril........	......	......	......	......	11 10	......	15 8
1771..	Décl. 26 juillet...	......	......	11 3	......	3 4	......	16 2 1
	Édit novembre....	......	......	......	......	1 4 10	......	17 7
1776..	Édit février......	1 17 3	......	......	......	15	......	20
1781..	Édit août........	......	......	......	......	1 8 6	......	21 8
1791..	Loi 19 février....	......	......	......	......	......	21 8 6	......
	Bœufs entrant.							
		fr. c.	fr. c.	fr. c.	fr. c.	fr. c.	fr. c.	fr. c.
1798..	Loi 18 octobre....	......	15	......	......	......	......	15
1799..	Loi 10 décembre..	......	3	......	......	......	......	18
1813..	Loi 11 novembre..	......	......	......	......	1 80	......	19 80
1814..	Décret 27 avril...	......	......	......	......	......	1 80	18
1815..	Ord. 16 août.....	......	......	......	......	1 80	......	19 80
	Ord. 29 décembre.	......	3	......	......	30	......	23 10
1817..	Ord. 8 janvier....	......	3	......	......	30	......	26 40
1846..	Ord. 23 décembre.	......	......	......	......	......	26 40	......
	Idem...........	......	53	......	......	......	......	53

COMESTIBLES.

PRIX MOYEN dans Paris. 10	RAPPORT du droit au prix. 11	DÉNOMINATION DES DROITS D'ENTRÉE ou d'octroi principaux et additionnels. 12	OBSERVATIONS. 13	DROIT de PREMIÈRE VENTE. 14	DROIT de REVENTE. 15
livres.	p. o/o.		PAR TÊTE.		
......	......	Péage du Petit-Pont..	Droit réunis à celui du Domaine en 1651.		
......	......	....	Tonlieu dû par le vend^r et par l'ach^r.—*Idem.*	1^{dp}	
......	......	....	Taxe due par le 1er vend^r et p. l'ach^r revendant	4^d p^r liv.	11^{dp}
......	......	....	*Idem*	6	3^{dpl}
......	......	....	Pour le Trésor..........................	Sol pour livre.	
......	......	Jurés-vendeurs......	Avec un droit dont la quotité est inconnue..	*Idem.*	*Idem.*
......	......	....	6 d. p. l. p^r la Ville en sus du s. p. l. du Trésor.	Sol et 6 deniers p^r livre.	
......	......	Entrée du pied fourché	Remplaçant les 6. d. p. l. à la vente.......	Sol pour livre.	
......	......	....	Fin de la dernière prorogation de l'entrée...	*Idem*	*Idem.*
......	......	Nouvelle. *Idem.*	Paraît avoir duré jusqu'en 1530...........	*Idem.*	*Idem.*
......	......	*Idem*.............	Prorogation en 1543..................	*Idem.*	*Idem.*
20^x	3	Augmentation. *Idem*..	6 d. p. l. p^r la Ville en sus du s. p. l. du Trésor.	Sol et 6 deniers p^r livre.	
27	4	Entrée du pied fourché	A la place des droits de la Ville supprimés..	Sol pour livre.	
27	3	*Idem*.............	....	*Idem.*	*Idem.*
24	5	*Idem*.............	....	*Idem.*	*Idem.*
25	4	*Idem*.............	....	*Idem.*	*Idem.*
......	......	Barrage	Prob^t irrecouvré et compris dans la subvention.	*Idem.*	*Idem.*
......	......	Subvention.........	Remplaçant le droit de vente mis d'abord...	*Idem.*	*Idem.*
......	......	Deux sous pour livre.	Pour le Trésor sur le droit de 1634 seulement.	*Idem.*	*Idem.*
......	......	Vendeurs	Avec 6 d. p. l. en sus jusqu'en 1648......	Sol et 6 deniers p^r livre.	
......	......	....	Suppression du tonlieu..................	Sol pour livre.	
......	......	Vendeurs	Rétab^t des offices de 1644 avec les 6 d. p. l..	Sol et 6 deniers p^r livre.	
......	......	Un sou pour livre....	P^r le Trésor s^r le droit de 1641. Supp. des vend.	Sol pour livre.	
......	......	Vendeurs..........	Avec cession des droits du Trésor..........	*Idem.*	*Idem.*
......	......	Droit unique	Suppression du sol pour livre à la 1re vente.	......	*Idem.*
160	5	Jurés-vendeurs......	Pour le Trésor à la place des offices invendus..	......	*Idem.*
160	5	Domaine et barrage..	Omis au tarif général de 1692...........	......	*Idem.*
180	6	Inspect. aux boucheries	Droit aliéné à la Ville.................	......	*Idem.*
180	6	Doubl^t du dom^e et bar^{ge}	....	......	*Idem.*
180	6	Deux sous pour livre.	Pour le Trésor sur ses droits principaux....	......	*Idem.*
......	......	Dixième...........	Droit principal sans surtaxe.............	......	*Idem.*
......	......	Vingtième..........	Remplaçant le dixième..................	......	*Idem.*
200	6	Deux sous pour livre..	Pour le Trésor sur ses droits principaux....	......	*Idem.*
247	6	....	Appl. des s. p. l. aux droits non encore surtaxés.	......	*Idem.*
220	7	Un sou pour livre....	Pour le Trésor sur tous les droits principaux.	......	*Idem.*
224	7	*Idem*.............	*Idem*...........................	......	*Idem.*
283	5	Deuxième vingtième..	....	......	*Idem.*
283	6	Deux sous pour livre..	*Idem*...........................	......	*Idem.*
405	7	....	Remplacement de droits de police.........	......	*Idem.*
408	7	Deux sous pour livre..	Pour le Trésor sur tous les droits.........	......	*Idem.*
420	7	....	Suppression générale.		
francs.	p. o/o.				
....	......	Octroi mun. et de bienf.	(27 vendémiaire an VII.)		
.....	......	*Idem*.............	(19 frimaire an VIII.)		
57	5	Décime...........	Pour le Trésor.		
40	5		Suppression du décime.		
20	6	Décime...........	Pour la Ville.		
20	7	Octroi.			
70	7	Octroi.			
22	6	....	Substitution d'une taxe par 100 kil. de viande.		
22	12	Droit de consignation .	Sans décime.		

COMESTIBLES. (Suite.)

ANNÉES.	TITRES de PERCEPTION.	DROITS D'ENTRÉE OU D'OCTROI pour le TRÉSOR.	pour la VILLE.	pour les HÔPITAUX.	pour les OFFICIERS de police.	SORTAXES.	À DÉDUIRE pour suppression	TOTAL après chaque variation
1	2	3	4	5	6	7	8	9
	Vaches entrant par terre.							
		l. s. d.	s. d. l.	l. s. d.	l. s. d.	l. s. d.	l. c. d.	l. s.
1268..	Livre des métiers..	$\frac{1}{2}$^{r}	......	......	......	......	......	
	Idem...........	......	......	......	......	......	......	.....
1350..	Let. pat. 17 février.	......	......	......	......	......	......	.....
1351..	Let. pat. 3 mai....	......	......	......	......	......	......	.....
1360..	Inst. G^{d} C^{l} 18 déc.	......	......	......	......	......	......	.....
1375..	Let. pat. 13 nov..	......	......	......	......	......	......	.....
1499..	Let. pat. 19 déc..	......	......	......	......	......	......	.....
1505..	Let. pat. 3 nov....	......	2^{r}	......	......	......	......	2^{r}
1510..	Arrêt parl. 27 avril.	......	......	......	......	......	2^{r}	.....
1527..	Let. pat. 13 février.	......	4	......	......	......	......	4
1539..	Let. pat. 19 juin...	......	4	......	......	......	......	4
1548..	Décl. 10 mai.....	......	2^{r} 6^{r}	......	......	......	......	7^{r}
1567..	Décl. 17 mars....	10^{r}	......	......	......	......	7^{r} 6^{r}	10
1640..	Édit novembre....	2^{r}	......	......	......	......	......	.....
1641..	Décl. 4 décembre..	1^{r}	......	......	......	......	......	1^{r}10
1643..	Décl. 10 décembre.	......	......	......	......	1^{r}	......	1 11
1644..	Édit mars........	......	......	......	......	......	......	.....
1651..	Décl. 8 février....	2	......	......	......	......	......	.....
1652..	Édit décembre....	......	......	......	......	......	......	.....
1654..	Édit janvier......	......	......	......	......	1	......	1 12
1655..	Édit septembre...	......	......	......	1^{r} 12^{r}	......	1^{r}12	1 12
1680..	Ordonnance juin..	1 12	......	......	......	......	1 12	1 12
1690..	Décl. 11 mars.....	2 10	......	......	......	......	......	4 2
1693..	Décl. 3 mars.....	8	......	......	......	......	......	4 2
1704..	Édit février......	......	3^{r}	......	......	......	......	7 2
1705..	Décl. 7 juillet.....	8	......	......	......	......	......	7 3
	Décl. 3 mars......	......	......	......	......	8 4^{r}	......	7 11
1709..	Décl. 29 octobre..	14 4	......	......	......	......	......	8 6
1711..	Décl. 3 janvier....	......	......	7^{r} 2^{r}	......	......	14 4	7 18
1715..	Décl. 7 mai......	......	......	......	......	8 4	......	8 7
1747..	Édit septembre....	......	......	......	......	13 6	......	9
1760..	Décl. 3 février....	......	......	......	......	7 7	......	9 8
1763..	Édit avril........	......	......	......	......	7 7	......	9 15
1771..	Décl. 26 juillet...	......	......	7 2	......	2 2	......	10 5
	Édit novembre....	......	......	......	......	15 9	......	11
1776..	Édit février......	12 10	......	......	......	5 2	......	11 18
1781..	Édit août........	......	......	......	......	17	......	12 15
1791..	Loi 19 février.....	......	......	......	......	......	12 15 9	.....

ANNÉES.	TITRES de PERCEPTION.	pour le TRÉSOR.	pour la VILLE.	pour les HÔPITAUX.	pour les OFFICIERS de police.	SORTAXES.	À DÉDUIRE pour suppression	TOTAL après chaque variation
	Vaches entrant.							
		fr. c.	fr. c.	fr. c.	fr. c.	fr. c.	fr. c.	fr. c
1798..	Loi 18 octobre....	......	7 50	......	......	......	......	7 50
1799..	Loi 10 décembre..	......	1 50	......	......	......	......	9
1813..	Loi 11 novembre..	......	......	......	......	0 90	......	9 90
1814..	Décret 27 avril...	......	......	......	......	......	0 90	9
1815..	Ord. 16 août.....	......	......	......	......	0 90	......	9 90
	Ord. 29 décembre.	......	3	......	......	0 30	......	13 20
1817..	Ord. 26 décembre.	......	3	......	......	0 30	......	16 50
1832..	Ord. 17 août.....	......	3	......	......	0 30	......	19 80
1846..	Ord. 23 décembre.	......	......	......	......	......	19 80	.....
	Idem...........	......	35	......	......	......	......	35

COMESTIBLES. (Suite.)

DÉNOMINATION DES DROITS D'ENTRÉE OU D'OCTROI principaux et additionnels. 10	OBSERVATIONS. 11	DROIT de PREMIÈRE VENTE. 12	DROIT de REVENTE. 13
	PAR TÊTE.		
...age du Petit-Pont...........	Droit réuni à celui du Domaine en 1651.		
....	Tonlieu dû par le vendeur et par l'acheteur. — *Idem*....	1/2^{dp}	
....	Taxe due par le 1er vendeur et par l'acheteur revendant..	4^{d} p^{r} liv.	11^{dp}
....	*Idem*..	6	3^{dpi}
....	Pour le Trésor..................................	Sol pour livre.	
...rés-vendeurs..............	Avec un droit dont la quotité est inconnue...........	*Idem.*	*Idem.*
....	6 d. p. l. pour la Ville en sus du s. p. l. pour le Trésor..	Sol et 6 d. pour livre.	
...ntrée du pied fourché.........	Remplaçant les 6 d. p. l. à la vente................	Sol pour livre.	
....	Fin de la dernière prorogation de l'entrée............	*Idem.*	*Idem.*
...ouvelle. *Idem*..............	Paraît avoir duré jusqu'en 1530....................	*Idem.*	*Idem*
...em.....................	Prorogation en 1543................................	*Idem.*	*Idem.*
...ugmentation. *Idem*..........	6 d. p. l. pour la Ville en sus du s. p. l. pour le Trésor..	Sol et 6 d. pour livre.	
...ntrée du pied fourché.........	A la place des droits de la Ville supprimés...........	Sol pour livre.	
...urrage..................	Probablement irrecouvré et compris dans la subvention..	*Idem.*	*Idem.*
...ubvention................	Remplaçant le droit de vente mis d'abord.............	*Idem.*	*Idem.*
...eux sous pour livre..........	Pour le Trésor sur le droit de 1567 seulement.........	*Idem.*	*Idem.*
...endeurs	Avec 6 d. p. l. en sus jusqu'en 1648................	Sol et 6 d. pour livre.	
....	Suppression du tonlieu..............................	Sol pour livre.	
...endeurs	Rétablissement des offices de 1644..................	Sol et 6 d. pour livre.	
...sou pour livre............	Pour le Trésor sur le droit de 1641.—Supp. des vendeurs.	Sol pour livre.	
...endeurs................	Avec cession des droits du Trésor....................	*Idem.*	*Idem.*
...oit unique...............	Suppression du sol pour livre à la première vente.......	......	*Idem.*
...rés-vendeurs..............	Pour le Trésor à la place des offices invendus.........	......	*Idem.*
...omaine et barrage...........	Omis au tarif général de 1692......................	......	*Idem.*
...specteurs aux boucheries......	Droit aliéné à la Ville..............................	......	*Idem.*
...oubl^{t} du domaine et barrage...	....	......	*Idem.*
...ux sous pour livre..........	Pour le Trésor sur ses droits principaux..............	......	*Idem.*
...ixième..................	Droit principal sans surtaxe........................	......	*Idem.*
...ngtième de l'hôpital.........	Remplaçant le dixième..............................	......	*Idem.*
...ux sous pour livre..........	Pour le Trésor sur ses droits principaux..............	......	*Idem.*
....	Application des s. p. l. aux droits non encore surtaxés...	......	*Idem.*
sou pour livre..............	Pour le Trésor sur tous les droits principaux..........	......	*Idem.*
...em.....................	*Idem*..	......	*Idem.*
...uxième vingtième...........	....	......	*Idem.*
...ux sous pour livre..........	*Idem*..	......	*Idem.*
....	Remplacement de droits de police....................	......	*Idem.*
...ux sous pour livre..........	Pour le Trésor sur tous les droits....................	......	*Idem.*
....	Suppression générale.		
...troi municipal et de bienfaisance	(27 vendémiaire an VII.)		
...em.....................	(19 frimaire an VIII.)		
...écime..................	Pour le Trésor.		
....	Suppression du décime.		
...écime..................	Pour la Ville.		
...troi.			
...em.			
...em.			
....	Substitution d'une taxe par 100 kil. de viande.		
...oit de consignation..........	Sans décime.		

COMESTIBLES. (Suite.)

ANNÉES. 1	TITRES de PERCEPTION. 2	DROITS D'ENTRÉE OU D'OCTROI — pour le TRÉSOR. 3	pour la VILLE. 4	pour les HÔPITAUX. 5	pour les OFFICIERS de police. 6	SURTAXES. 7	À DÉDUIRE pour suppression 8	TOTAL après chaque variation 9
	Veaux entrant par terre.							
		l. s. d.	l. s. d.	l. s. d.	l. s. d.	l. s. d.	l. s. d.	l. s.
1350..	Let. pat. 17 février.	......	......	......	......	......	......	.....
1360..	Inst. G^d C^l 18 déc.	......	......	......	......	......	......	.....
1499..	Let. pat. 19 déc...	......	......	......	......	......	......	.....
1505..	Let. pat. 3 nov...	......	6^{t}	......	......	......	......	
1510..	Arrêt parl. 27 avril	......	......	......	......	......	6^{t}	.....
1527..	Let. pat. 13 fév...	......	12	......	......	......	......	1
1539..	Let. pat. 19 juin..	......	12	......	......	......	......	1
1548..	Décl. 10 mai.....	......	$7^{t}\frac{1}{2}$	......	......	......	......	$1^{t}10$
1567..	Décl. 17 mars....	2^{t}	......	......	......	......	$1^{t}10^{t}\frac{1}{2}$	2
1641..	Décl. 4 décembre..	5	......	......	......	......	......	7
1643..	Décl. 10 décembre.	......	......	......	......	3^{t}	......	7
1644..	Édit mars........	......	......	......	......	......	......	.....
1652..	Edit décembre....	......	......	......	......	......	......	.....
1654..	Édit janvier......	......	......	......	......	3	......	7
1655..	Édit septembre....	......	......	......	5^{t}	......	......	12
1680..	Arrêt 28 décembre.	$1^{t}12$	......	......	......	......	12 6	$1^{t}12$
1693..	Décl. 3 mars.....	6^{t}	......	......	......	......	......	1 12
1696..	Édit mai.........	......	......	......	$1^{t}12$	......	$1^{t}12$	1 12
1704..	Édit février......	......	12^{t}	......	......	......	......	2 4
1705..	Décl. 7 juillet.....	6	......	......	......	......	......	2 5
	Décl. 3 mars.....	......	......	......	......	3^{t} 4	......	2 8
1709..	Décl. 29 octobre..	4 6	......	......	......	......	......	2 12 1
1711..	Décl. 3 janvier....	......	......	2^{t} 3^{t}	......	......	4 6	2 10
1715..	Décl. 7 mai......	......	......	......	......	3 4	......	2 13 1
1730..	Édit juin........	......	......	9	15	......	......	3 9
1743..	Édit décembre....	......	......	3	5	......	......	3 14 1
1747..	Édit septembre...	......	......	......	......	7	......	4 1 1
1760..	Décl. 3 février....	......	......	......	......	3 4	......	4 5
1763..	Édit avril........	......	......	......	......	3 4	......	4 8
1771..	Décl. 26 juillet....	......	......	3 3	......	1	......	4 12 1
	Édit novembre....	......	......	......	......	7 2	......	5
1781..	Édit août........	......	......	......	......	7 2	......	5 7
1791..	Loi 19 février....	......	......	......	......	......	5 7 2	.....
	Veaux entrant.							
		fr. c.	fr. c.	fr. c.	fr. c.	fr. c.	fr. c.	fr. c.
1798..	Loi 18 octobre....	......	3	......	......	......	......	3
1799..	Loi 10 décembre..	......	0 60	......	......	......	......	3 6
1813..	Loi 11 novembre..	......	......	......	......	0 40	......	4 4
1814..	Décret 27 avril....	......	......	......	......	......	0 40	4 0
1815..	Ord. 16 août.....	......	......	......	......	0 36	......	3 9
	Ord. 29 décembre.	......	1 40	......	......	0 14	......	5 5
1817..	Ord. 26 décembre.	......	1	......	......	0 10	......	6 6
1846..	Ord. 23 décembre.	......	......	......	......	......	6 60	.....
Idem...	*Idem*...........	......	11 00	......	......	......	......	11

COMESTIBLES. (Suite.)

PRIX MOYEN dans Paris.	RAPPORT DU DROIT au prix.	DÉNOMINATION DES DROITS D'ENTRÉE ou d'octroi principaux et additionnels.	OBSERVATIONS.	DROIT de PREMIÈRE VENTE.	DROIT de REVENTE.
10	11	12	13	14	15
livres.	p. o/o.		PAR TÊTE.		
......	......	....	Taxe due par le 1er $vend^{r}$ et p^{r} $l'achet^{r}$ $revend^{t}$	4^{d} p^{r} liv.	11^{dp}
......	......	....	Pour le Trésor........................	Sol pour livre.	
......	......	....	6 d. p. l. p^{r} la Ville en sus du d. p. l. du Trésor.	Sol et 6 d. pour livre.	
......	......	Entrée du pied fourché	Remplaçant les 6 d. p. l. à la vente.......	Sol pour livre.	
......	......	....	Fin de la dernière prorogation de l'entrée..	*Idem.*	*Idem.*
......	......	Nouvelle. *Idem*......	Paraît n'avoir duré que jusqu'en 1530......	*Idem.*	*Idem.*
......	......	*Idem*.............	Prorogation en 1543..................	*Idem.*	*Idem.*
......	......	Augmentation. *Idem* .	6 d. d. p. l. p^{r} la Ville en sus du 6 s. p. l. du l T^{r}	Sol et 6 d. pour livre.	
......	......	Entrée du pied fourché	Remplaçant les droits de la Ville supprimés.	Sol pour livre.	
......	......	Subvention.........	Remplaçant un droit de vente mis d'abord..	*Idem.*	*Idem.*
......	......	Deux sous pour livre..	P^{r} le Trésor sur le droit de 1567 seulement.	*Idem.*	*Idem.*
......	......	Vendeurs..........	Avec 6 d. p. l. en sus jusqu'en 1648.......	Sol et 6 d. pour livre.	
......	......	*Idem*.............	Rétablissement des offices de 1644.........	*Idem.*	*Idem.*
......	......	Un sou pour livre....	P^{r} le T^{r} sur les droits de 1641. Supp. des vend.	Sol pour livre.	
......	......	Vendeurs..........	....	*Idem.*	*Idem.*
......	......	Droit unique........	Suppression du sol pour livre à la 1re vente..	......	*Idem.*
15	10	Domaine et barrage..	Omis au tarif général de 1692..........	......	*Idem.*
15	10	Vendeurs...........	Seulement jusqu'en 1698..............	......	*Idem.*
16	13	Inspect. aux boucheries	Droit aliéné à la Ville..............	......	*Idem.*
16	13	$Doub^{t}$ du Dom^{ne} et bar^{ge}	....	......	*Idem.*
16	15	Deux sous pour livre..	Pour le Trésor sur ses droits principaux....	....	*Idem.*
......	......	Dixième...........	Droit principal sans surtaxe............	......	*Idem.*
......	......	Vingtième de l'hôpital	Remplaçant le dixième...............	......	*Idem.*
......	......	Deux sous pour livre.	Pour le Trésor sur tous ses droits principaux.	......	*Idem.*
36	9	Inspecteurs des veaux.	Droit sur lequel portait le 20e de l'hôpital...	......	*Idem.*
34	9	Droits rétablis.	*Idem*.......................	......	*Idem.*
34	10	Quatre sous pour livre.	Applic. des s. p. l. aux droits non encore surt.	......	*Idem.*
43	9	Un sou pour livre....	Pour le Trésor sur tous les droits principaux	......	*Idem.*
38	11	*Idem*.............	*Idem*.......................	......	*Idem.*
50	9	Deuxième vingtième..	....	......	*Idem.*
50	10	Deux sous pour livre.	*Idem*.......................	......	*Idem.*
56	9	*Idem*.............	*Idem*.......................	......	*Idem.*
......	......	....	Suppression générale.		
francs.	p. o/o.				
......	......	Octroi mun. et de b^{ce}.	(27 vendémiaire an VII.		
......	......	*Idem*.............	(19 frimaire an VIII.)		
......	......	Décime............	Pour le Trésor.		
......	......	....	Suppression du décime.		
65	6	Décime............	Pour la Ville.		
65	8	Octroi.			
70	9	Octroi.			
112	10	....	Substitution d'une taxe par 100 k. de viande.		
112	10	Droit de consignation.	Sans décime.		

COMESTIBLES. (Suite.)

ANNÉES. 1	TITRES de PERCEPTION. 2	DROITS D'ENTRÉE OU D'OCTROI — pour le TRÉSOR. 3	pour la VILLE. 4	pour les HÔPITAUX. 5	pour les OFFICIERS de police. 6	SURTAXES. 7	À DÉDUIRE pour suppression 8	TOTAL après chaque variation 9
	Moutons, boucs et chèvres entrant par terre.							
		l. s. d.	l. s. d.	l. s. d.	l. s. d.	l. s. d.	l. s. d.	l. s.
1268 ..	Livre des métiers..	$\frac{1}{4}^{r}$	......	......	......	......	......	
	Idem............	......	......	......	......	......	......	......
1350 ..	Let. pat. 17 février.	......	......	......	......	......	......	......
1351 ..	Let. pat. 3 mai	......	......	......	......	......	......	......
1360 ..	Inst. G^{d} C^{l} 18 déc.	......	......	......	......	......	......	......
1375 ..	Let. pat. 18 nov....	......	......	......	......	......	......	......
1499 ..	Let. pat. 19 déc...	......	......	......	......	......	......	......
1505 ..	Let. pat. 3 nov....	......	6^{r}	......	......	......	......	......
1510 ..	Arrêt parl. 27 avr.	......	......	......	......	......	6^{r}	......
1527 ..	Let. pat. 13 février.	......	12	......	......	......	......	1
1539 ..	Let. pat. 19 juin..	......	12	......	......	......	......	1
1548 ..	Décl. 10 mai......	......	$7^{r}\frac{1}{2}$	......	......	......	......	$1^{r}16$
1567 ..	Décl. 17 mars....	2^{r}	......	......	......	......	$1^{r}10^{r}\frac{1}{2}$	2
1640 ..	Édit novembre....	1^{r}	......	......	......	......	......	......
1641 ..	Décl. 4 décembre..	5	......	......	......	......	......	7
1643 ..	Décl. 10 décembre.	......	......	......	......	3^{r}	......	7
1644 ..	Édit mars........	......	......	......	......	......	......	......
1651 ..	Décl. 8 février....	1	......	......	......	......	......	......
1652 ..	Édit décembre.....	......	......	......	......	......	......	......
1654 ..	Édit janvier......	......	......	......	......	3	......	7
1655 ..	Édit septembre....	......	......	......	7^{r} 6^{r}	......	7 6	7
1680 ..	Ord. juin.........	7 6	......	......	......	......	7 6	7
1690 ..	Décl. 11 mars.....	8	......	......	......	......	......	15
1693 ..	Décl. 3 mars......	3	......	......	......	......	......	15
1704 ..	Edit février.......	......	4^{r}	......	......	......	......	19
1705 ..	Décl. 7 juillet.....	3	......	......	......	......	......	1
	Décl. 3 mars......	......	......	......	......	1^{r} 7	......	1 1
1709 ..	Décl. 29 octobre..	2	......	......	......	......	......	1 3
1711 ..	Décl. 3 janvier....	......	......	1^{r}	......	......	2	1 2
1715 ..	Décl. 7 mai......	......	......	......	......	1 7	......	1 4
1747 ..	Édit septembre....	......	......	......	......	1	......	1 5
1760 ..	Décl. 3 février....	......	......	......	......	1 1	......	1 6
1763 ..	Édit avril.........	......	......	......	......	1 1	......	1 7
1771 ..	Décl. 26 juillet....	......	......	1	......	4	......	1 8
	Édit novembre....	......	......	......	......	2 2	......	1 10
1776 ..	Édit février.......	3	......	......	......	1 5	......	1 15
1781 ..	Édit août........	......	......	......	......	3	......	1 18
1791 ..	Loi 19 février.....	......	......	......	......	......	1 18 3	......
	Moutons entrant.							
		fr. c.	fr. c.	fr. c.	fr. c.	fr. c.	fr. c.	fr. c.
1798 ..	Loi 18 octobre....	......	0 50	......	......	......	......	0 50
1799 ..	Loi 10 décembre...	......	0 10	......	......	......	......	0 60
1813 ..	Loi 21 novembre..	......	......	......	......	0 06	......	0 66
1814 ..	Décret 27 avril...	......	0 10	......	......	......	0 06	0 60
1815 ..	Ord. 16 août.....	......	......	......	......	0 06	......	0 66
	Ord. 29 décembre.	......	0 60	......	......	0 06	......	1 32
1817 ..	Ord. 26 décembre.	......	0 30	......	......	0 03	......	1 65
1846 ..	Ord. 23 décembre.	......	......	......	......	......	1 65	......
	Moutons, boucs et **chèvres** entrant.							
		fr. c.	fr. c.	fr. c.	fr. c.	fr. c.	fr. c.	fr. c.
1846 ..	Ord. 23 décembre.	......	4	......	......	......	......	4

COMESTIBLES. (Suite.)

PRIX MOYEN dans Paris. 10	RAPPORT DU DROIT au prix. 11	DÉNOMINATION DES DROITS D'ENTRÉE ou d'octroi principaux et additionnels. 12	OBSERVATIONS. 13	DROIT de PREMIÈRE VENTE. 14	DROIT de REVENTE. 15
livres.	p. o/o.		PAR TÊTE.		
......	......	Péage du Petit-Pont..	Excepté pour les boucs et chèvres.		
......	......	....	Tonlieu, excepté pour les boucs..........	½ dr	
......	......	....	Taxe due par le 1er vendr et p. l'achr revendant.	4 d. p. l.	11 dr
......	......	....	*Idem*..............................	6	3 dpl
......	......	....	Pour le Trésor........................	Sol pour livre.	
......	......	Jurés vendeurs......	Avec un droit dont la quotité est inconnue..	*Idem.*	*Idem.*
......	......	....	6. d. p. l. pr la Ville en sus du s. p. l. du Trésor.	Sol et 6 d. pr livre.	
......	......	Entrée du pied fourché	Remplaçant les 6 d. p. l. à la vente.......	Sol pour livre.	
......	......	....	Fin de la dernière prorogation de l'entrée..	*Idem.*	*Idem.*
......	......	Nouvelle. *Idem*......	Paraît n'avoir duré que jusqu'en 1530.....	*Idem.*	*Idem.*
......	......	*Idem*..............	Prorogation en 1543..................	*Idem.*	*Idem.*
3	3	Augmentation. *Idem*.	6 d. p. l. pr la Ville en sus du s. p. l. du Trésor.	Sol et 6 d. pr livre.	
4	2	Entrée du pied fourché	Remplaçant les droits de la Ville supprimés.	Sol pour livre.	
......	......	Barrage..........	Probt irrecouvré et compris dans la subvent.	*Idem.*	*Idem.*
......	......	Subvention.........	Remplaçant le droit de vente mis d'abord...	*Idem.*	*Idem.*
......	......	Deux sous pour livre.	Pour le Trésor sur le droit de 1567 seulement..	*Idem.*	*Idem.*
......	......	Vendeurs..........	Avec 6 d. p. l. en sus jusqu'en 1648.......	Sol et 6 d. pr livre.	
......	......	....	Suppression du tonlieu..................	Sol pour livre.	
......	......	Vendeurs..........	Rétablissement des offices de 1644.........	Sol et 6 d. pr livre.	
......	......	Un sou pour livre....	Pr le Trésor sr le droit de 1641. Supp. des vend.	Sol pour livre.	
......	......	Vendeurs..........	Avec cession des droits du Trésor........	*Idem.*	*Idem.*
......	......	Droit unique........	Suppression du sol pour livre à la 1re vente..	......	*Idem.*
6	12	Jurés-vendeurs......	Pr le Trésor à la place des offices invendus.	......	*Idem.*
6	12	Domaine et barrage..	Omis au tarif général de 1692...........	......	*Idem.*
8	12	Inspect. aux boucheries	Droit aliéné à la Ville..................	......	*Idem.*
9	11	Doubt du Der et barrage.	....	......	*Idem.*
9	11	Deux sous pour livre..	Pour le Trésor sur les droits principaux...	......	*Idem.*
......	......	Dixième..........	Droit principal sans surtaxe.............	......	*Idem.*
......	......	Vingtième de l'hôpital.	Remplaçant le dixième..................	......	*Idem.*
11	10	Deux sous pour livre.	Pour le Trésor sur les droits principaux....	......	*Idem.*
15	8	....	Appl. des s. p. l. aux droits non encore surtaxés.	......	*Idem.*
12	10	Un sou pour livre....	Pr le Trésor sur tous les droits principaux..	......	*Idem.*
12	11	*Idem*..............	*Idem*..............................	......	*Idem.*
18	8	Deuxième vingtième..	....	......	*Idem.*
18	8	Deux sous pour livre.	*Idem*..............................	......	*Idem.*
16	8	....	Remplacement de droits de police.........	......	*Idem.*
16	8	Deux sous pour livre.	Pour le Trésor sur tous les droits principaux.	......	*Idem.*
18	11	....	Suppression générale.		
francs.	p. o/o.				
......	......	Octroi mun. et de bienf.	(17 vendémiaire an VII.)		
......	......	*Idem*..............	(19 frimaire an VIII.)		
......	......	Décime............	Pour le Trésor.		
......	......	....	Suppression du décime.		
21	3	Décime............	Pour la Ville.		
21	6	Octroi.			
22	7	Octroi.			
30	5	....	Substitution d'une taxe par 100 kil. de viande.		
30	13	Droit de consignation.	Sans décime.		

COMESTIBLES. (Suite.)

ANNÉES.	TITRES de PERCEPTION.	DROITS D'ENTRÉE OU D'OCTROI pour le TRÉSOR.	pour la VILLE.	pour les HÔPITAUX.	pour les OFFICIERS de police.	SURTAXES.	À DÉDUIRE pour suppression	TOTAL après chaque variation
1	2	3	4	5	6	7	8	9
	Porcs vifs entrant par terre.							
		l. s. d.	l. s. d.	l. s. d.	l. s. d.	l. s. d.	l. s. d.	l. s.
1268..	Livre des métiers..	$\frac{1}{2}^{r}$	......	......	......	......	......	
	Idem............	......	......	......	......	......	......	
?	....	......	......	......	......	......	......	......
1350..	Let. pat. 17 février.	......	......	......	......	......	......	......
1360..	Inst. G^{d} C^{l} 18 déc.	......	......	......	......	......	......	......
1375..	Let. pat. 13 novemb.	......	......	......	......	......	......	......
1499..	Let. pat. 19 déc...	......	......	......	......	......	......	......
1505..	Let. pat. 3 novemb.	......	12^{r}	......	......	......	......	1
1510..	Arrêt parl. 27 avril.	......	......	......	......	......	12^{r}	......
1527..	Let. pat. 13 février.	......	2^{r}	......	......	......	......	2^{r}
1539..	Let. pat. 19 juin..	......	2	......	......	......	......	2
1548..	Décl. 10 mai.....	......	1^{r} 3^{r}	......	......	......	......	3^{r}
1567..	Décl. 17 mars....	5^{r}	......	......	......	......	3^{r} 9^{r}	5
1640..	Édit novembre....	4^{r}	......	......	......	......	......	......
1641..	Décl. 4 décembre..	12	......	......	......	......	......	17
1643..	Décl. 10 décembre.	......	......	......	......	......	......	......
1644..	Édit mars........	......	......	......	......	......	......	......
1651..	Décl. 8 février....	......	......	......	......	......	......	......
1652..	Édit décembre....	......	......	......	......	......	......	......
1654..	Édit mars........	......	......	......	......	4^{r} 3^{r}	......	1^{r} 1
1655..	Édit septembre....	......	......	......	......	......	......	......
1657..	Décl. 24 mars.....	......	......	......	......	1	......	1 2
1658..	Arrêt 10 avril.....	......	......	......	......	1	......	1 2
1659..	Arrêt 20 mars.....	12 8	......	......	......	......	1^{r} 2 4	12
1680..	Ordonnance juin..	......	......	......	......	......	12 8	......
1693..	Décl. 3 mars.....	8	......	......	......	......	......	
1705..	Décl. 7 juillet.....	8	......	......	......	......	......	1
	Décl. 3 mars.....	......	......	......	......	1	......	1
1709..	Décl. 29 octobre..	2	......	......	......	......	......	1
1711..	Décl. 3 janvier....	......	......	1^{r}	......	......	2	1
1715..	Décl. 7 mai......	......	......	......	......	1	......	1
1729..	Let. pat. 19 juillet.	3	......	3^{r}	......	12	......	3 16
1730..	Édit juin........	......	......	5	8^{r}	......	......	4 5
1743..	Édit décembre....	......	......	1 4	1^{r} 6 1^{r}	......	......	5 12
1747..	Édit septembre...	......	......	......	......	7 9	......	6
1756..	Décl. 7 juillet....	1 6 1	......	......	......	......	1 6 1	6
1760..	Décl. 3 février....	......	......	......	......	5 1	......	6 5
1763..	Édit avril........	.....	......	......	......	5 1	......	6 10
1771..	Décl. 26 juillet....	......	......	4 9	.....	1 5	......	6 16
	Édit novembre....	......	......	......	......	10 6	......	7 7
1781..	Édit août........	......	......	......	......	10 6	......	7 17
1791..	Loi février.......	......	......	......	......	......	7 17 6	......
		fr. c.	fr. c.	fr. c.	fr. c.	fr. c.	fr. c.	fr. c.
1798..	Loi 18 octobre....	......	3	......	......	......	......	3 00
1799..	Loi 10 décembre..	......	0 60	......	......	......	......	3 60
1811..	Décret 10 février..	......	0 90	......	......	......	......	4 50
1813..	Loi 11 novembre..	......	......	......	......	0 45	......	4 95
1814..	Décret 27 avril....	......	......	......	......	......	0 45	4 50
1815..	Décret 16 août....	......	......	......	......	0 45	......	4 95
	Ord. 29 décembre.	......	3 50	......	......	0 35	......	8 80
1817..	Ord. 8 janvier....	......	1	......	......	0 10	......	9 90
1832..	Ord. 17 août.....	......	1	......	......	0 10	......	11
1846..	Ord. 23 décembre.	......	......	......	......	......	11	......
	Idem............	......	14	......	......	......	......	14

COMESTIBLES. (Suite.)

DÉNOMINATION DES DROITS D'ENTRÉE OU D'OCTROI principaux et additionnels. 10	OBSERVATIONS. 11	DROIT de PREMIÈRE VENTE. 12	DROIT de REVENTE. 13
	PAR TÊTE.		
Péage du Petit Pont	Droit réuni à celui du Domaine en 1651.		
	Tonlieu dû par le vendeur et par l'acheteur	½ dp	
Langueyeurs	Avec un droit à la vente dont la quotité est inconnue.		
	Taxe due par le 1er vendeur et par l'acheteur revendant.	4d pr liv.	11dp
	Pour le Trésor	Sol pour livre.	
Jurés-vendeurs	Avec un droit dont la quotité est inconnue	*Idem.*	*Idem.*
	6 d. p. l. pour la Ville en sus du s. p. l. du Trésor	Sol et 6 d. p. l.	
Entrée du pied fourché	Remplaçant les 6 d. p. l. à la vente	Sol pour livre.	
	Fin de la dernière prorogation de l'entrée	*Idem.*	*Idem.*
Nouvelle. *Idem*	Paraît n'avoir duré que jusqu'en 1530	*Idem.*	*Idem.*
Idem	Prorogation en 1543	*Idem.*	*Idem.*
Augmentation. *Idem*	6 d. p. l. pour la Ville en sus du s. p. l. du Trésor	Sol et 6 d. p. l.	
Entrée du pied fourché	Remplaçant les droits de la Ville supprimés	Sol pour livre.	
Barrage	Probablement irrecouvré et compris dans la subvention	*Idem.*	sol pr liv.
Subvention	Avec un droit de vente fixe outre le s. p. l.	10st	*Idem.*
	Augmentation de ce droit	10 6ds	*Idem.*
Vendeurs	Avec un s. p. l. du prix	10 6	*Idem.*
	Suppression du tonlieu	10 6	*Idem.*
Vendeurs	Avec augmentation du droit de vente fixe	12 6	*Idem.*
Parisis	Quart des droits principaux du Trésor	12 6	*Idem.*
Vendeurs	Avec augmentation de droit de vente fixe	12 8	*Idem.*
Sol pour livre des conservateurs	Pour le Trésor	12 8	*Idem.*
Six deniers des trésoriers	*Idem*	12 8	*Idem.*
Droit unique		12 8	*Idem.*
	Suppression du droit d'entrée	12 8	*Idem.*
Domaine et barrage		12 8	*Idem.*
Doublement. *Idem*		1 12	*Idem.*
Deux sous pour livre	Pour le Trésor sur ses droits principaux	1 12	*Idem.*
Dixième	Droit principal sans surtaxe	1 12	*Idem.*
Vingtième de l'hôpital général	Remplaçant le dixième	2 2 6	*Idem.*
Deux sous pour livre	Pour le Trésor sur ses droits principaux	2 2 6	*Idem.*
Droit fixe	Remplaçant les droits de vente	......	*Idem.*
Inspect., visiteurs, langueyeurs	Avec le vingtième de l'hôpital général en sus	......	*Idem.*
Droits rétablis	*Idem*	......	*Idem.*
	Application du s. p. l. aux droits non encore surtaxés	......	*Idem.*
Idem	Pour le Trésor au lieu des officiers de police	......	*Idem.*
Un sou pour livre	Pour le Trésor sur tous les droits principaux	......	*Idem.*
Idem	*Idem*	......	*Idem.*
Deuxième vingtième		......	*Idem.*
Deux sous pour livre	Pour le Trésor sur tous les droits principaux	......	*Idem.*
Idem	*Idem*	......	*Idem.*
	Suppression générale.		
Octroi municip. et de bienfaisance.	(27 vendémiaire an VII.) Même droit pour les sangliers.		
Idem	(19 frimaire an VIII.)		
Idem.			
Décime	Pour le Trésor.		
	Suppression du décime.		
Décime	Pour la Ville.		
Octroi.			
Idem.			
Idem.			
	Substitution d'une taxe pour 100 kilogrammes de viande.		
Droit de consignation	Sans décime.		

COMESTIBLES. (Suite.)

ANNÉES. 1	TITRES de PERCEPTION. 2	DROITS D'ENTRÉE: pour le TRÉSOR. 3	pour la VILLE. 4	pour les HÔPITAUX. 5	pour les OFFICIERS de police. 6	SURTAXES. 7	À DÉDUIRE pour suppression 8	TOTAL après chaque variation 9
	Chair détaillée crue ou cuite.							
	Bœuf, vache et **mouton en livre** entrant par terre.							
		l. s. d.	l. s. d.	l. s. d.	l. s. d.	l. s. d.	l. s. d.	l. s. d
1680 ..	Ordonnance juin ..	......	......	......	......	......	......	......
1704 ..	Arrêt 1er avril....	6	......	......	......	......	......	6
	Arrêt 29 avril.....	......	2	......	......	......	......	8
	Actes déjà cités....	......	......	1	......	......	......	1
	Idem............	......	......	......	......	4	......	1 1
	Bœuf fumé ou **salé** entrant par terre en plus							
	Veau en livre entrant par terre.							
		l. s. d.	l. s. d.	l. s. d.	l. s. d.	l. s. d.	l. s. d.	l. s. d
1680..	Ordonnance juin..	......	......	......	......	......	......	......
1704..	Arrêt 1er avril	6	......	......	......	......	......	6
	Arrêt 29 avril. ...	......	2	......	......	......	......	8
1730..	Édit juin.........	......	......	......	6	......	......	1 2
1748..	Édit décembre....	......	2	......	......	......	......	1 4
	Actes déjà cités...	......	......	2	......	......	......	1 6
	Idem............	......	......	......	......	9	......	2 3
	Viande de bœuf, vache. veau, mouton, agneau, bouc et chèvre sortant des abattoirs de la Ville de Paris.							
		fr. c.	fr. c.	fr. c.	fr. c.	fr. c.	fr. c.	fr. c.
1846 ..	Ord. 23 décembre.	......	9 40	......	......	0 94	......	10 34
1848 ..	Arrêté 18 avril....	......	......	......	......	......	......	......
1852 ..	Décret 17 mars...	......	......	......	......	......	0 56	9 724
1855 ..	Décret 3 novembre.	......	0 01	......	......	0 001	......	9 735
	Les mêmes viandes venant de l'extérieur, fraîches ou salées, dites **viandes à la main.**							
		fr. c.	fr. c.	fr. c.	fr. c.	fr. c.	fr. c.	fr. c.
1798 ..	Loi 18 octobre....	......	5	......	......	......	......	5
1799 ..	Loi 10 décembre..	......	1	......	......	......	......	6
1811 ..	Décret 10 février..	......	4	......	......	......	......	10
1813 ..	Loi 11 novembre..	......	......	......	......	1	......	11
1814 ..	Décret 27 avril...	......	......	......	......	......	1	10
1815 ..	Décret 16 août....	......	......	......	......	1	......	11
	Ord. 29 déc......	......	5	......	......	0 50	......	16 50
1817 ..	Ord. 8 janvier....	......	5	......	......	0 50	......	22
1824 ..	Ord. 23 juin.....	......	......	......	......	......	5 50	16 50
1825 ..	Ord. 4 mai.......	......	......	......	......	......	2 20	14 30
1832 ..	Ord. 17 août.....	......	5	......	......	0 50	......	19 80
1846 ..	Ord. 23 déc......	......	......	......	......	......	7 48	12 32
1848 ..	Arrêté 18 avril....	......	......	......	......	......	......	......
1852 ..	Décret 17 mars...	......	......	......	......	......	0 737	11 583
1855 ..	Décret 3 novembre.	......	0 02	......	......	0 002	......	11 605

COMESTIBLES. (Suite.)

DÉNOMINATION DES DROITS D'ENTRÉE OU D'OCTROI principaux et additionnels. 10	OBSERVATIONS. 11
	De 1360 à 1465 sol pour livre à la vente.
	LA LIVRE.
ntrée........................	Selon les espèces et à proportion du droit pour chacune.
roit fixe........................	Déjà autorisé par l'usage depuis quelques années.
nspecteurs aux boucheries..........	Droit aliéné à la Ville.
ingtièmes de l'hôpital général.	
ix sous pour livre................	Pour le Trésor sur tous les droits principaux.
roits de domaine, poids-le-roi, plancheyeurs, gardes de nuit, vingtièmes et sous pour liv. = 2 l. 6 s., les 100 liv.	
	LA LIVRE.
ntrée........................	A proportion du droit par tête.
roit fixe........................	Déjà autorisé par l'usage depuis quelques années.
nspecteurs aux boucheries.	
nspecteurs des veaux.	
roits rétablis.	
ingtième de l'hôpital général.	
ix sous pour livre................	Pour le Trésor sur tous les droits principaux.
	LES 100 KILOGRAMMES.
ctroi........................	Et 1 décime pour la Ville.
....	Suppression jusqu'au 2 septembre. — Rétablissem' par décret du 30 août.
Idem.	
Idem.	
	LES 100 KILOGRAMMES.
Octroi municipal et de bienfaisance....	(27 vendémiaire an VII.)
Idem........................	(19 frimaire an VIII.)
Idem.	
Décime........................	Pour le Trésor.
....	Suppression du décime.
Décime........................	Pour la Ville.
Octroi.	
Idem.	
Idem.	
Idem.	
Idem.	
Idem.	
....	Suppression jusqu'au 2 septembre. — Rétablissem' par décret du 30 août.
Octroi.	
Idem.	

Tableau n° 2.

COMESTIBLES. (Suite.)

ANNÉES.	TITRES de PERCEPTION.	DROITS D'ENTRÉE pour le TRÉSOR.	pour la VILLE.	pour les HÔPITAUX.	pour les OFFICIERS de police.	SURTAXES.	À DÉDUIRE pour suppression	TOTAL après chaque variation
1	2	3	4	5	6	7	8	9
	Porcs morts entrant par terre.							
		l. s. d.	l. s. d.	l. s. d.	l. s. d.	l. s. d.	l. s. d.	l. s.
1655..	Édit septembre...	5	......	......	......	......	......	5
1659..	Arrêt 20 mars....	10	......	......	......	6	......	5
1680..	Ordonnance juin..	......	......	......	......	......	5 6	......
1693..	Déclaration 3 mars.	1 8	......	......	......	......	......	1
	Décl. 16 juin.....	3	......	......	......	......	......	4
1705..	Décl. 7 juillet....	4 8	......	......	......	......	......	9
	Décl. 3 janvier....	......	......	......	......	11	......	10
1709..	Décl. 29 octobre...	11	......	......	......	......	......	11
1711..	Décl. 3 janvier....	......	......	6	......	......	11	10
1715..	Déclaration 7 mai .	......	......	......	......	11	......	11
1729..	Let. pat. 19 juillet.	3	......	3	......	12	......	4 6
1730..	Édit juin........	......	......	9	15	......	......	5 2
1743..	Edit décembre....	......	1 6 1	1 3	......	......	......	6 9
1747..	Édit septembre....	......	......	......	......	9 4	......	6 19
1756..	Décl. 7 juillet.....	......	......	......	......	......	6 19 1	......
	Porc en livre, frais ou salé, et **Fromages de porc** entrant par terre.							
		l. s. d.	l. s. d.	l. s. d.	l. s. d.	l. s. d.	l. s. d.	l. s.
1680..	Ordonnance juin..	6	......	......	......	......	......	
	Actes déjà cités...	......	......	1	......	......	......	
1730..	Édit juin........	......	......	......	1	......	......	
1743..	Édit décembre....	......	3	......	......	......	......	1
	Actes déjà cités...	......	......	......	......	6	......	1
1791..	Loi 19 février....	......	......	......	......	......	1 5	.....
	Porc frais ou **salé** entrant par terre.							
		l. s. d.	l. s. d.	l. s. d.	l. s. d.	l. s. d.	l. s. d.	l. s.
	Actes ci-dessus....	......	......	......	......	......	......	5
	Actes déjà cités...	......	......	......	......	......	......	6 3 1
	Lard salé ou fumé.							
1268..	Livre des métiers..	......	......	......	......	......	......	.....
	Porcs abattus, VIANDE DÉPECÉE FRAÎCHE provenant de ces animaux, GRAISSES, GRAS DE PO[RC] et BATIS fondus ou non, sortant des abattoirs de la Ville de Paris.							
		fr. c.	fr. c.	fr. c.	fr. c.	fr. c.	fr. c.	fr. c.
1846..	Ord. 23 décembre.	......	9 40	......	......	0 94	......	10 34
1848..	Arrêté 24 avril....	......	......	......	......	......	......	......
1852..	Décret 17 mars...	......	......	......	......	......	0 56	9 72
1855..	Décret 3 novembre.	......	0 01	......	......	0 001	......	9 73
	Les mêmes **Viandes** et **Graisses comestibles** de toute nature venant de l'extérieur, LARDS SALÉS et PETIT SALÉ DE PORC.							
		fr. c.	fr. c.	fr. c.	fr. c.	fr. c.	fr. c.	fr. c.
1846..	Ord. 23 décembre.	......	11 20	......	......	1 12	......	12 32
1848..	Arrêté 24 avril....	......	......	......	......	......	......	......
1852..	Décret 17 mars...	......	......	......	......	......	0 737	11 583
1855..	Décret 3 novembre.	......	0 02	......	......	0 002	......	11 605

COMESTIBLES. (Suite.)

DÉNOMINATION des droits d'entrée ou d'octroi principaux et additionnels. 10	OBSERVATIONS. 11	DROIT DE VENTE dus par les bourgeois et les charcutiers privilégiés. 12	DROIT DE VENTE dus par tous autres. 13
	SUR L'ESTIMATION DU POIDS DE 100 LIVRES.	s.	l. s.
ntrée du pied fourché........	Antérieurement mêmes droits que pour les porcs vifs.	16	
dem.......................	Avec un sou pour livre en sus..........................	16	
....	Suppr^on du droit d'entrée remplacé par celui de vente.	16	2 10
omaine et barrage...........	....	16	2 10
oids-le-roi..................	....	16	2 10
" des dom^ne, barrage et p.-le-r..	....	16	2 10
eux sous pour livre..........	Pour le Trésor..................................	16	2 10
ixième.	Droit principal sans surtaxe..........	16	2 10
ingtième de l'hôpital général..	Remplaçant le dixième.........	16	2 10
eux sous pour livre...........	Pour le Trésor sur ses droits principaux..............	16	2 10
roit fixe.....................	Remplaçant les droits de vente.		
asp. langueyrs, gard. de n. planchrs	Avec le 20e de l'hôpital en sus.		
roits rétablis................	Aliénés à la ville. — *Idem.*		
....	Applic. des s. p. l. aux droits non encore frappés.		
....	Suppr. des droits distincts de ceux des porcs vifs.		
	LA LIVRE.		
roit fixe.			
ingtièmes de l'hôpital général.			
angueyeurs.			
roits rétablis.			
ix sous pour livre............	Pour le Trésor sur tous les droits principaux.		
....	Suppression générale.		
	LES 100 LIVRES.		
roit fixe.....................	Composé des éléments ci-dessus.		
om^ne, barrage, poids-le-roi, etc.	Droits divers montant à 2 l. 6 s.		
	LE BACON		
....	Tonlieu jusqu'en 1651...........................	....	1/2 d. p.
	LES 100 KILOGRAMMES.		
Octroi.......................	Et 1 déc. — De 1798 à 1846 mêm. dr. que la v. de bouch.		
....	Supp. jusqu'au 2 sep., rétab. par décret du 20 août.		
dem.			
dem.			
	LES 100 KILOGRAMMES.		
Octroi.......................	Et 1 déc. — De 1798 à 1846, mêm. dr. que la v. d. bouch.		
....	Supp. jusqu'au 2 sep., rétab. par décret du 30 août.		
Octroi.			
dem.			

COMESTIBLES. (Suite.)

ANNÉES. 1	TITRES de PERCEPTION. 2	DROITS D'ENTRÉE OU D'OCTROI pour le TRÉSOR. 3	pour la VILLE. 4	pour les HÔPITAUX. 5	pour les OFFICIERS de police. 6	SURTAXES. 7	À DÉDUIRE pour suppression 8	TOTAL après chaque variation 9
	Jambons GROS estimés peser 10 livres entrant par terre.							
	Actes déjà cités....	5^{s} 2^{d}	2^{s} 6^{d}	10^{d}	10^{d}	4^{s} 8^{d}	......	13^{s} 9
	JAMBONS MOYENS estimés peser 6 livres.							
	Actes déjà cités...	3^{s}	1^{s} 6^{d}	6^{d}	6^{d}	2^{s} 9^{d}	......	8^{s}
	JAMBONNEAUX estimés peser 4 livres.							
	Actes déjà cités....	1^{s} 6^{d}	1^{s}	4^{d}	4^{d}	1^{s} 5^{d}	......	4^{s}
	Saucissons, jambons, viande fumée de toute espèce et toute **charcuterie** entran[t]							
		fr. c.	fr. c.	fr. c.	fr. c.	fr. c.	fr. c.	fr. c.
1825..	Ord. 4 mai......	......	20	......	......	2	......	22
1832..	Ord. 17 août....	......	2	......	......	0 20	......	24 20
1848..	Arrêté 24 avril...	......	......	......	......	......	......	......
1852..	Décret 17 mars...	......	......	......	......	......	1 32	22 74
1855..	Décret 3 novembre	......	0 02	......	......	0 002	......	22 77
	Abats et issues de porc provenant des abattoirs ou de l'intérieur.							
		fr. c.	fr. c.	fr. c.	fr. c.	fr. c.	fr. c.	fr. c.
1846..	Ord. 26 décembre.	......	4	......	......	0 40	......	4 40
1848..	Arrêté 18 avril....	......	......	......	......	......	......	......
1852..	Décret 17 mars...	......	......	......	......	......	0 34	4 13
1855..	Décret 3 novembre.	......	0 04	......	......	0 004	......	4 18
1882..	Arrêté 30 décembr.	......	......	......	......	......	4 18	......
	Abats et issues de veau de toute espèce entrant.							
		fr. c.	fr. c.	fr. c.	fr. c.	fr. c.	fr. c.	fr. c.
1811..	Décret 10 février..	......	4	......	......	......	......	4
1813..	Loi 11 novembre..	......	......	......	......	0 40	......	4 40
1814..	Décret 27 avril...	......	......	......	......	......	0 40	4
1815..	Décret 16 août....	......	......	......	......	0 40	......	4 40
1817..	Ord. 26 décembre.	......	1	......	......	0 10	......	5 50
	ABATS et ISSUES DE VEAU provenant des abattoirs ou de l'intérieur.							
		fr. c.	fr. c.	fr. c.	fr. c.	fr. c.	fr. c.	fr. c.
1846..	Ord. 23 décembre.	......	8	......	......	0 80	......	8 80
1852..	Décret 17 mars...	......	......	......	......	......	0 48	8 27
1855..	Décret 3 novembre.	......	0 03	......	......	......	......	8 30
1882..	Arrêté 30 décembre.	......	......	......	......	......	8 305	......
	Truffes, pâtés et terrines truffés, volaille et gibier truffés entrant.							
		fr. c.	fr. c.	fr. c.	fr. c.	fr. c.	fr. c.	fr. c.
1832..	Ord. 17 août.....	......	30	......	......	3	......	33
1848..	Décret 24 avril...	......	50	......	......	5	......	88
	Décret 17 juin....	......	......	......	......	8	......	96
1849..	Décret 31 décembre	......	45	......	......	9	......	150
1852..	Décret 17 mai....	......	......	......	......	......	9	141
1855..	Décret 3 novembre.	......	2 50	......	......	0 50	......	144
	Pâtés et terrines non truffés, viandes confites, poissons marinés ou à l'huile entr[ant]							
		fr. c.	fr. c.	fr. c.	fr. c.	fr. c.	fr. c.	fr. c.
1872..	Décret 30 novembr.	......	30	......	......	6	......	36

COMESTIBLES. (Suite.)

DÉNOMINATION DES DROITS D'ENTRÉE OU D'OCTROI principaux et additionnels. 10	OBSERVATIONS. 11
Entrée, droits rétablis, langueyeurs, etc.	Outre le droit de 2 l. 6 s. les 100 livres.
Idem.	*Idem*.
Idem.	*Idem*. Droits analogues pour les tetes et issues des divers bestiaux.
	LES 100 KILOGRAMMES.
Octroi. — Décime.	De 1798 à 1825 mêmes droits que la viande de boucherie.
Idem,	
Idem.	Suppression jusqu'au 2 septembre, rétablissement par décret du 3 août.
Idem.	
	LES 100 KILOGRAMMES.
Octroi.	Et 1 décime. — De 1798 à 1846 mêmes droits que pour les porcs.
Idem.	Suppression jusqu'au 2 septembre, rétablissement par décret du 30 août.
Idem.	
Idem.	
.	Suppression.
	LES 100 KILOGRAMMES.
Octroi.	Antérieurement mêmes droits que pour la viande de veau.
Décime.	Pour le Trésor.
.	Suppression du décime.
Décime.	Pour la Ville.
Octroi.	Nouvelle tarification en 1846.
	LES 100 KILOGRAMMES.
Octroi.	Et 1 décime pour la Ville.
Idem.	
Idem.	
.	Suppression.
	LES 100 KILOGRAMMES.
Octroi.	Et 1 décime pour la Ville.
Idem.	*Idem*.
Deuxième décime.	Pour la Ville.
Octroi.	
Idem.	
Idem.	
	LES 100 KILOGRAMMES.
Octroi.	Et 2 décimes pour la Ville.

COMESTIBLES. (Suite.)

ANNÉES.	TITRES de PERCEPTION.	DROITS D'ENTRÉE OU D'OCTROI — pour le TRÉSOR.	pour la VILLE.	pour les HÔPITAUX.	pour les OFFICIERS de police.	SURTAXES.	À DÉDUIRE pour suppression	TOTA après chaqu variati
1	2	3	4	5	6	7	8	9
	Volaille et gibier de toute espèce entrant par terre.							
		l. s. d.	l. s. d.	l. s. d.	l. s. d.	l. s. d.	l. s. d.	l. s.
1640..	Édit novembre....	2	......	......	......	......	......	2
1651..	Décl. 8 février....	......	......	......	......	......	2	.....
1692..	Décl. 17 septembre.	3 6	......	......	......	......	......	3
1705..	Décl. 7 juillet.....	3 6	......	......	......	......	......	7
1722..	Décl. 15 mai.....	......	......	......	......	......	......	.....
1726..	Let. pat. 12 juillet.	......	......	......	......	......	......	.....
1730..	Édit juin.........	......	......	......	......	......	......	.....
1743..	Décl. 24 décembre.	......	......	......	......	......	......	.....
1756..	Décl. 7 juillet.....	......	......	......	......	......	......	.....
1776..	Édit février.......	......	......	......	......	......	......	.....
	Actes déjà cités....	......	......	8	......	......	......	7
	Idem............	......	......	......	......	3	......	10
1781..	Édit août.........	......	......	......	......	5	4 10	10
1791..	Loi 19 février....	......	......	......	......	......	10 10	.....
AN XII..	Arrêté 29 ventôse.	......	......	......	......	......	......	.....
1807..	Décret 21 décembre	......	......	......	......	......	......	.....
1811..	Décret 10 février..	......	......	......	......	......	......	.....
1815..	Ord. 16 août.....	......	......	......	......	......	......	.....
1817..	Ord. 8 janvier....	......	......	......	......	......	......	.....
	VOLAILLE et GIBIER excepté les dindes, oies et lapins domestiques, agneaux et chevreaux entr							
		fr. c.	fr. c.	fr. c.	fr. c.	fr. c.	fr. c.	fr. c.
1848..	Arrêté 24 avril....	......	30	......	......	3	......	33
	Arrêté 17 juin....	......	......	......	......	3	......	36
1852..	Décret 17 mai....	......	......	......	......	......	1 98	33 8
1855..	Décret 3 novembre.	......	1 80	......	......	0 36	......	36
1872..	Décret 30 novembre	......	10	......	......	2	......	48
1874..	Décret 28 juillet..	......	......	......	......	......	48	.....
	Dindes, oies et lapins domestiques, agneaux et chevreaux entrant.							
		fr. c.	fr. c.	fr. c.	fr. c.	fr. c.	fr. c.	fr. c.
1848..	Décret 24 avril...	......	15	......	......	1 50	......	16 5
	Arrêté 17 juin....	......	......	......	......	1 50	......	18
1852..	Décret 17 mars...	......	......	......	......	......	1 18	16 9
1855..	Décret 3 novembre.	......	0 90	......	......	0 18	......	18
1872..	Décret 30 novembre	......	......	......	......	......	......	.....
1874..	Décret 28 juillet..	......	......	......	......	......	......	.....
1880..	Arrêté 1er février..	......	......	......	......	......	......	.....
	VOLAILLE et GIBIER de 1re catégorie entrant.							
1874..	Décret 28 juillet..	......	62f 50c	......	......	12f 50c	......	75f
	VOLAILLE et GIBIER de 2e catégorie entrant.							
1874..	Décret 28 juillet..	......	25f	......	......	5f	......	30f
	VOLAILLE et GIBIER de 3e catégorie entrant.							
1874..	Décret 28 juillet..	......	15f	......	......	3f	......	18f
	LAPINS DOMESTIQUES et CHEVREAUX entrant. — 4e catégorie.							
1874..	Décret 28 juillet..	......	7f 50c	......	......	1f 50c	......	9f

COMESTIBLES. (Suite.)

DÉNOMINATION [d]es droits d'entrée ou d'octroi principaux et additionnels. 10	OBSERVATIONS. 11	DROITS DE VENTE pour le Trésor. 12	pour la Ville. 13	pour les vendeurs ou facteurs. 14
	LA CHARRETÉE.	Par livre du prix.		
[B]arrage.	Les oies avaient payé en 1268 1 d. p. de chaussées.	s. d.		s. d.
....	Supp[on] de la *coutume* de la poulaille distincte du s. p. l. de 1360 supprimé en 1465.			
[D]omaine et barrage..				
[D]oubl[t] du dom. et barrage	6 d. par coch. de lait, agn. ou chevreau et surt. subséq.			
....	Vendeurs de volaille..........................	3		
....	*Idem* avec réduction d'un quart.................	2 3		
....	Jurés-contrôleurs-courtiers-vendeurs.............	......	......	2 3
....	Droits rétablis et vendeurs, etc.................	2	......	2 3
....	Droits réservés..................................	1 9	......	2 3
....	*Idem* absorbant les vendeurs....................	4		
[V]ingtièmes de l'hôpital...	....	4		
[H]uit sous pour livre......	Pour le Trésor sur tous les droits principaux......	4		
[D]eux sous pour livre......	*Idem* et diminution de moitié des droits d'entrée...	4		
....	Suppression générale.			
		Pour 100 du prix.		
....	Droits perçus par la caisse de la Vallée jusqu'en 1849	......	......	2 50
....	....	......	1 50	1
....	....	......	3	1
....	....	......	5	1
....	....	......	9	1
	LES 100 KILOGRAMMES.			
[O]ctroi.................	Et décime pour la Ville..........................	......	9	1
[D]euxième décime.........	Pour la Ville....................................	......	9	1
[O]ctroi.................	....	......	9	1
[Id]em...................	....	......	9	1
[Id]em...................	....	......	12 05	0 95
....	Division en quatre catégories.			
	LES 100 KILOGRAMMES.			
[O]ctroi.................	Et décime pour la Ville..........................	......	9	1
[D]euxième décime.........	Pour la Ville....................................	......	9	1
[O]ctroi.................	....	......	9	1
[Id]em...................	....	......	9	1
[Id]em...................	Dindes confondus avec les autres volailles........	......	9 05	0 95
[Id]em...................	Oies dom. d. la 3e cat.; lap. dom. et chevr. d. la 4e.			
[Id]em...................	Agneaux confondus dans la viande de boucherie.			
	LES 100 KILOGRAMMES.			
[Oc]troi. — Deux décimes.	1re catégorie : Coqs de bruyère, outardes, canepetières, faisans, perdrix, bartavelles, lagopèdes ou perdrix blanches, grouses, bécasses, bécassines; coqs de bois, gélinottes, cailles, alouettes, grives, râles de genêt, becfigues, ortolans; lots de crêtes de coqs, rognons de poulets, foies d'oies et de canards.			
[Oc]troi. — Deux décimes.	2e catégorie : Dindes, canards domestiques, poulets, pintades, pigeons, oies sauvages, canards sauvages, canards pilets, canards milouins, canards siffleurs, rouges de rivière, sarcelles, poules d'eau, râles d'eau, pluviers, vanneaux, merles; chevreuils.			
[Oc]troi. — Deux décimes.	3e catégorie : Oies domestiques; lièvres, lapins de garenne; cerfs et biches, daims, chamois et isards; sangliers et marcassins; hérissons, écureuils; cochons de lait; ours, bisons; poules de prairies, macreuses, pigeons ramiers et tous gibiers ou volailles entrant dans l'alimentation, non compris dans les précédentes catégories.			
[Oc]troi. — Deux décimes.				

COMESTIBLES. (Suite.)

ANNÉES. 1	TITRES de PERCEPTION. 2	DROITS D'ENTRÉE OU D'OCTROI						
		pour le TRÉSOR. 3	pour la VILLE. 4	pour les HÔPITAUX. 5	pour les OFFICIERS de police. 6	SURTAXES. 7	À DÉDUIRE pour suppression 8	TOTA[UX] aprè[s] chaqu[e] variati[on] 9
	Poissons d'eau douce.							
		l. s. d.	l. s. d.	l. s. d.	l. s. d.	l. s. d.	l. s. d.	l. s.
1360..	Inst. G^d C^l. 18 Déc.	......	......	......	......	......	......	.....
1640..	Arrêt 1er février...	4s	......	......	......	......	......	4s
1651..	Décl. 8 février....	2s	......	......	......	......	......	2s
1692..	Décl. 17 septemb..	6	......	......	......	......	......	8
1705..	Décl. 7 juillet....	8	......	1s 7s	......	......	......	16
	Décl. 3 mars.....	......	......	10	......	1s 7s	......	17
1709..	Décl. 29 octobre..	1 7s	......	......	......	......	......	19
1711..	Décl. 3 janvier....	......	......	10s	......	......	1s 7s	18
1715..	Décl. 7 mai......	......	......	......	......	1 7	......	1
1730..	Édit juin........	......	......	......	......	......	......	.....
1747..	Édit septembre....	......	......	......	......	2	......	1
1760..	Décl. 3 février....	......	......	......	......	10	......	1 1
1763..	Décl. 21 novembre.	......	......	......	......	10	......	1 1
1771..	Décl. 26 juillet...	......	......	10	......	......	......	1 2
	Édit novembre....	......	......	......	......	1 8	......	1 4
1781..	Édit août........	......	......	......	......	......	15 3	5
1791..	Loi 19 février....	......	......	......	......	......	5 9	.....
1811..	Décret 28 janvier..	......	......	......	......	......	......	.....
1817..	Ord. 8-14 janvier.	......	......	......	......	......	......	.....
1848..	Décret 24 avril...	......	......	......	......	......	......	.....
1872..	Décret 28 décemb.	......	......	......	......	......	......	.....
1875..	Décret 30 novemb.	......	......	......	......	......	......	.....
1878..	Décret 30 décemb.	......	......	......	......	......	......	.....
	Poissons de mer frais.							
1268..	Livre des métiers..	4s	......	......	......	......	......	
	PLIES (nom probablement alors étendu à plusieurs espèces plates).							
1268..	Livre des métiers..	......	......	......	......	......	......	.....
	Idem...........	......	......	......	......	......	......	.....
	RAIES.							
1268..	Livre des métiers..	......	......	......	......	......	......	....
	MERLANS.							
1268..	Livre des métiers..	......	......	......	......	......	......	....
	Idem...........	......	......	......	......	......	......	....
	MAQUEREAUX.							
1268..	Livre des métiers..	......	......	......	......	......	......	....
	HARENGS.							
1268..	Livre des métiers..	......	......	......	......	......	......	....
	Idem...........	......	......	......	......	......	......	....

COMESTIBLES. (Suite.)

DÉNOMINATION DES DROITS D'ENTRÉE ou d'octroi principaux et additionnels. 10	OBSERVATIONS. 11	DROITS DE VENTE pour le TRÉSOR. 12	POUR LA VILLE aux halles. 13	POUR LA VILLE sur les ports. 14	pour les VENDEURS ou FACTEURS. 15
			pour livre du prix.		
	LA PIÈCE.	s. d.	s. d.	s. d.	s. d.
....	Jusqu'en 1465........................	1			
	LA BOUTIQUE ORDINAIRE.				
Barrage............	Pr les autres boutiques à proportion, de 1692 à 1791.				
	LA CHARRETTE OU FOURGON.				
Domaine.					
Domaine et barrage.					
Doubl. du dom. et bar.					
Deux sous pour livre.	Pour le Trésor.				
Dixième...........	Droit principal sans surtaxe.				
Vingtième de l'hôpital.	Remplaçant le dixième.				
Deux sous pour livre..	Pour le Trésor sur ses droits principaux.				
....	Jurés vendeurs-contrôleurs et compteurs.....	......	......	......	2 6
....	Applicat. des s. p. l. aux droits non encore surt.	......	......	......	2 6
Un sou pour livre....	Pour le Trésor sur tous les droits principaux.	......	......	......	2 6
Idem..............	*Idem*..............................	......	......	......	2 6
Deuxième vingtième,	....	......	......	......	2 6
Deux sous pour livre.	*Idem*..............................	......	......	......	2 6
Entrée............	Réduite au cinquième pr les droits du Trésor.	......	......	......	2 6
....	Suppression générale.				
			pour 100 du prix.		
....	Pr ventes à crédit 1/2 p. 0/0 en plus pr les factrs	......	5	5	1
....	....	......	5	6	
....	Excepté les espèces tarifées séparément....	......	5	6	
....	....	......	6	6	
....	Droit des fact. pr lot de 2f 50 à 4f 75c=0f 05c — au-dessus..............................	......	......	......	1 75
....	Conversion en octroi des droits de vente.				
	LA CHARRETTE.	s. d.	s. d.	s. d.	s. d.
Péage du Petit-Pont..	Excepté les morues, qui devaient 2 d. p. ——— les gourneaux.......... 4 s. p. ——— les sèches............ 1 d.				
	LA CHARRETTE.				
....	Coutume (avant son doublement en 1326)..	4e			
....	Congé et hallage......................	16e			
	LA CHARRETTE.				
....	Coutume. (*Idem*).....................	18			
	LA CHARRETTE.				
....	Coutume. (*Idem*).....................	6			
....	Congé et hallage......................	16			
	LA CHARRETTE.				
....	Coutume. (*Idem*).....................	6 maquer.			
	LA CHARRETTE.				
....	Coutume pr le roi, outre celle des compteurs.	120 harengs			
....	Congé et hallage......................	16r			

COMESTIBLES. (Suite.)

ANNÉES. 1	TITRES de PERCEPTION. 2	DROITS D'ENTRÉE OU D'OCTROI pour le TRÉSOR. 3	pour la VILLE. 4	pour les HÔPITAUX. 5	pour les OFFICIERS de police. 6	SURTAXES. 7	À DÉDUIRE pour suppression 8	TOTAL après chaque variation 9
		l. s. d.	l. s. d.	l. s. d.	l. s. d.	l. s. d.	l. s. d.	l. s. d.
	Poissons de mer frais. (Suite.) MORUES.							
1268..	Livre des métiers..	......	......	......	......	......	......	.....
	Idem............	......	......	......	......	......	......	.....
	GOURNEAUX. (Rougets-grondins).							
1268..	Livre des métiers..	......	......	......	......	......	......	.....
	Idem............	......	......	......	......	......	......	.....
	SAUMONS, CRASPOIS et autres poissons de mer frais.							
1268..	Livre des métiers..	......	......	......	......	......	......	.....
1337..	Let. pat. 10 déc..	......	......	......	......	......	......	.....
1341..	Let. pat. 25 avril..	......	......	......	......	......	......	.....
1350..	Let. pat. 17 février.	......	......	......	......	......	......	.....
1351..	Let. pat. 3 mai...	......	......	......	......	......	......	.....
1360..	Inst. G^d C^l 18 déc.	......	......	......	......	......	......	.....
1364..	Let. pat. 23 avril..	......	......	......	......	......	......	.....
1499..	Let. pat. 19 déc...	......	......	......	......	......	......	.....
1548..	Décl. 10 mai.....	......	......	......	......	......	......	.....
1576..	Décl. 26 juillet...	......	......	......	......	......	......	.....
1651..	Décl. 8 février....	......	......	......	......	......	......	.....
1680..	Ord. juin........	......	......	......	......	......	......	.....
1684..	Décl. 27 août.....	......	......	......	......	......	......	.....
1689..	Arrêt 27 décembre.	......	......	......	......	......	......	.....
1692..	Décl. 17 septembre.	5 6	......	......	......	......	......	5
1696..	Édit mai.........	......	......	......	......	......	......	.....
1698..	Édit janvier......	......	......	......	......	......	......	.....
1705..	Décl. 7 juillet....	5 6	......	......	......	......	......	11
	Décl. 3 mars.....	......	......	......	......	1 1	......	12
1709..	Décl, 29 octobre...	1 1	......	......	......	......	......	13
1711..	Décl. 3 janvier...	......	......	7	......	......	1 1	12
1715..	Décl. 7 mai......	......	......	......	......	1 1	......	13
1720..	Édit juin........	......	......	......	......	......	......	13
1743..	Édit décembre....	......	......	......	......	......	......	13
1747..	Édit septembre...	......	......	......	......	1	......	14 1
1760..	Décl. 3 février....	......	......	......	......	1 2	......	16
1763..	Décl. 21 novembre.	......	......	......	......	1 2	......	17
1771..	Décl. 26 juillet....	......	......	7	......	1	......	17 1
	Édit novembre....	......	......	......	......	2 5	......	1
1775..	Arrêt 13 avril....	......	......	......	......	......	10 1	10
1781..	Édit août........	......	......	......	......	1	......	11
1791..	Loi 19 février....	......	......	......	......	......	11 2	.....
AN X...	Décret 9 frimaire..	......	......	......	......	......	......	.....
1807..	Décret 21 septemb.	......	......	......	......	......	......	.....
1811..	Décret 10 février..	......	......	......	......	......	......	.....
1815..	Ord. 16 août.....	......	......	......	......	......	......	.....
1848..	Décret 24 avril...	......	......	......	......	......	......	.....
1875..	Décret 30 novemb.	......	......	......	......	......	......	.....

COMESTIBLES. (Suite.)

DÉNOMINATION DES DROITS D'ENTRÉE ou d'octroi principaux et additionnels.	OBSERVATIONS.	DROITS DE VENTE pour le TRÉSOR.	pour la VILLE.	pour les VENDEURS ou FACTEURS.
10	11	12	13	14
		s. d.	s. d.	s. d.
	LA CHARRETTE.			
....	Coutume (avant son doublement en 1326)............	5^{r}		
....	Congé et hallage................................	16^{r}		
	LA CHARRETTE.			
....	Coutume..... *Idem*	4		
....	Congé et hallage................................	16		
		Par livre du prix.		
	LA VOIE.			
....	Vendeurs avec droit dont la quotité est inconnue.			
....	Excepté les craspois	4		
....	*Idem* les morues et les sèches qui devaient 4 d. pour livre	3		
....	Outre le droit du 6 d. p. par millier pour les vendeurs.	4		
....	....	6		
....	Droit maintenu en 1465..........................	1		
....	Vendeurs..	1	......	1
....	Droit de la Ville probablement jusqu'en 1511..........	1	6	1
....	Nouveau droit de la Ville........................	1	6	1
....	*Idem* réduit par arrêt de la Cour des aides à 4 d. p. l.....	......	10	1
....	Suppression des vendeurs et d'autres droits de 1568....	1	10	
....	Absorption de tous droits de vente par le Trésor.......	2		
....	Tarif différent sans durée connue.			
....	Vendeurs partageant le droit total.................	1	......	1
Domaine et barrage.				
....	Jurés-vendeurs avec tout le droit..................	......	......	2
....	Suppres. des jurés-vendeurs dont le Trésor absorbe le droit.	2		
Doubl. du dom. et bar.				
Deux sous pour livre.	Pour le Trésor.			
Dixième............	Droit principal sans surtaxe.			
Vingtième de l'hôpital.	Remplaçant le dixième.			
Deux sous pour livre .	Pour le Trésor sur ses droits principaux.			
....	Nouveaux jurés-vendeurs..........................	......	......	4
....	Contrôleurs et compteurs de marée avec 4 s. p. l.......	......	......	8
....	Application des s. p. l. aux droits non encore surtaxés..	......	......	8
Un sou pour livre....	Pour le Trésor sur tous les droits principaux..........	......	......	8
Idem..............	*Idem*..	......	......	8
Deuxième vingtième..	....	......	......	8
Deux sous pour livre..	*Idem*..	......	......	8
....	Dim. de moitié des droits du Trés^r et supp. des droits de vente			
Deux sous pour livre.	Pour le Trésor sur tous les droits principaux.			
....	Suppression générale.	Pour 100 du prix.		
	Droit d'acquêt pour les facteurs : 10^c au comptant et 15^c à crédit pour lot de 3^f et au-dessous ; 15^c au comptant et 20^c à crédit pour lot de 3 à 7^f ; 20^c au comptant et 25^c à crédit pour lot de 7^f et au-dessus.			
....	....	......	4	
....	....	......	5	
....	....	......	6	
....	Distinction des espèces de luxe d'avec les autres qui continuent à payer le droit ci-contre.................	......	6	
....	Droit d'acquêt pour les facteurs : 0^f05^c par lot de 2^f 50^c à 4^f 75^c, au-dessus..........................	......	......	1 75

COMESTIBLES. (Suite.)

ANNÉES.	TITRES de PERCEPTION.	DROITS D'ENTRÉE OU D'OCTROI pour le TRÉSOR.	pour la VILLE.	pour les HÔPITAUX.	pour les OFFICIERS de police.	SURTAXES.	A DÉDUIRE pour suppression	TOTA[L] après chaque variatio[n]
1	2	3	4	5	6	7	8	9
		fr. c.	fr. c.	fr. c.	fr. c.	fr. c.	fr. c.	fr. c.
	Poissons d'eau douce et de mer frais. Espèces de choix telles que SAUMONS, TURBOTS, ESTURGEONS, THONS, BARBUES, TRUITES, HOMARDS, LANGOUSTES, SALICOQUES ET ÉCREVISSES.							
1848..	Décret 24 avril...	......	0 60	......	......	0 06	......	0 66
	Arrêté 17 juin....	......	......	......	......	0 06	......	0 72
	Les mêmes, plus les ALOSES, BARS, ÉPERLANS, MULETS, ROUGETS-GRONDINS et SOLES.							
1849..	Décret 21 décemb.	......	0 60	......	......	0 12	......	0 72
	Déc. minist. 7 déc.	......	......	......	......	......	......	......
1852..	Décret 17 mars...	......	56 40	......	......	11 28	......	67 68
1855..	Décret 3 novembre.	......	3 60	......	......	72	......	72
	Les mêmes, plus les STERLETS, OMBRES-CHEVALIERS, BARS ET ROUGETS-BARBETS.							
1872..	Décret 30 novemb.	......	5	......	......	1	......	78
	Décret 28 décemb.	......	......	......	......	......	......	......
1875..	Décret 30 novemb.	......	......	......	......	......	......	......
1878..	Décret 30 décemb.	......	......	......	......	......	37 80	40 20
	Tous autres d'espèces ordinaires.							
1848..	Décret 24 avril....	......	0 15	......	......	0 015	......	0 16
	Arrêté 17 juin....	......	......	......	......	0 015	......	0 18
1852..	Décret 17 mars...	......	14 10	......	......	2 82	......	16 92
1855..	Décret 3 novembre.	......	0 90	......	......	0 18	......	18
1872..	Décret 30 novemb.	......	......	......	......	......	......	......
	Espèces intermédiaires telles que ESTURGEONS, MULETS, SOLES, FLÉTONS, ALOSES, ANGUILLES, BROCHETS, CARPES ET SARDINES.							
1872..	Décret 30 novemb.	......	30	......	......	6	......	36
1875..	Décret 30 novemb.	......	......	......	......	......	......	......
1878..	Décret 30 décemb.	......	......	......	......	......	......	......
	Toutes autres espèces communes.							
1872..	Décret 30 novemb.	......	15	......	......	3	......	18
	Espèces ordinaires et communes comprenant seulement celles intermédiaires ci-dessus.							
1878..	Décret 30 décemb.	......	15	......	......	3	......	18

COMESTIBLES. (Suite.)

DÉNOMINATION DES DROITS D'ENTRÉE OU D'OCTROI principaux et additionnels. 10	OBSERVATIONS. 11	DROIT de VENTE pour la ville. 12
		Pour 100 du prix.
	LE KILOGRAMME.	
Octroi. — Décime	Pour les autres espèces, maintien du dr. de 6 p. o/o outre les dr. d'acquêt	10
Deuxième décime	*Idem*	10
	LE KILOGRAMME.	
Octroi. — Décime.		
	Pour les espèces nouvellement assujetties à l'octroi	10
	LES 100 KILOGRAMMES.	
Octroi. — Décime		10
Idem		10
	LES 100 KILOGRAMMES.	
Idem		10
	Saumons, turbots, écrevisses, ombres-chevaliers, homards, langoustes et sterlets	15
	Nouvelle fixation des droits d'acquêt. (Voir : Poissons de mer frais.).	
	Suppression des droits de vente.	
	LE KILOGRAMME.	
Octroi. — Décime	Droits d'acquêt pour les facteurs. (Voir : Poissons de mer frais.)	10
Deuxième décime	*Idem*	10
	LES 100 KILOGRAMMES.	
Octroi. — Décime	*Idem*	10
Deuxième décime	*Idem*	10
	Division en deux catégories	10
	LES 100 KILOGRAMMES.	
Octroi. — Décimes		10
	Nouvelle fixation des droits d'acquêt. (Voir : Poissons de mer frais.)	
	Répartition entre deux catégories.	
	LES 100 KILOGRAMMES.	
Octroi. — Décimes	Jusqu'en 1878	10
	LES 100 KILOGRAMMES.	
Octroi. — Décimes	Suppression des droits de vente.	

COMESTIBLES. (Suite.)

ANNÉES.	TITRES de PERCEPTION.	DROITS D'ENTRÉE OU D'OCTROI						
		pour le TRÉSOR.	pour la VILLE.	pour les HÔPITAUX.	pour les OFFICIERS de police.	SURTAXES.	À DÉDUIRE pour suppression	TOTAL après chaque variation.
1	2	3	4	5	6	7	8	9
		l. s. d.	l. s. d.	l. s. d.	l. s. d.	l. s. d.	l. s. d.	l. s. d.
	Poissons de mer secs ou salés.							
1268..	Livre des métiers..	2s	......	......	......	......	......	2
1268..	Livre des métiers.	......	......	......	......	......	......	......
1350..	Let. pat. 30 janv..	......	......	......	......	......	......	......
	SAUMONS SALÉS.							
1337..	Let. pat. 10 déc...	......	......	......	......	......	......	......
1341..	Let. pat. 25 avril..	......	......	......	......	......	......	......
1350..	Let. pat. 17 fév...	......	......	......	......	......	......	......
1351..	Let. pat. 3 mai....	......	......	......	......	......	......	......
	HARENGS SALÉS.							
1170..	....	......	......	......	......	......	......	......
1213..	Charte janvier ...	......	4s	......	......	......	......	4s
1268..	Livre des métiers.	......	......	......	......	......	......	......
1268..	Livre des métiers..	......	......	......	......	......	......	......
	HARENGS SALÉS OU SAURS.							
1505..	Let. pat. 3 novemb.	......	......	......	......	......	......	......
	HARENGS SAURS.							
1337..	Let. pat. 10 déc...	......	......	......	......	......	......	......
1341..	Let. pat. 25 avril..	......	......	......	......	......	......	......
1350..	Let. pat. 17 février.	......	......	......	......	......	......	......
1351..	Let. pat. 3 mai....	......	......	......	......	......	......	......
	MAQUEREAUX.							
1268..	Livre des métiers..	2s	......	......	......	......	......	2s
	Idem...........	......	......	......	......	......	......	......
	ALLEZ DE MER (sardines, anchois, etc.).							
1337..	Let. pat. 10 déc...	......	......	......	......	......	......	......
1341..	Let. pat. 25 avril..	......	......	......	......	......	......	......
1351..	Let. pat. 3 mai....	......	......	......	......	......	......	......
	TOUS POISSONS DE MER SECS OU SALÉS.							
1360..	Inst. Gd Cl 10 déc.	......	......	......	......	......	......	......
1692..	Décl. 17 sept.....	7s 6d	......	......	......	......	......	7s 6d
1705..	Décl. 7 juillet.....	7 6	......	......	......	......	......	15
	Décl. 3 mars.....	......	......	......	......	1s 6d	......	16 6
1709..	Décl. 29 oct......	1 6	......	......	......	......	......	18
1711..	Décl. 3 janvier....	......	......	9d	......	......	1s 6d	17 3
1715..	Décl. 7 mai......	......	......	......	......	1 6	......	18 9
1720..	Édit juin........	......	......	......	......	......	......	18 9
1743..	Édit décembre....	......	......	......	......	......	......	18 9
1747..	Édit septembre...	......	......	......	......	2	......	18 11
1760..	Décl. 3 février....	......	......	......	......	10	......	19 9
1763..	Décl. 21 novembre.	......	......	......	......	10	......	1l 7
1771..	Décl. 26 juillet....	......	......	......	......	1 8	......	1 2 2
	Édit novembre....	......	......	18	......	4	......	1 3 10
1775..	Arrêt 13 avril.....	......	......	......	......	......	1 1	2 9
1781..	Édit août........	......	......	......	......	3	......	3
1791..	Loi 19 février.....	......	......	......	......	......	3	......
1864..	Arrêté préfl 1er juil.	......	......	......	......	......	......	......
1878..	Arrêté préfl 31 déc.	......	......	......	......	......	......	......

COMESTIBLES. (Suite.)

DÉNOMINATION DES DROITS D'ENTRÉE ou d'octroi principaux et additionnels. 10	OBSERVATIONS. 11	DROITS DE VENTE — pour le TRÉSOR. 12	pour la VILLE. 13	pour les VENDEURS ou FACTEURS. 14
		l. s. d.	l. s. d.	l. s. d.
	LA CHARRETTE.			
Péage du Petit-Pont.				
	LE MILLIER.			
....	Poigneurs-compteurs	......	......	1s
....	Augmentation pour ces officiers de police portant le droit à	......	......	6
		Par livre du prix.		
....	Vente et achat	4		
....	*Idem*	4		
....	Vente et revente	4		
....	*Idem*	6		
	LE BATEAU.			
Entrée............	100 har. donnés encore en 1720 aux relig^ses des H^tes-Brières..	l. s. d.	l. s. d.	l. s. d.
Idem............	Concession à la marchandise de l'eau.			
....	Congé et hallage	4s		
	LA SOMME.			
....	Coutume	2		
	LE LESTH (lot ou charge?).			
....	Passant et non vendus : 16 sous parisis jusqu'en 1511....			
	LA CAQUE OU LE MILLIER.			
....	Vente et achat	8		
....	*Idem*	6		
....	Vente et revente	12		
....	*Idem*	18		
	LA CHARRETTE.			
Péage du Petit-Pont..		6		
....	Coutume	maquereaux		
		Par livre du prix.		
		l. s. d.	l. s. d.	l. s. d.
....	Vente et achat	4		
....	*Idem*	4		
....	Vente et revente	6		
	LA CHARRETTE.			
....	Mêmes droits de vente que les poissons frais jusqu'en 1730	l. s. d.	l. s. d.	l. s. d.
Domaine et barrage..	Excepté les sardines, anchois et thons tarifés comme épiceries			
Doubl. du dom. et bar.	*Idem*.			
Deux sous pour livre.	Pour le Trésor.			
Dixième............	Droit principal sans surtaxe.			
Vingtième de l'hôpital	Remplaçant le dixième.			
Deux sous pour livre..	Pour le Trésor sur ses droits principaux.			
....	Jurés-vendeurs contrôleurs du bardlage de la saline....	......	......	2 6
....	Augmentation *idem* de 2 s. 7 d. pour livre	......	......	5 4
....	Appl. des s. p. l. aux droits non encore surtaxés......	......	......	5 4
Un sou pour livre....	Pour le Trésor sur tous les droits principaux..........	......	......	5 4
Idem............	*Idem*	......	......	5 4
Deux sous pour livre..	*Idem*	......	......	5 4
Deuxième vingtième..	....	......	......	5 4
....	Suppression du domaine et barrage et doubl. et de leur s. p. l. ainsi que du droit de vente.			
Deux sous pour livre..	Réduction au cinquième du droit pour les harengs saurs.			
....	Suppression générale.	Pour 100 du prix.		
....	Droit d'acquêt de 10s par lot de 3l et au-dessous, de 15s par lot de 3 à 7l et de 20s au-dessus	......	3	
....	Droit de la Ville remplacé par un droit d'abri.			

COMESTIBLES. (Suite.)

ANNÉES.	TITRES de PERCEPTION.	DROITS D'ENTRÉE OU D'OCTROI. pour le TRÉSOR.	pour la VILLE.	pour les HÔPITAUX.	pour les OFFICIERS de police.	SURTAXES.	À DÉDUIRE pour suppression	TOTAL après chaque variation
1	2	3	4	5	6	7	8	9
	Huîtres à l'écaille.							
		l. s. d.	l. s. d.	l. s. d.	l. s. d.	l. s. d.	l. s. d.	l. s. d.
1350..	Let. pat. 17 février.	......	......	......	......	......	......	......
1351..	Let. pat. 3 mai....	......	......	......	......	......	......	......
1692..	Décl. 17 septembre.	5 6	......	......	......	......	......	5 6
	Huîtres fraîches ordinaires et de Marennes.							
		fr. c.	fr. c.	fr. c.	fr. c.	fr. c.	fr. c.	fr. c.
1811..	Décret 10 février..	......	......	......	......	......	......	......
1815..	Ord. 16 août......	......	......	......	......	......	......	......
1848..	Décret 24 avril....	......	5 00	......	......	0 50	......	5 50
	Décret 17 juin....	......	......	......	......	0 50	......	6 00
1849.	D[on] m[lle] 7 décemb.	......	......	......	......	......	......	6 00
1852..	Décret 17 mars...	......	......	......	......	......	0 36	5 64
1855..	Décret 3 novemb..	......	0 30	......	0 06	......	......	6 00
1875..	Arrêté préf[al] 9 mai.	......	......	......	......	......	......	......
	1re CATÉGORIE. — Huîtres à coquilles lourdes pesant 15 kilogrammes et au-dessus le cent.							
1875..	Décret 23 avril...	......	5 00	......	......	1 00	......	6 00
	2e CATÉGORIE. — Huîtres à coquilles légères pesant moins de 15 kilogrammes le cent.							
1875..	Décret 23 avril....	......	15 00	......	......	3 00	......	18 00
	Huîtres d'Ostende.							
		fr. c.	fr. c.	fr. c.	fr. c.	fr. c.	fr. c.	fr. c.
1811..	Décret 10 février..	......	......	......	......	......	......	......
1815..	Ord. 16 août.....	......	......	......	......	......	......	......
1848..	Décret 24 avril...	......	15 00	......	......	1 50	......	16 50
	Décret 17 juin....	......	......	......	......	1 50	......	18 00
1849..	D[on] m[lle] 7 décemb.	......	......	......	......	......	......	18 00
1852..	Décret 17 mars...	......	......	......	......	......	1 08	16 92
1855..	Décret 3 novembre.	......	14 10	......	......	2 82	......	18 00
1875..	Décret 23 avril....	......	15 00	......	......	3 00	......	36 00
	Huîtres de Portugal.							
		fr. c.	fr. c.	fr. c.	fr. c.	fr. c.	fr. c.	fr. c.
1877..	Décret 14 juillet...	......	5 00	......	......	1 00	......	6 00
	Huîtres marinées.							
		fr. c.	fr. c.	fr. c.	fr. c.	fr. c.	fr. c.	fr. c.
1848..	Décret 24 avril....	......	0 10	......	......	0 01	......	0 11
	Décret 17 juin....	......	......	......	......	0 01	......	0 12
1852..	Décret 17 mars...	......	9 40	......	......	1 88	......	11 28
1855..	Décret 3 novembre.	......	0 60	......	......	0 12	......	12 00
	Moules, Hannons (coques).							
1350..	Let. pat. 17 février.	......	......	......	......	......	......	......
1351..	Let. pat. 3 mai...	......	......	......	......	......	......	......

COMESTIBLES. (Suite.)

DÉNOMINATION DES DROITS D'ENTRÉE OU D'OCTROI principaux et additionnels. 10	OBSERVATIONS. 11	DROIT DE VENTE pour LE TRÉSOR. 12	DROIT DE VENTE pour LA VILLE. 13
		Par livre du prix.	
....	Vente et revente........................	4d	
....	*Idem*........................	6	
Domaine et barrage...........	Jusqu'en 1791, avec mêmes droits additionnels que le poisson de mer frais.		
		Pour 100 du prix.	
	LES 100 KILOGRAMMES.		
....	....	......	4
....	....	......	6
Octroi. — Décime........	....	......	6
Deuxième décime............	....	......	6
....	....	......	10
Octroi.....................	....	......	10
Idem.....................	....	......	10
....	Conversion des droits de vente en octroi.		
	LES 100 KILOGRAMMES.		
Octroi. — Décimes.			
	LES 100 KILOGRAMMES.		
Octroi. — Décimes.			
	LES 100 KILOGRAMMES.		
....	....	......	4
....	....	.....	6
Octroi. — Décime............	....	......	6
Deuxième décime............	....	......	6
....	....	......	10
Octroi. — Décime............	....	......	10
Idem.....................	....	......	10
Idem.....................	Conversion des droits de vente en octroi.		
Octroi — Décimes.			
De 1692 à 1791 même droit que pour les épiceries.			
	LE KILOGRAMME.		
Octroi. — Décime. Deuxième décime.			
	LES 100 KILOGRAMMES.		
Octroi. — Décime. Deuxième décime.			
		Par livre du prix.	
....	....	4d	
....	....	6	

COMESTIBLES. (Suite.)

ANNÉES.	TITRES de PERCEPTION.	DROITS D'ENTRÉE OU D'OCTROI pour le TRÉSOR.	pour la VILLE.	pour les HÔPITAUX.	pour les OFFICIERS de police.	SURTAXES.	À DÉDUIRE pour suppression	TOTAL après chaque variation.
1	2	3	4	5	6	7	8	9
	Beurres entrant par terre.							
		l. s. d.	l. s. d.	l. s. d.	l. s. d.	l. s. d.	l. s. d.	l. s. d.
1651 ..	Décl. 8 février....	......	......	......	......	......	......	......
1692 ..	Décl. 17 décembre.	1	......	......	......	......	......	1 ....
1705 ..	Décl. 7 juillet....	1	......	......	......	......	......	2
	Décl. 3 mai......	......	......	......	......	4	......	2 4
1709 ..	Décl. 29 octobre..	4	......	......	......	......	......	2 8
1711 ..	Décl. 3 janvier....	......	......	2	......	......	4	2 6
1715 ..	Décl. 7 mai......	......	......	......	......	4	......	2 10
1722 ..	Décl. 15 mai.....	......	......	......	......	......	......	2 10
1726 ..	Let. pat. 12 juillet.	......	......	......	......	......	......	2 10
1730 .	Édit juin........	......	......	......	......	......	......	2 10
1743 ..	Décl. 24 décembre.	......	......	......	......	......	......	2 10
1747 ..	Édit septembre...	......	......	......	......	5	......	2 10 5
1751 ..	Arrêt 25 novembre	......	......	......	......	......	......	2 10 5
1756 ..	Décl. 7 juillet....	......	......	......	......	......	......	2 10 5
1760 ..	Décl. 3 février....	......	......	......	......	1 1	......	2 11 6
1763 ..	Édit avril........	......	......	......	......	1 1	......	2 12 7
1771 ..	Décl. 26 juillet....	......	......	2	......	......	......	2 14 7
	Édit novembre....	......	......	......	......	2 3	......	2 16 10
1781 ..	Édit août........	......	......	......	......	......	2 3	2 14 7
1785 ..	Arrêt 8 mai.... ..	......	......	......	......	......	......	2 14 7
1791 ..	Loi 19 février.....	......	......	......	......	......	2 14 7	......
		fr. c.	fr. c.	fr. c.	fr. c.	fr. c.	fr. c.	fr. c.
1808 ..	Décret 21 septemb.	......	......	......	......	......	......	......
1811 ..	Décret 10 février..	......	......	......	......	......	......	......
1815 ..	Ord. 16 août.....	......	......	......	......	......	......	......
1817 ..	Ord. 8 janvier....	......	......	......	......	......	......	......
1820 ..	Déc. m^{elle} 25 avril.	......	......	......	......	......	......	......
1848 .	Arrêté 24 avril....	......	5 00	......	......	0 50	......	5 50
	Arrêté 17 juin....	......	......	......	......	0 50	......	6 00
1849 ..	Déc. m^{elle} 7 décemb.	......	5 00	......	......	1 00	......	12 00
1852 ..	Décret 17 mars...	......	......	......	......	......	0 60	11 28
1855 ..	Décret 3 novembre.	......	0 50	......	......	0 10	......	12 00
1872 ..	Décret 30 novemb.	......	7 00	......	......	0 14	......	20 40
1878 ..	Décret 30 décembre	......	......	......	......	......	6 00	14 40
	Fromages secs et frais entrant par terre.							
		l. s. d.	l. s. d.	l. s. d.	l. s. d.	l. s. d.	l. s. d.	l. s. d.
1268 ..	Livre des métiers..	1^{r}	......	......	......	......	......	1^{r}
1360 ..	Inst. g^{d} c^{l} 18 déc..	......	......	......	......	......	......	......
1651 ..	Décl. 8 février....	......	......	......	......	......	......	......
	Actes déjà cités...	2^{r}	......	4^{r}	......	18^{r}	......	3^{r} 2^{r}
1781 ..	Édit août........	......	......	......	......	4 5^{r}	2^{r} 4^{r}	1 1 7^{r}
1791 ..	Loi 19 février.....	......	......	......	......	......	1^{r} 1 7	......
	Fromages secs entrant par terre.							
		fr. c.	fr. c.	fr. c.	fr. c.	fr. c.	fr. c.	fr. c.
1817 ..	Ord. 8 janvier....	......	10 00	......	......	1 00	......	11 00
1848 ..	Arrêté 17 juin....	......	......	......	......	1 00	......	12 00
1852 ..	Décret 17 mars...	......	......	......	......	......	0 60	11 28
1855 ..	Décret 3 novembre.	......	0 10	......	......	0 02	......	11 40
1858 ..	Déc. m^{elle} 17 mai..	......	......	......	......	......	......	11 40
1872 ..	Décret 30 novembre	......	......	......	......	......	......	11 40
1878 ..	Décret 30 décembre	......	......	......	......	......	......	11 40

COMESTIBLES. (Suite.)

PRIX MOYEN dans Paris.	RAPPORT du DROIT au prix.	DÉNOMINATION DES DROITS D'INTRODUCTION principaux ou additionnels.	OBSERVATIONS.	DROITS DE VENTE pour le TRÉSOR.	POUR LA VILLE aux halles.	POUR LA VILLE à destination.	pour les OFFICIERS de police.
10	11	12	13	14	15	16	17
					Par livre du prix.		
livres.	p. o/o.		LA CHARRETTE DE 2,000 LIVRES.	s. d.	s. d.	s. d.	s. d.
......	......	....	Suppon de compteurs dont l'orig. est inconnue.				
500	0.2	Domaine et barrage.					
700	0.3	Doubt du dom. et bar.					
700	0.3	Deux sous pour livre.	Pour le Trésor.				
600	0.3	Dixième...........	Droit principal sans surtaxe.				
860	0.2	20e de l'hôpital génért.	Remplaçant le dixième.				
880	0.2	Deux sous pour livre..	Pour le Trésor.				
940	0.2	....	Jurés-vendeurs........................	3			
940	0.2	....	*Idem.* avec réduction d'un quart de leur droit.	2 3			
740	0.3	....	Jurés-contrôleurs-courtiers-vendeurs........	......	......	......	2 3
840	0.3	....	Droits rétablis........................	3			
1,000	0.2	....	Appl. des s. p. l. aux droits non encore surtaxés	3			
1,000	0.2	....	Suppression des vendeurs.				
1,096	0.2	....	Droits réservés........................	2			
970	0.3	Un sou pour livre....	Pour le Trésor sur tous les droits princip...	2			
1,014	0.3	*Idem*..............	*Idem*..............................	2			
1,060	0.3	Deuxième vingtième..	....	2			
1,194	0.3	Deux sous pour livre.	*Idem*..............................	2			
1,347	0.2	....	Exempon des s. p. l. de 1771 et de ceux mis alors	2			
					Par livre pesant.		
1,825	0.2	....	Droit de vente limité vu la cherté.........	2s 6d			
1,521	0.2	....	Suppression générale.				
					Pour 100 du prix.		
francs.	p. o/o.		LES 100 KILOGRAMMES.				
......	......	....	Pour toutes espèces.....................	......	1 25		
......	......	....	2.50 p. o/o aux halles pour beurres fins....	......	1 25	2 50	
......	......	....	Pour toutes espèces fraiches.............	......	1 75	2 50	
......	......	....	*Idem*..............................	......	3 75	2 50	
......	......	....	*Idem*..............................	......	1 25	2 50	
2,250	1	Octroi. — Décime...	Pour la Ville..........................	......	1 25	2 50	
2,250	1	Deuxième décime....	*Idem*..............................	......	1 25	2 50	
2,224	2	Octroi.............	Pour toutes espèces fraiches.............	......	4 00	4 00	
1,790	3	*Idem*..............	*Idem*..............................	......	4 00	4 00	
1,890	3	*Idem*..............	*Idem*..............................	......	4 00	4 00	
2,690	3	*Idem*..............	*Idem* fraiches ou fondues, salées ou non....	......	6 10	6 10	
3,120	2	*Idem*..............	*Idem.* et margarines, beurrines. Sup. d. dr. d. v.				
					Par livre du prix.		
francs.	p. o/o.		LA CHARRETTE DE 2000 LIVRES.	sou.	sou.	sou.	sou.
......	......	Chaussées..........	Jusqu'en 1640.				
......	......	....	Jusqu'en 1465..........................	......	1 00		
......	......	....	Suppon de compteurs dont l'orig. est inconnue				
......	......	Dom. et bar. 20es 8 s. p. l.	Mêmes droits que pour le beurre..........	2			
......	......	Deux sous pour livre..	Pour le Tr et réd. d. droits d'ent. pr le Tr au 5e.	2			
......	......	....	Suppression générale.				
					Pour 100 du prix.		
francs.	p. o/o.		LES 100 KILOGRAMMES.				
1,090	1	Octroi. — Décime.					
1,334	1	Deuxième décime.					
1,132	1	Octroi.............	....	......	1 00		
1,404	1	*Idem*.					
1,480	1	....	....	......	0 50		
1,698	1	....	....	......	1 20		
1,826	1	*Idem*..............	Suppression du droit de vente.				

COMESTIBLES. (Suite.)

ANNÉES.	TITRES de PERCEPTION.	DROITS D'ENTRÉE OU D'OCTROI pour le TRÉSOR.	pour la VILLE.	pour les HÔPITAUX.	pour les OFFICIERS de police.	SURTAXES.	À DÉDUIRE pour suppression	TOTAL après chaque variation.
1	2	3	4	5	6	7	8	9
				Œufs entrant.				
		l. s. d.	l. s. d.	l. s. d.	l. s. d.	l. s. d.	l. s. d.	l. s. d.
1360..	Inst. G[d] C[l] 18 déc.	......	......	......	......	......	......	......
1651..	Décl. 8 février....	......	......	......	......	......	......	......
1692..	Décl. 17 décembre.	8	......	......	......	......	......	8
1705..	Décl. 7 juillet.....	8	......	......	......	......	......	1 4
	Décl. 3 mai......	......	......	......	......	1	......	1 5
1709..	Décl. 29 octobre...	1	......	......	......	......	......	1 6
1711..	Décl. 3 janvier....	......	......	½	......	......	1	1 5 ½
1715..	Décl. 7 mai......	......	......	......	......	1	......	1 6 ½
1722..	Décl. 15 mai.....	......	......	......	......	......	......	......
1726..	Let. pat. 12 juillet.	......	......	......	......	......	......	......
1730..	Édit juin........	......	......	......	......	......	......	......
1743..	Décl. 24 décembre.	......	......	......	......	......	......	......
1747..	Édit septembre....	......	......	......	......	½	......	1 7
1751..	Arrêt 25 novembre.	......	......	......	......	......	......	......
1756..	Décl. 7 juillet....	......	......	......	......	......	......	......
1760..	Décl. 3 février....	......	......	......	......	1	......	1 8
1763..	Édit avril........	......	......	......	......	1	......	1 9
1771..	Décl. 26 juillet....	......	......	½	......	......	......	1 9 ½
	Édit novembre....	......	......	......	......	2 ½	......	2
1781..	Édit août........	......	......	......	......	......	1	1
1791..	Loi 19 février.....	......	......	......	......	......	1	......
		fr. c.	fr. c.	fr. c.	fr. c.	fr. c.	fr. c.	fr. c.
1808..	Décret 21 septemb.	......	......	......	......	......	......	......
1811..	Décret 10 février..	......	......	......	......	......	......	......
1815..	Ord. 16 août.....	......	......	......	......	......	......	......
1817..	Ord. 8 janvier....							
1818..	Ord. 30 décembre.	......	......	......	......	......	......	......
1820..	Déc. m[elle] 25 avril..	......	......	......	......	......	......	......
1826..	Déc. m[elle] 14 avril.	......	......	......	......	......	......	......
1849..	Décret 31 décemb.	......	2 50	......	......	0 50	......	3 00
1852..	Décret 17 mars...	......	......	......	......	......	0 18	2 82
1855..	Décret 3 novemb..	......	0 15	......	......	0 03	......	3 00
1872..	Décret 30 novemb.	......	1 50	......	......	0 30	......	4 80
1878..	Décret 30 décemb.	......	......	......	......	......	0 60	4 20
			Froment, seigle et autres **grains** entrant par terre.					
		l. s. d.	l. s. d.	l. s. d.	l. s. d.	l. s. d.	l. s. d.	l. s. d.
1213..	Charte janvier.....	......	3s	......	......	......	......	3s
1268..	Livre des métiers..	1s	......	......	......	......	......	1s
	Idem...........	2	......	......	......	......	......	2
	Idem...........	......	......	......	......	......	......	......
	Idem...........	......	......	......	......	......	......	......
1415..	Ord. février......	......	......	......	......	......	......	......
	Idem...........	......	......	......	......	......	......	......
	....	......	......	......	......	......	......	......
1337..	Let. pat. 10 déc...	......	......	......	......	......	......	......
1341..	Let. pat. 25 avril,.	......	......	......	......	......	......	......
1350..	Let. pat. 17 février.	......	......	......	......	......	......	......
1351..	Let. pat. 3 mai....	......	......	......	......	......	......	......

COMESTIBLES. (Suite.)

PRIX MOYEN dans Paris.	RAPPORT du droit au prix.	DÉNOMINATION DES DROITS D'INTRODUCTION principaux ou additionnels.	OBSERVATIONS.	DROITS DE VENTE pour le TRÉSOR.	POUR LA VILLE aux halles.	POUR LA VILLE à destination.	pour les OFFICIERS de police
10	11	12	13	14	15	16	17
					Par livre du prix.		
livres.	p. 0/0		LE MANNEQUIN, PANIER OU MILLIER (PROBABLEMENT 1,040 ŒUFS).	s. d.	s. d.	s. d.	s. d.
2	.....	....	Jusqu'en 1465..........................	1^{r}			
15	.....	....	Suppr^{on} de compteurs dont l'orig. est inconn.				?
20	2	Domaine et barrage.					
22	5	Doubl^{t} du dom. et bar.					
22	5	Deux sous pour livre.	Pour le Trésor.				
....	.....	Dixième...........	Droit principal sans surtaxes.				
....	.....	20e de l'hôpital génér^{l}.	Remplaçant le dixième.				
25	3.2	Deux sous pour livre..	Pour le Trésor.				
25	.....	....	Jurés-vendeurs	3			
28	.....	....	*Idem*, avec réduction d'un quart de leur droit.	2 3^{r}			
27	.....	....	Jurés-contrôleurs-courtiers-vendeurs........	.....	.....	.....	2^{r} 3^{r}
36	.....	....	Droits rétablis........................	3			
26	0.2	....	Appl. des s.p.l. aux droits non encore surtaxés.	3			
30	.....	....	Suppression des jurés-vendeurs.				
32	.....	....	Droits réservés........................	2			
27	0.2	Un sou pour livre....	P^{r} le Trésor sur tous les droits principaux...	2			
28	0.3	*Idem*..............	*Idem*................................	2			
37	0.2	Deuxième vingtième..	....	2			
38	0.2	Deux sous pour livre..	*Idem*................................	2			
43	0.1	*Idem*..............	*Idem* et dim. de 1/2 des droits d'entrée p. le T^{r}.	2			
45	0.1	....	Suppression générale.				
					Pour 100 du prix.		
francs.	p. 0/0						
45	.....	....	....	.....	2 50	1 25	
44	.....	....	....	.....	1 25	1 25	
52	.....	....	....	.....	1 75		
55	.....	....	Nouvelle réglementation..............	.....	1 75		
54	.....	....	....	.....	3 75		
55	.....	....	....	.....	1 75	2 50	
57	.....	....	Pour les œufs de Gournay, 1 fr. 50 p. 0/0..	.....	1 25	1 25	
			LES 100 KILOGRAMMES (2,000 ŒUFS).				
55	5.4	Octroi — Décimes....	Déc. ministér. du 7 déc. pour la vente.....	.....	1 50	1 50	
60	4.7	*Idem*..............	Réduction de 15 centimes en principal.....	.....	1 50	1 50	
75	4	*Idem*..............	....	.....	1 50	1 50	
80	5	*Idem*..............	....	.....	3 10	3 10	
95	5	*Idem*..............	Suppression des droits de vente.				
			LE BATEAU.	s. d.	s. d.	s. d.	s. d.
.....	.....	....	Concession à la marchandise de l'eau.				
			LA CHARRETTE.				
.....	.....	Chaussées...........	....				
.....	.....	Péage du Petit-Pont..	P^{r} les blés achetés ou vend. hors Paris et pass^{t}.	2^{r}			
.....	.....	....	Tonlieu...............................	1			
.....	.....	....	Congé et hallage	1			
.....	.....	....	Minage facultatif: 1 d. p. p^{r} mine (1/2 setier)				
.....	.....	....	Mesureurs, le setier	.....	.....	.....	2^{r}
.....	.....	....	Jaugeurs : le tonnel..................	.....	.....	.....	6 d. p. l.
.....	.....	....	Le muid de froment...................	2			
.....	.....	....	*Idem*. 2 s. p. — Autres grains.........	8			
.....	.....	....	Le setier de froment seul...............	3			
.....	.....	....	*Idem*.				4 d. p. l.

TABLEAU N° 2.

COMESTIBLES. (Suite.)

ANNÉES. 1	TITRES de PERCEPTION. 2	DROITS D'ENTRÉE OU D'OCTROI — pour le TRÉSOR. 3	pour la VILLE. 4	pour les HÔPITAUX. 5	pour les OFFICIERS de police. 6	SURTAXES. 7	À DÉDUIRE pour suppression 8	TOTAL après chaque variation 9
	Grains entrant.							
1807..	Décret 21 décemb.	......	......	......	......	......	......	.....
1840..	........?........	......	......	......	......	......	......	.....
		fr. c.	fr. c.	fr. c.	fr. c.	fr. c.	fr. c.	fr. c.
1863..	Décret 31 août.....	......	0 01	......	......	......	......	0 0
1870..	Décret 17 décemb.	......	......	......	......	......	0 01	.....
1872..	Arr. préf. 12 juillet	......	......	......	......	......	......	.....
	Farines entrant par terre.							
1415..	Ord. février......	......	......	......	......	......	......	.....
1807..	Décret 21 septemb.	......	......	......	......	......	......	.....
1842..	Déc. m^{lle} 12 juillet.	......	......	......	......	......	......	.....
	FARINES entrant.							
		fr. c.	fr. c.	fr. c.	fr. c.	fr. c.	fr. c.	fr. c.
1863..	Décret 31 août....	......	0 013	......	......	......	......	0 01
1870..	Décret 17 décemb.	......	......	......	......	......	0 013	.....
	Pain entrant par terre.							
		l. s. d.	l. s. d.	l. s. d.	l. s. d.	l. s. d.	l. s. d.	l. s. d
1268..	Livre des métiers..	2^{p}	......	......	......	......	......	[illegible]
	Idem...........	1	......	......	......	......	......	[illegible]
	Idem...........	......	......	......	......	......	......	.....
	Idem...........	......	......	......	......	......	......	.....
		fr. c.	fr. c.	fr. c.	fr. c.	fr. c.	fr. c.	fr. c.
1863..	Décret 31 août....	......	0 01	......	......	......	......	0 0
1870..	Décret 17 décemb.	......	......	......	......	......	0 01	.....
	Farineux tels que pois, fèves, etc. entrant par terre.							
		l. s. d.	l. s. d.	l. s. d.	l. s. d.	l. s. d.	l. s. d.	l. s. d
1268..	Livre des métiers..	2^{p}	......	......	......	......	......	2
	Idem...........	1	......	......	......	......	......	1
	Idem...........	......	......	......	......	......	......	.....
	Idem...........	......	......	......	......	......	......	.....
	POIS, FÈVES, HARICOTS ET LENTILLES SECS. — Riz entrant par terre.							
		l. s. d.	l. s. d.	l. s. d.	l. s. d.	l. s. d.	l. s. d.	l. s. d
1337..	Let. pat. 10 déc...	......	......	......	......	......	......	.....
1341..	Let. pat. 25 avril..	......	......	......	......	......	......	.....
1350..	Let. pat. 17 février.	......	......	......	......	......	......	.....
1351..	Let. pat. 3 mai....	......	......	......	......	......	......	.....
1692..	Décl. 17 septemb..	1^{r}	......	......	......	......	......	1^{r}
1705..	Décl. 7 juillet.....	1	......	......	......	......	......	2
1758..	Décl. 10 décemb..	10	......	......	......	......	......	12
	Actes déjà cités....	......	......	$1^{r}\ 4^{r}$	......	......	......	13 4^{r}
	Idem...........	......	......	......	......	$6^{r}\ 12^{r}$	......	20 6
1791..	Loi 19 février.....	......	......	......	......	......	$20^{l}\ 6^{r}$	.....

COMESTIBLES. (Suite.)

DÉNOMINATION DES DROITS D'INTRODUCTION principaux ou additionnels. 10	OBSERVATIONS. 11	DROITS DE VENTE pour le TRÉSOR. 12	DROITS DE VENTE pour la VILLE. 13
	LE SAC DE 12 MYRIAGRAMMES.	fr. c.	fr. c.
....	....	......	0 06
	L'HECTOLITRE.		
....	....	......	0 04
	LE KILOGRAMME.		
Octroi..........	Sans décime.		
....	Suppression de l'octroi.		
	LE QUINTAL MÉTRIQUE.		
....	....	......	0 05
	LE SETIER (156 litres).	l. s. d.	
....	Mesureurs sur l'eau ou en grenier 2s 8d. — A terre.	4s	
....	Le sac de 16 myriagrammes..........	......	0 12
	LE QUINTAL MÉTRIQUE.		
....	....	......	0 08
	LE KILOGRAMME.		
Octroi..........	Sans décime.		
....	Suppression de l'octroi.		
	LA CHARRETTE.	l. s. d.	
Péage du Petit-Pont.			
Chaussées.			
....	Congé et hallage. — Le samedi seulement.......	2s	
....	Tonlieu. — Idem..........	2	
	LE KILOGRAMME.		
Octroi..........	Sans décime.		
....	Suppression de l'octroi.		
	LA SOMME OU CHARGE DE CHEVAL.	l. s. d.	
Péage du Petit-Pont.			
Chaussées.			
....	Congé et hallage..........	1s	
....	Tonlieu..........	2s	
	LE MUID (36 hect. 1/2).	l. s. d.	
....	Vente et achat des pois secs seulement..........	2s	
....	*Idem* du riz seulement..........	12s	
....	Vente et revente.		
....	*Idem.*		
	LA CHARRETTE DE 2,000 LIVRES.		
Domaine et barrage.			
Doublement du domaine et barrage.			
Don gratuit.			
Vingtièmes de l'hôpital général.			
Dix sous pour livre..........	Pour le Trésor sur tous les droits principaux.		
....	Suppression générale.		

COMESTIBLES. (Suite.)

ANNÉES. 1	TITRES de PERCEPTION. 2	DROITS D'ENTRÉE OU D'OCTROI — pour le TRÉSOR. 3	pour la VILLE. 4	pour les HÔPITAUX. 5	pour les OFFICIERS de police. 6	SURTAXES. 7	À DÉDUIRE pour suppression 8	TOTA[L] après chaqu[e] variatio[n] 9
	Fruits entrant par terre.							
		l. s. d.	l. s. d.	l. s. d.	l. s. d.	l. s. d.	l. s. d.	l. s.
1268 ..	Livre des métiers..	2^{r}	......	......	......	......	......	
	Idem...........	1	......	......	......	......	......	
	Idem...........	......	......	......	......	......	......	.....
	Idem...........	......	......	......	......	......	......	.....
1360 ..	Ord. G^{d} C^{l} décemb.	......	......	......	......	......	......	.....
1415 ..	Ord. février......	......	......	......	......	......	......	.....
	Idem...........	......	......	......	......	......	......	.....
	Fruits crus, oranges, citrons, grenades, amandes, avelines, olives, câp[res], pignons et **figues fraîches** entrant par terre.							
		l. s. d.	l. s. d.	l. s. d.	l. s. d.	l. s. d.	l. s. d.	l. s.
1692 ..	Décl. 17 septembre.	1^{r}	......	......	......	......	......	1^{r}
1705 ..	Décl. 7 juillet.....	1	......	......	......	......	......	2
1758 ..	Décl. 10 décembre.	10	......	......	......	......	......	12
	Actes déjà cités....	......	......	1^{r} 4^{r}	......	......	......	13 4^{r}
	Idem...........	......	......	......	......	6^{r} 12^{r}	......	20 6
1791 ..	Loi 19 février.....	......	......	......	......	......	20^{r} 6^{r}	.....
	Noix et **noisettes.**							
1350 ..	Let. pat. 17 février.	......	......	......	......	......	......	.....
1415 ..	Ord. février......	......	......	......	......	......	......	.....
	Noix vertes ou sèches, **noisettes** et **châtaignes** entrant par terre.							
		l. s. d.	l. s. d.	l. s. d.	l. s. d.	l. s. d.	l. s. d.	l. s.
1692 ..	Décl. 17 septembre.	1^{r}	......	......	......	......	......	1^{r}
1705 .	Décl. 7 juillet.....	1^{r}	......	......	......	......	......	2
1758 ..	Décl. 10 décembre.	10	......	......	......	......	......	12
	Actes déjà cités....	......	......	1^{r} 4^{r}	......	......	......	13 4
	Idem...........	......	......	......	......	6^{r} 12^{r}	......	20 6
1791 ..	Loi 19 février	......	......	......	......	......	20^{r} 6^{r}	.....
	Chasselas, muscats et **autres raisins non foulés** entrant.							
		fr. c.	fr. c.	fr. c.	fr. c.	fr. c.	fr. c.	fr. c
1819 ..	Arr. préf. 21 août.	......	0 03	......	......	......	......	0 [illegible]
1823 ..	Arr. préf. 18 sept..	......	......	......	......	......	0 07	0 2
1826 ..	Arr. préf. 1er sept.	......	0 05	......	......	......	......	0 [illegible]
1831 ..	Arr. préf. 8 sept...	......	......		......	......	0 06	0 [illegible]
1832 ..	Arr. préf. 17 sept..	......	0 06	......	......	......	......	0 [illegible]
1852 ..	Décret 17 mars ...	......	4 70	......	......	0 94	......	5 6
1855 ..	Décret 3 novembre.	......	0 10	......	......	0 02	......	5 7
	Fruits et **légumes.**							
1855 ..	Déc. min^{elle} 18 mai.	......	......	......	......	......	......	.....
1857 ..	Déc. min^{elle}.......	......	......	......	......	......	......	.....
1862 ..	Arr. préf. 20 fév..	......	......	......	......	......	......	.....
1872 ..	Décret 30 novembre	......	......	......	......	......	......	.....
1878 ..	Décret 30 décembre	......	......	......	......	......	......	.....

COMESTIBLES. (Suite.)

DÉNOMINATION DES DROITS D'INTRODUCTION principaux ou additionnels. 10	OBSERVATIONS. 11	DROITS DE VENTE pour le TRÉSOR. 12	DROITS DE VENTE pour la VILLE. 13
	LA CHARRETTE.	l. s. d.	l. s. d.
Chaussées.			
Péage du Petit-Pont.			
....	Tonlieu........	2ˢ	
....	Congé et hallage........	½	
		Par livre du prix.	
....	Jusqu'en 1465........	1	
	LE SETIER.	l. s. d.	l. s. d.
....	Mesureurs.		
....	Compteurs.		
	LA CHARRETTE DE 2,000 LIVRES.		
Domaine et barrage.			
Doublement du domaine et barrage.			
Don gratuit.			
Vingtièmes de l'hôpital général.			
Dix sous pour livre........	Pour le Trésor sur tous les droits principaux.		
....	Suppression générale.		
	LE SETIER.	l. s. d.	
....	Noix seulement........	4ˢ	
....	Mesureurs........	4	
	LE SAC.		
Domaine et barrage.			
Doublement du domaine et barrage.			
Don gratuit.			
Vingtième de l'hôpital général.			
Dix sous pour livre........	Pour le Trésor sur tous les droits principaux.		
....	Suppression générale.		
	LE 1/2 KILOGRAMME.		
Octroi.			
Idem.			
	LE KILOGRAMME.		
Octroi.			
Idem.			
Idem.			
	LES 100 KILOGRAMMES.		
Octroi. — Décimes.			
Idem.			
Du 5 juill. au 12 nov. 1848, octroi de 5 francs sur les amandes, de 4 francs sur les marrons et de 2 francs sur les oranges, citrons, etc.		Pour 100 du prix.	
....	....	......	2 00
....	....	......	1 50
....	....	......	2 50
....	....	......	2 55
....	Suppression		

TABLEAU N° 2.

COMESTIBLES. (Fin.)

ANNÉES.	TITRES de PERCEPTION.	DROITS D'ENTRÉE OU D'OCTROI						
		pour le TRÉSOR.	pour la VILLE.	pour les HÔPITAUX.	pour les OFFICIERS de police.	SURTAXES.	À DÉDUIRE pour suppression	TOT[AL] aprè[s] chaq[ue] variati[on]
1	2	3	4	5	6	7	8	9
	Poirées, pois verts et fèves nouvelles en cosse entrant.							
		l. s. d.	l. s. d.	l. s. d.	l. s. d.	l. s. d.	l. s. d.	l. s.
1268..	Livre des métiers..	1^r	......	......	......	......	......	1^r
	Pois et **fèves** entrant.							
		l. s. d.	l. s. d.	l. s. d.	l. s. d.	l. s. d.	l. s. d.	l. s.
1651..	Décl. 8 février....	2^r	......	......	......	......	......	2^r
	Légumes verts, ail et autres plantes bulbeuses.							
1268..	Livre des métiers..	......	......	......	......	......	......	....
	Idem............	......	......	......	......	......	......	....
	Idem............	......	......	......	......	......	......	....
	Navets, poireaux, oignons, ciboules, civettes, échalottes, etc. entrant.							
		l. s. d.	l. s. d.	l. s. d.	l. s. d.	l. s. d.	l. s. d.	l. s.
1268..	Livre des métiers..	1^r	......	......	......	......	......	1^r
	Idem............	......	......	......	......	......	......	....
	Idem............	......	......	......	......	......	......	....
	Graines de légumes entrant.							
		l. s. d.	l. s. d.	l. s. d.	l. s. d.	l. s. d.	l. s. d.	l. s.
1268..	Livre des métiers..	4^r	......	......	......	......	......	4^r
	Idem............	......	......	......	......	......	......	....
	Idem............	......	......	......	......	......	......	....
	Chènevis entrant (pour faire de l'huile).							
		l. s. d.	l. s. d.	l. s. d.	l. s. d.	l. s. d.	l. s. d.	l. s.
1268..	Livre des métiers..	2^r	......	......	......	......	......	....
	Houblon entrant (pour faire de la bière).							
		l. s. d.	l. s. d.	l. s. d.	l. s. d.	l. s. d.	l. s. d.	l. s.
1692..	Décl. 17 sept.....	8^r	......	......	......	......	......	8^r
1705..	Décl. 7 juillet.....	8	......	......	......	......	......	16
1758..	Décl. 10 décembre.	......	......	......	......	......	......	....
	Actes déjà cités...	......	......	1^r 6^r	......	......	......	17 6
	Idem............	......	......	......	......	8 8	......	2 6
1791..	Loi 19 février....	......	......	......	......	......	2 6 2	....
		fr. c.	fr. c.	fr. c.	fr. c.	fr. c.	fr. c.	fr. c.
1803..	Arr. préf. 21 sept..	......	6 00	......	......	......	......	6 0[0]
1818..	Ord. 23 décembre.	......	10 00	......	......	1 00	......	11 0[0]
1848..	Ord. 11 février...	......	......	......	......	......	......	....

COMESTIBLES. (Fin.)

DÉNOMINATION DES DROITS D'INTRODUCTION principaux ou additionnels. 10	OBSERVATIONS. 11	DROITS DE VENTE pour le TRÉSOR. 12	DROITS DE VENTE pour la VILLE. 13
	LA CHARRETTE.	d.	d.
Chaussées	Par semaine.		
	LA CHARRETTE		
Domaine.			
Poirée-le-roi	Par an	4s	
	Tonlieu, par jour pour les revendeurs	1	
	Congé et hallage. — *Idem*	½	
	LA CHARRETTE.		
Chaussées	Les carottes, devenues usuelles à la fin du XIVe siècle, ne sont pas portées aux tarifs postérieurs.		
	Tonlieu	2s	1s
	Congé et hallage	1	½
	LA CHARRETTE.		
Péage du Petit-Pont.			
	Tonlieu	2s	
	Congé et hallage	1	
	LA CHARRETTE.		
Péage du Petit-Pont.			
	LA BÂCHE.		
Domaine et barrage.			
Doublement du domaine et barrage.			
Don gratuit	10 l. t. par 100 livres pesant à l'entrée.		
Vingtième de l'hôpital général.			
Dix sous pour livre	Et 5 l. t. par cent pesant pour le don gratuit.		
	Suppression générale.		
	LES 100 KILOGRAMMES.		
Octroi.			
Idem. Décime	De 1816 à 1818 non porté au tarif.		
	Suppression.		

COMBUSTIBLES.

ANNÉES.	TITRES de PERCEPTION.	DROITS D'ENTRÉE pour le TRÉSOR.	pour la VILLE.	pour les HÔPITAUX.	pour les OFFICIERS de police.	SURTAXES.	À DÉDUIRE pour suppression	TOTA[L] aprè[s] chaqu[e] variatio[n]
1	2	3	4	5	6	7	8	9
	Bois à brûler entrant par eau.							
		l. s. d.	l. s. d.	l. s. d.	l. s. d.	l. s. d.	l. s. d.	l. s.
1213..	Charte janvier....	......	12^{r}	......	......	......	......	
1268..	Livre des métiers..	$3^{r}\frac{1}{2}$	......	......	......	......	......	
1360..	Inst. G[d] C[l] décemb.	......	......	......	......	......	......	....
	Bois à brûler entrant par terre.							
		l. s. d.	l. s. d.	l. s. d.	l. s. d.	l. s. d.	l. s. d.	l. s.
1268..	Livre des métiers..	1^{r}	......	......	......	......	......	
1170..	?	......	......	......	......	......	......	....
1360..	Inst. G[d] C[l] décemb.	......	......	......	......	......	......	....
1415..	Ord. février......	......	......	......	......	......	......	....
	Idem...........	......	......	......	......	......	......	....
1644..	Édit février.......	......	......	......	......	......	......	....
	Édit mai.........	......	......	......	......	......	......	....
1651..	Décl. 8 février....	2^{r}	......	......	......	......	......	2^{r}
1692..	Décl. 17 septembre	5 6^{r}	......	......	......	......	......	5^{r}
1705..	Décl. 7 juillet.....	5 6	......	......	......	......	......	11
	Arrêt 3 mars.....	......	......	......	......	1^{r} 1^{r}	......	12
1706..	Arrêt 4 septembre.	......	......	......	......	......	......	....
1715..	Déclaration 7 mai.	......	......	......	......	1 1	......	13
1719..	Déclaration	......	......	14^{r}	......	......	......	1 7
1730..	Édit juin........	......	......	......	5^{r}	......	......	1 12
1743..	Édit décembre....	......	......	......	$2^{r}11$ 10^{r}	......	......	4 4
1747..	Édit septembre....	......	......	......	......	14 2	......	4 18
1756..	Décl. 7 juillet....	2^{r}	......	......	......	......	$2^{r}14^{r}2^{r}$	4 4
1758..	Décl. 10 décembre.	11 10	......	......	......	2 4	......	4 18
1760..	Décl. 3 février....	......	......	......	......	4 2	......	5 2
1763..	Décl. 21 novembre.	......	......	......	......	4 2	......	5 6
1771..	Décl. 26 juillet....	......	......	6	......	1 10	......	5 14
	Édit novembre....	......	......	......	......	2	......	5 16
1781..	Édit août........	......	......	......	......	1 11	......	5 18
1786..	?	......	......	......	......	......	10 1	5 8
1791..	Loi 19 février.....	......	......	......	......	......	5 8 1	....
	Bois dur à brûler entrant.							
		fr. c.	fr. c.	fr. c.	fr. c.	fr. c.	fr. c.	fr. c.
1798..	Loi 18 octobre....	......	1 00	......	......	......	......	1 00
1799..	Loi 10 décembre..	......	0 20	......	......	......	......	1 20
1813..	Décret 11 novemb.	......	......	......	......	0 12	......	1 32
1814..	Décret 27 avril...	......	......	......	......	......	0 12	1 20
1815..	Loi 16 août......	......	......	......	......	0 12	......	1 32
	Ord. 29 décembre.	......	0 30	......	......	0 03	......	1 65
1817..	Ord. 26 décembre.	......	0 50	......	......	0 05	......	2 20
1832..	Ord. 17 août.....	......	0 65	......	......	0 065	......	2 91
1848..	Décret 24 avril...	......	......	......	......	0 265	......	3 18
1852..	Décret 17 mars...	......	......	......	......	......	0 192	2 98
1855..	Décret 3 novembre.	......	0 01	......	......	0 002	......	3 00

COMBUSTIBLES.

PRIX MOYEN dans Paris. 10	RAPPORT DU DROIT au prix. 11	DÉNOMINATION DES DROITS D'INTRODUCTION principaux ou additionnels. 12	OBSERVATIONS. 13	DROIT DE VENTE pour le TRÉSOR. 14	DROIT DE VENTE pour les OFFICIERS de police. 15
			LE BATEAU.		
......	......	....	Concession à la marchandise de l'eau.		
......	......	Rivage de Seine.....	Jusqu'en 1651.		
......	......	....	Jusqu'en 1644.........................	1 s. p. l.	
livres.	p. o/o.		LA CHARRETTE.		
......	......	Chaussées..........	Jusqu'en 1640.		
			LE MOULE.	s. d.	s. d.
......	......	....	Jurés-mouleurs de bûche réglementés en 1299		[illegible]
......	......	....	Jusqu'à l'aliénat^{ou} aux offic^{rs} de police en 1644	1	
......	......	....	Jurés-compteurs et mouleurs..............	1	[illegible]
......	......	....	Jurés-chargeurs........................	1	[illegible]
......	......	....	Aides à mouleurs......................	1	1
......	......	....	Com^{res} contr^{rs}-compt^{rs}, cord^{s}, visit^{s} et charg^{rs}	......	2
			LA CHARRETTE DE 2,000 LIVRES.		
......	......	Domaine..........	Jusqu'en 1692.		
			LA VOIE DE 56 PIEDS CUBES = 1 STÈRE $\frac{9}{10}$.		
2ᵗ	2	Domaine et barrage..	....		2
12	4	Doubl^{t} dom. et barr..	....		2
13	4	Deux sous pour livre..	Pour le Trésor.		
14	4	....	Nouveau tarif pour les jurés-mouleurs......		2
15	5	*Idem*..............	Pour le Trésor.........................	10	
16	8	Droits de l'hôpital...	....	10	
18	15	Mouleurs..........	....	10	
18	23	Droits rétablis.......	....	10	
18	24	....	Applic. des s. p. l. aux dr. non encore surtaxés.	10	
19	25	Nouveaux dr. rétablis.	Avec suppression de ceux attribués aux offic^{rs}.		
20	25	Don gratuit........	Et suppression du droit de vente.		
21	25	Un sou pour livre....	P^{r} le Trésor sur tous les droits principaux.		
21	26	*Idem*..............	*Idem*.		
20	27	Dr. de l'hôpital génér^{l}.			
20	28	Deux sous pour livre..	*Idem*.		
20	28	*Idem*..............	*Idem* exc. s. l. don grat. exemp. d. s. p. l. 1771.		
22	24	....	Sup^{on} du dr. de l'hôp^{l} gén^{l} de 1771 et s. p. l.		
19	23	....	Suppression générale.		
francs.	p. o/o.		LE STÈRE.		
15	6	Octroi m^{al} et de bienf..	(27 vendémiaire an VII).		
16	7	*Idem*..............	(19 frimaire an VIII).		
16	8	Décime............	Pour le Trésor.		
16	7	....	Suppression du décime.		
19	6	Décime............	Pour la Ville.		
19	8	Octroi.			
15	14	*Idem*.			
14	20	*Idem*.			
17	18	Deuxième décime....	Pour la Ville.		
16	18	Octroi............	Diminution de 0^{f} 16^{c} en principal.		
15	19	*Idem*.			

COMBUSTIBLES. (Suite.)

ANNÉES.	TITRES de PERCEPTION.	DROITS D'ENTRÉE. pour le TRÉSOR.	pour la VILLE.	pour les HÔPITAUX.	pour les OFFICIERS de police.	SURTAXES.	À DÉDUIRE pour suppression	TOTAL après chaque variation
1	2	3	4	5	6	7	8	9
	Bois blanc à brûler entrant.							
		fr. c.	fr. c.	fr. c.	fr. c.	fr. c.	fr. c.	fr. c.
1798..	Loi 10 octobre....	......	0 50	......	......	......	......	0 50
1799..	Loi 10 décembre..	......	0 10	......	......	......	......	0 60
1813..	Décret 11 novemb.	......	......	......	......	0 06	......	0 66
1814..	Décret 27 avril...	......	......	......	......	......	0 06	0 60
1815..	Loi 16 août......	......	......	......	......	0 06	......	0 66
	Ord. 29 décembre.	......	0 40	......	......	0 04	......	1 10
1817..	Ord. 26 décembre.	......	0 50	......	......	0 05	......	1 65
1832..	Ord. 17 août.....	.....	0 45	......	......	0 045	......	2 145
1848..	Loi 24 avril......	......	......	......	......	0 195	......	2 34
1852..	Décret 17 mars...	......	......	......	......	......	0 144	2 196
1855..	Décret 3 novembre.	......	0 02	......	......	0 004	......	2 22
	Falourdes, souchons, sarments, fagots, cotrets, etc., entrant par terre. **Menuise et fagots** entrant.							
		fr. c.	fr. c.	fr. c.	fr. c.	fr. c.	fr. c.	fr. c.
1818..	Ord. 23 décembre.	......	3 00	......	......	0 30	......	3 30
1832..	Ord. 17 août.....	......	1 00	......	......	0 10	......	1 10
1848..	Décret 24 avril....	......	......	......	......	0 10	......	1 20
1852..	Décret 17 mars...	......	......	......	......	......	0 072	1 128
1855..	Décret 8 novembre	......	......	......	......	......	0 048	1 08
1874..	Décret 28 juillet...	......	0 60	......	......	0 12	......	1 80
	Cotrets de bois dur entrant.							
		fr. c.	fr. c.	fr. c.	fr. c.	fr. c.	fr. c.	fr. c.
1854..	Décret 1er avril...	......	1 50	......	......	0 30	......	1 80
	Charbon de bois entrant par eau.							
		l. s. d.	l. s. d.	l. s. d.	l. s. d.	l. s. d.	l. s. d.	l. s. d
1268..	Livre des métiers..	3½^{r}	......	......	......	......	......	3½
	Charbon de bois entrant par terre.							
		l. s. d	l. s. d.	l. s. d.	l. s. d.	l. s. d.	l. s. d.	l. s. d
1268..	Livre des métiers..	......	......	......	......	......	......	......
1360..	Inst. Gd Cl 18 déc.	......	......	......	......	......	......	......
1415..	Ord. février......	......	......	......	......	......	......	......
1651..	Décl. 8 février....	5^{r}	......	......	......	......	......	......
1692..	Décl. 17 septembre.	5 6^{r}	......	......	......	......	......	5^{r} 6
1705..	Décl. 7 juillet.....	5 6	......	......	......	......	......	11
	Decl. 3 mars.....	......	......	......	......	1^{r} 1^{r}	......	12 1
1715..	Décl. 7 mai......	......	......	......	......	1 1	......	13 2
1730..	Édit juin........	......	......	......	11^{r}	......	......	1^{r} 4 2
1743..	Décl. 24 décembre.	16	......	......	......	......	......	2 2
1747..	Édit septembre....	......	......	......	......	5 4	......	2 5 7
1756..	Décl. 7 juillet.....	......	......	......	......	......	19^{r} 2^{r}	1 6 4
1760..	Décl. 3 février....	......	......	......	......	1	......	1 7 4
1763..	Édit avril........	......	......	......	......	1	......	1 8 4
1771..	Décl. 26 décembre.	......	......	......	......	2	......	1 10 4
1781..	Édit août........	......	......	......	......	2	......	1 9
1791..	Loi 19 février.....	......	......	......	......	......	1 9	......

COMBUSTIBLES. (Suite.)

PRIX MOYEN dans Paris. 10	RAPPORT DU DROIT au prix. 11	DÉNOMINATION DES DROITS D'INTRODUCTION principaux ou additionnels. 12	OBSERVATIONS. 13	DROIT DE VENTE pour le TRÉSOR. 14	DROIT DE VENTE pour les OFFICIERS de police. 15
francs.	p. o/o.		LE STÈRE.		
13	3	Octroi m[al] et de bienf.	(27 vendémiaire an VII.)		
14	4	*Idem*..............	(19 frimaire an VIII).		
14	4	Décime...........	Pour le Trésor.		
14	4	....	Suppression du décime.		
16	4	Décime...........	Pour la Ville.		
16	6	Octroi.			
11	15	*Idem.*			
12	17	*Idem.*			
14	16	Deuxième décime....	Pour la Ville.		
12	17	Octroi............	Diminution de 0f 12c en principal.		
11	18	*Idem.*			
De 1651 à 1791, mêmes droits pour les 200 que pour le bois à brûler.					
			LES 100.		
....	......	Octroi. — Décime.			
			LE STÈRE (34 fagots environ).		
....	......	Octroi. — Décime.			
....	......	Deuxième décime....	Pour la Ville.		
....	......	Octroi. — Décime....	Diminution de 0f 06 en principal.		
....	......	*Idem*.............	Diminution de 0f 04 en principal.		
....	......	Octroi............	Réunion au tarif des cotrets de bois dur.		
			LE STÈRE.		
....	......	Octroi. — Décimes.			
			LE BATEAU.		
....	......	Rivage de Seine.			
				par livre du prix.	
livres.	p. o/o.		LE MUID OU LA VOIE.	s. d.	s. d.
....	......	....	Mesureurs de bois et charbons.		
....	......	....	Jusqu'en 1465......................	1	
....	......	....	Mesureurs de charbon.		
....	......	Domaine.			
2	10	Domaine et barrage.			
3	18	Doubt dom. et barrage			
3	20	Deux sous pour livre.			
4	16	*Idem.*			
5	24	Insp., mesur. et contr.			
5	40	Droits rétablis.			
5	45	....	Applic. des s. p. l. aux droits non encore surt.		
4	32	*Idem*.............	Suppression..........................	......	10
4	33	Un sou pour livre....	Pour le Trésor sur les droits principaux....	......	10
5	28	*Idem*.............	*Idem*...............................	......	10
5	30	Deux sous pour livre.	*Idem*...............................	......	10
5	20	*Idem*.............	*Idem*.		
5	20	....	Suppression générale.		

COMBUSTIBLES. (Suite.)

ANNÉES.	TITRES de PERCEPTION.	DROITS D'ENTRÉE.						
		pour le TRÉSOR.	pour la VILLE.	pour les HÔPITAUX.	pour les OFFICIERS de police.	SURTAXES.	À DÉDUIRE pour suppression	TOTA après chaque variatio
1	2	3	4	5	6	7	8	9
	Charbon de bois, entrant.							
		fr. c.	fr. c.	fr. c.	fr. c.	fr. c.	fr. c.	fr. c.
1798..	Loi 18 octobre....	......	0 25	......	......	......	......	0 25
1799..	Loi 10 décembre..	......	0 05	......	......	......	......	0 30
1813..	Décret 11 novemb.	......	......	......	......	0 03	......	0 33
1814..	Décret 27 avril...	......	......	......	......	......	0 03	0 30
1815..	Loi 16 août......	......	......	......	......	0 03	......	0 33
	Décret 29 décemb.	......	0 20	......	......	0 02	......	0 55
1816..	Ord. 26 décembre.	......	0 50	......	......	0 05	......	1 10
1820..	Ord. 16 août.....	......	......	......	......	......	0 275	0 82
1832..	Ord. 17 août.....	......	0 25	......	......	0 025	......	1 10
		fr. c.	fr. c.	fr. c.	fr. c.	fr. c.	fr. c.	fr. c.
1840..	?	......	0 50	......	......	0 05	......	0 55
1848..	Décret 17 juin....	......	......	......	......	0 05	......	0 60
1852..	Décret 17 mars...	......	......	......	......	......	0 036	0 56
1855..	Décret 3 novembre.	......	0 03	......	......	0 006	......	0 60
	Poussier de charbon de bois, entrant.							
		fr. c.	fr. c.	fr. c.	fr. c.	fr. c.	fr. c.	fr. c.
1832..	Ord. 17 août.....	......	0 50	......	......	0 05	......	0 55
		fr. c.	fr. c.	fr. c.	fr. c.	fr. c.	fr. c.	fr. c.
1840..	?	......	0 25	......	......	0 025	......	0 27
1848..	Décret 17 juin....	......	......	......	......	0 025	......	0 30
1852..	Décret 17 mars..	......	......	......	......	......	0 024	0 27
1855.	Décret 3 novembre	......	0 02	......	......	0 024	......	0 30
	Tourbe.							
1360..	Inst. Gd Cl 18 déc.	......	......	......	......	......	......	.....
	Charbons de terre, entrant.							
		l. s. d.	l. s. d.	l. s. d.	l. s. d.	l. s. d.	l. s. d.	l. s.
1783..	Arrêt 16 mars....	5 6 8	......	......	......	2 13 4	......	8
1791..	Loi 19 février....	......	......	......	......	......	8	.....
		fr. c.	fr. c.	fr. c.	fr. c.	fr. c.	fr. c.	fr. c.
1815..	Ord. 29 décembre.	......	0 30	......	......	0 03	......	0 33
1817..	Ord. 26 décembre.	......	0 20	......	......	0 02	......	0 55
1838..	Ord. 20 décembre.	......	......	......	......	......	0 22	0 33
1848..	Décret 17 juin....	......	......	......	......	0 03	......	0 36
1852..	Décret 17 mars...	......	......	......	......	......	0 022	0 33
	Anthracite, houille de toute espèce, **lignite, boghead, cannel coal, tourbe carbonisée** et **épurée** et **coke,** entrant.							
		fr. c.	fr. c.	fr. c.	fr. c.	fr. c.	fr. c.	fr. c.
1854..	Décret 1er avril...	......	0 60	......	......	0 12	......	0 72

COMBUSTIBLES. (Suite.)

PRIX MOYEN dans Paris. 10	RAPPORT DU DROIT au prix. 11	DÉNOMINATION DES DROITS D'INTRODUCTION principaux ou additionnels. 12	OBSERVATIONS. 13
francs.	p. o/o.		LA VOIE DE 2 HECTOLITRES.
......	......	Octroi municip. et de bienfaisance....	(27 Vendémiaire an VII).
......	......	*Idem*..........................	(19 frimaire an VIII).
7	4	Décime..........................	Pour le Trésor.
7	4	....	Suppression du décime.
7	4	Décime..........................	Pour la Ville.
7	4	Octroi.	
8	13	*Idem.*	
7	11	*Idem*..........................	Diminution de 0f 25c en principal.
6	18		
			L'HECTOLITRE.
3	18	Octroi. — Décime.	
4	15	Deuxième décime.................	Pour la Ville.
3	18	Octroi..........................	Diminution de 0f 03c en principal.
3	20	*Idem.*	
			LA VOIE DE 2 HECTOLITRES.
......	......	Octroi. — Décime.	
			L'HECTOLITRE.
......	......	Octroi. — Décime.	
......	......	Deuxième décime.	
......	......	....	Diminution de 0f 02c en principal.
......	......		
......	......	....	Jusqu'en 1465 sol par livre du prix de vente.

De 1692 à 1783, mêmes droits que pour le charbon de bois.

......	......	Droit fixe.	
......	......	....	Suppression générale.
			LA VOIE DE 2 HECTOLITRES.
......	......	Octroi. — Décime.	
......	......	*Idem.*	
......	......	....	Diminution de 0f 20c en principal.
......	......	Deuxième décime.................	Pour la Ville.
......	......	....	Diminution de 0f 02c en principal.
			LES 100 KILOGRAMMES.
......	......	Octroi. — Décimes.	

COMBUSTIBLES. (Fin.)

ANNÉES. 1	TITRES de PERCEPTION. 2	DROITS D'ENTRÉE. pour le TRÉSOR. 3	pour la VILLE. 4	pour les HÔPITAUX. 5	pour les OFFICIERS de police. 6	SURTAXES. 7	À DÉDUIRE pour suppression 8	TOTAL après chaque variation 9
	Soudes entrant.							
		l. s. d.	l. s. d.	l. s. d.	l. s. d.	l. s. d.	l. s. d.	l. s. d.
1627..	Arrêt 20 janvier..	......	......	......	......	......	......	.....
1628..	Décl. 31 mars....	......	......	......	......	......	.....	.....
1629..	Let. pat. 14 octobre.	......	......	......	......	......	......	.....
1644..	Édit novembre....	......	......	......	10	......	......	10
	Idem............	......	......	......	2	......	......	12
1647..	Édit mars........	......	......	......	12	......	......	1 4
1654..	*Idem*............	......	......	......	......	6	......	1 10
1657..	Édit février......	......	......	......	......	1 6	......	1 11
1658..	Arrêt 10 avril.....	......	......	......	......	6	......	1 12
1660..	Arrêt 8 octobre...	8	......	......	16	......	1 12	1 12
1681..	Ord. 22 juillet....	......	......	......	......	......	......	1 12
1682..	Arrêt 9 juin......	1 12	......	......	......	......	......	1 12
1683..	Arrêt 8 janvier....	......	......	......	......	......	......	1 12
1692..	Décl. 17 septembre.	1	......	......	......	......	......	1 13
1693..	Décl. 16 juin.....	6	......	......	......	......	......	1 19
1705..	Décl. 7 juillet.....	1	......	......	......	......	......	2
	Décl. 3 mars......	......	......	......	......	4	......	2 4
1709..	Décl. 25 octobre...	4	......	......	......	......	......	2 8
1711..	Décl. 3 janvier....	......	......	2	......	......	4	2 6
1715..	Décl. 7 mai......	......	......	......	......	4	......	2 10
1730..	Édit juin........	......	......	......	7	4	......	2 17
1743..	Décision 19 avril..	......	......	......	......	......	......	2 17
1747..	Édit septembre...	......	......	......	......	1 11	......	2 19
1758..	Décl. 13 décembre.	10	......	......	......	2	......	3 11
1760..	Décl. 3 février....	......	......	......	......	2 3	......	3 14
1763..	Décl. 21 novembre.	......	......	......	......	2 3	......	3 16
1771..	Édit novembre....	......	......	......	......	5 6	......	4 2
1781..	Édit août........	......	......	......	......	......	......	2 19
1786..	?	......	......	......	......	......	......	8
1791..	Loi 19 février.....	......	......	......	......	......	8 4	.....
	Cendres entrant.							

COMBUSTIBLES. (Fin.)

DÉNOMINATION DES DROITS D'INTRODUCTION principaux ou additionnels. 10	OBSERVATIONS. 11	DROIT DE VENTE pour le TRÉSOR. 12	DROIT DE VENTE pour les OFFICIERS de police. 13
		par livre du prix.	
	LES 100 LIVRES.	l. s. d.	l. s. d.
	Mêmes droits que pour le bois à brûler jusqu'en 1602 où l'omission au tarif interrompit la perception.	.	
....	....	1	
....	....	1	
....	....	1	
Contrôleurs-priseurs.	Mêmes officiers que pour les cendres et les gravelées.		
Jurés-jaugeurs.			
Contrôleurs-visiteurs..............	Et nouveaux jurés-jaugeurs.		
Parisis........................	Quart des droits principaux.		
Sol pour livre des conservateurs......	Sur les droits principaux et sur le parisis.		
Six deniers pour livre des Trésoriers...	Sur les droits principaux, le parisis et le s. p. l.		
....	Attribution du tiers des droits au Trésor.		
....	Nouvelle réglementation.		
Droit unique.			
Idem........................	*Idem*.		
Domaine et barrage.			
Poids-le-Roi.			
Doubl. du Domaine et barrage.			
Deux sous pour livre..............	Pour le Trésor sur ses droits principaux.		
Dixième.			
Vingtième de l'hôpital général.......	Remplaçant le dixième.		
Deux sous pour livre..............	Pour le Trésor sur ses droits principaux.		
Gardes de nuit. — Plancheyeurs.			
....	Déduction de la tare. Dès lors droits calculés s[r] 92 l.		
....	Applic. des s. p. l. aux droits non encore surtaxés.		
Don gratuit.			
Un sou pour livre................	Pour le Trésor sur tous les droits principaux.		
Idem........................	*Idem*.		
Deux sous pour livre..............	*Idem*.		
....	Suppression des s. p. l. de 1771.		
Droit fixe.			
....	Suppression générale.		

Droits analogues de 1602 à 1791 et montant alors à 56[l] 12[s] 3[d] les 2,000 livres.

Tableau n° 4.

DÉPOUILLES D'ANIMAUX.

ANNÉES.	TITRES de PERCEPTION.	DROITS D'ENTRÉE						
		pour le TRÉSOR.	pour la VILLE.	pour les HÔPITAUX.	pour les OFFICIERS de police.	SURTAXES.	À DÉDUIRE pour suppression	TOTAL après chaque variation
1	2	3	4	5	6	7	8	9
	Pelleteries et peaux.							
		l. s. d.	l. s. d.	l. s. d.	l. s. d.	l. s. d.	l. s. d.	l. s. d
1268..	Livre des métiers..	2s	......	......	......	......	......	
1268..	Livre des métiers..	2s	......	......	......	......	......	2
1268..	Livre des métiers..	......	......	......	......	......	......	.....
1337..	Let. pat. 10 déc...	......	......	......	......	......	......	.....
1341..	Let. pat. 25 avril..	......	......	......	......	......	......	.....
1350..	Let. pat. 17 février.	......	......	......	......	......	......	.....
1351..	Let. pat. 3 mai....	......	......	......	......	......	......	.....
	Peaux de bœuf, vache, cheval, mouton, veau, écrues ou à poil, entrant par terre.							
		l. s. d.	l. s. d.	l. s. d.	l. s. d.	l. s. d.	l. s. d.	l. s. d
1585..	Édit juin........	......	......	......	......	......	......	.....
1627..	Édit février......	......	......	......	......	......	......	.....
	Édit juin........	......	......	......	......	......	......	.....
1640..	Arrêt 1er février...	2 6	......	......	......	......	......	2
1651..	Décl. 8 février....	1	......	......	......	......	......	3
1681..	Ord. juillet.......	......	......	......	......	......	......	.....
1689..	Décl. 29 novembre.	......	......	......	......	......	......	.....
1692..	Décl. 17 septembre	1 1	......	......	......	......	3 6	1 1
1705..	Décl. 7 juillet....	1 1	......	......	......	......	......	2 2
	Décl. 5 mars.....	......	......	......	......	4	......	2 4
1709..	Décl. 29 octobre..	4	......	......	......	......	4	2 8
1711..	Décl. 3 janvier....	......	......	2	......	......	......	2 6
1715..	Décl. 7 mai......	......	......	......	......	4	......	2 10
1730..	Édit juin........	......	......	......	7	......	......	9 10
1747..	Édit septembre....	......	......	......	......	2 2	......	11 10
1758..	Décl. 10 décembre.	10	......	......	......	2	......	23 10
1760..	Décl. 3 février....	......	......	......	......	19	......	24 9
1763..	Décl. 21 novembre.	......	......	......	......	19	......	25 8
1771..	Décl. 26 juillet...	......	......	2	......	12	......	28
	Édit novembre....	......	......	......	......	1 18 5	......	29 18
1781..	Édit août........	......	......	......	......	1 4 5	9 16	21 7
1790..	Let. pat. 24 mars..	......	......	......	......	......	21 7	.....

Pelleteries fines. — Peaux de lapin, entrant par terre :

Chapeaux de feutre, entrant par terre :

DÉPOUILLES D'ANIMAUX.

DÉNOMINATION DES DROITS D'INTRODUCTION principaux ou additionnels. 10	OBSERVATIONS. 11	DROITS de VENTE. 12
	LA CHARRETTE.	
Conduit.		
	LA CHARGE DE CHEVAL.	
Péage du Petit-Pont.		
	QUANTITÉS DIVERSES.	
....	Hallage et tonlieu jusqu'en 1651 fixés selon les espèces, principalement pour les peaux de mouton........	?
....	Vente et achat........	4 d. p. l.
....	*Idem*........	4
....	Vente et revente........	4
....	*Idem*........	4
	CHAQUE GRAND CUIR OU DOUZAINE DE PETITS.	sous.
....	Contrôleurs marqueurs de peaux et cuirs........	3[s]
....	Prud'hommes........	3
....	Vendeurs, déchargeurs et lotisseurs........	1 p. l.
	LA CHARRETTE DE 2,000 LIVRES.	
Barrage................	Jusqu'en 1692.	
Domaine................	*Idem.*	
Parisis sol et 6 den. p[r] livre	Pour le Trésor sur les droits de police........	?
Idem..................	Aliénation aux officiers.	
Domaine et barrage.		
Doub[t] du dom. et barrage.		
Deux sous pour livre.....	Pour le Trésor sur ses droits principaux.	
Dixième.		
Vingtième de l'hôpital gén.	Remplaçant le dixième.	
Deux sous pour livre.....	Pour le Trésor sur ses droits principaux.	
Droit des officiers.		
....	Application des sous pour livre aux droits non encore surtaxés.	
Droit gratuit.		
Un sou pour livre........	Pour le Trésor sur tous les droits principaux.	
Idem..................	*Idem.*	
2e vingtième de l'hôpit. gén.		
Deux sous pour livre.....	*Idem.*	
Idem..................	*Idem.* — Suppression des droits de police et de leurs sous pour livre.	
Droit fixe..............	Suppression des droits sur les cuirs et peaux.	

De 1692 à 1791, mêmes droits que ci-dessus, à l'exception de ceux de domaine et barrage et de leur doublement qui n'étaient ensemble que de 2 livres.

De 1692 à 1791, mêmes droits que ceux ci-dessus, à l'exception de ceux de domaine et barrage et de leur doublement qui étaient de 6 livres.

TABLEAU N° 4.

DÉPOUILLES D'ANIMAUX. (Fin.)

ANNÉES.	TITRES de PERCEPTION.	DROITS D'ENTRÉE pour le TRÉSOR.	pour la VILLE.	pour les HÔPITAUX.	pour les OFFICIERS de police.	SURTAXES.	À DÉDUIRE pour suppression	TOT[AL] aprè[s] chaq[ue] variati[on]
1	2	3	4	5	6	7	8	9
	Mégisseries.							
1360 ..	Inst. G^d C^l 18 déc.	......	......	......	......	......	......	....
	Cuirs.							
		l. s. d.	l. s. d.	l. s. d.	l. s. d.	l. s. d.	l. s. d.	l. s.
1268 ..	Livre des métiers..	2r	......	......	......	......	......	
	Idem..........	4	......	......	......	......	......	
	Idem..........	4	......	......	......	......	......	
	Idem..........	2	......	......	......	......	......	
	Idem..........	2	......	......	......	......	......	
		l. s. d.	l. s. d.	l. s. d.	l. s. d.	l. s. d.	l. s. d.	l. s.
1268 ..	Livre des métiers..	1r	......	......	......	......	......	
	Idem..........	2	......	......	......	......	......	
	Idem..........	4	......	......	......	......	......	
1268 ..	Livre des métiers..	2r	......	......	......	......	......	2r
	Idem..........	......	......	......	......	......	......	....
	Idem..........	......	......	......	......	......	......	....
1360 ..	Inst. G^d C^l 18 déc.	......	......	......	......	......	......	....
	Idem..........	......	......	......	......	......	......	....
?	?	......	......	......	......	......	......	....
	Actes déjà cités...	......	......	......	......	......	......	....
1681 ..	Ord. juillet.......	......	......	......	......	......	......	....
1689 ..	Décl. 29 novembre.	......	......	......	......	......	......	....
	Cuirs forts de Hongrie et **tous autres cuirs préparés, dorés** ou **gaufrés**, entrant pa[r]							
		l. s. d.	l. s. d.	l. s. d.	l. s. d.	l. s. d.	l. s. d.	l. s.
1640 ..	Arrêt 1er février...	5	......	......	......	......	......	5
1651 ..	Décl. 8 février....	10	......	......	......	......	......	15
1692 ..	Décl. 17 septembre.	1	......	......	......	......	15	1
1705 ..	Décl. 7 juillet.....	1	......	......	......	......	......	2
1730 ..	Édit juin........	......	......	......	7	......	......	9
1758 ..	Décl. 10 décembre.	10	......	......	......	......	......	19
	Actes déjà cités...	......	......	1 18	......	7 10	......	20 18
	Idem..........	......	......	......	......	1 8	......	28 8
1781 ..	Édit août.......	......	......	......	......	......	9 16	20
1790 ..	Let. pat. 24 mars.	......	......	......	......	......	20	....
	Ivoire.							
1341 ..	Let. pat. 25 avril..	......	......	......	......	......	......	....
1350 ..	Let. pat. 17 février.	......	......	......	......	......	......	....
1351 ..	Let. pat. 3 mai...	......	......	......	......	......	......	....

Dents d'éléphant, cornes de cerf et **de bœuf, os de sèche, baleines, plumes** entrant par terre :

DÉPOUILLES D'ANIMAUX. (Fin.)

DÉNOMINATION DES DROITS D'INTRODUCTION principaux ou additionnels. 10	OBSERVATIONS. 11	DROITS de VENTE. 12
		Par livre du prix. s. d.
....	....	1
	LA CHARRETTE.	
Chaussées.		
Péage du Petit-Pont	Cuirien de sauvagine. (Peau de fauve ?)	
Idem	Cordouan (peau de chèvre corroyée).	
Idem	Basane (peau de mouton).	
Idem	Fourniments tannés à Sollers (pour souliers).	
	LE TACRE (PAQUET DE 10 CUIRS).	
....	Cuirs sans désignation particulière.	
....	Cuirs de cerf.	
....	Cuirs mégis.	
	QUANTITÉ INCONNUE.	
Conduit	Cuirs passant.	
....	Tonlieu et hallage des cuirs préparés	?
....	Tonlieu des basanes et du cordouan	?
....	Cuir cordouan, jusqu'en 1465	1
....	Courroies, gants, bourses, jusqu'en 1465	1
....	Coutume des cordonniers ou sueurs, jusqu'en 1651	?
....	Mêmes officiers de police que pour les peaux.	
Parisis, sol et six deniers..	Pour le Trésor, sur les droits de police.	?
Idem	Aliénation aux officiers de police.	
	LA CHARRETTE DE 2,000 LIVRES.	
Barrage.		
Domaine.		
Domaine et barrage.		
Doub[t] du dom. et barrage.		
Officiers de police.		
Don gratuit.		
Vingtième de l'hôpital gén.	Remplaçant le dixième de 1709.	
Huit sous pour livre......	Pour le Trésor sur les droits principaux.	
Deux sous pour livre......	*Idem.* — Suppression des droits de police et de leurs sous pour livre.	
....	Suppression des droits sur les cuirs et peaux.	
....	Vente et achat	4
....	Vente et revente	4
....	*Idem*	4

De 1692 à 1791, mêmes droits que pour les cuirs.

MARCHANDISES NON OUVRÉES.

ANNÉES. 1	TITRES de PERCEPTION. 2	DROITS D'ENTRÉE pour le TRÉSOR. 3	pour la VILLE. 4	pour les HÔPITAUX. 5	pour les OFFICIERS de police. 6	SURTAXE. 7	À DÉDUIRE pour suppression 8	TOTA après chaqu variati 9
		l. s. d.	l. s. d.	l. s. d.	l. s. d.	l. s. d.	l. s. d.	l. s.
		Laine lavée entrant par terre.						
1268..	Livre des métiers..	2^r	......	......	......	......	......	
	Idem...........	2^r	......	......	......	......	......	2^r
1640..	Édit novembre....	5^r 6^r	......	......	......	......	......	5^r
1651..	Décl. 8 février....	10	......	......	......	......	......	15
1360..	Inst. G^d C^l 18 déc..	......	......	......	......	......	......	....
		Laine non lavée entrant par terre.						
1268..	Livre des métiers..	1^r	......	......	......	......	......	
	Idem...........	......	......	......	......	......	......	....
1268..	Livre des métiers..	$\frac{1}{4}^r$	......	......	......	......	......	
1268..	Livre des métiers..	......	......	......	......	......	......	....
1360..	Inst. G^d C^l 18 déc.	......	......	......	......	......	......	....
		Lin entrant par terre.						
1268..	Livre des métiers..	2^r	......	......	......	......	......	2^r
	Idem...........	......	......	......	......	......	......	....
	Idem...........	......	......	......	......	......	......	....
1640..	Édit novembre....	5^r 6^r	......	......	......	......	......	5^r
1651..	Décl. 8 février ...	10	......	......	......	......	......	15
1268..	Livre des métiers..	$\frac{1}{2}^r$	......	......	......	......	......	
1360..	Inst. G^d C^l 18 déc.	......	......	......	......	......	......	....
		Chanvre. — Corderie entrant par terre.						
1268..	Livre des métiers..	2^r	......	......	......	......	......	
	Idem...........	2	......	......	......	......	......	
	....	......	......	......	......	......	......	....
	....	......	......	......	......	......	......	....
1360..	Inst. G^d C^l 18 déc.	......	......	......	......	......	......	....
1640..	Édit novembre....	5^r 6^r	......	......	......	......	......	5^r
1651..	Décl. 8 février....	10	......	......	......	......	......	15
		Coton en laine.						
1341..	Let. pat. 25 avril..	......	......	......	......	......	......	....
1350..	Let. pat. 17 février.	......	......	......	......	......	......	....
1351..	Let. pat. 3 mai....	......	......	......	......	......	......	....

Laines et **soies écrues, fleurets non ouvrés, lin, chanvre, filasse, cordes, crins, bourres,** etc., entrant par terre :

MARCHANDISES NON OUVRÉES.

DÉNOMINATION DES DROITS D'INTRODUCTION principaux et additionnels. 10	OBSERVATIONS. 11	DROIT de VENTE. 12
		s. d.
	LA CHARRETTE.	
) Chaussées	En outre une obole par 9 livres pesant pour le Poids-le-Roi.	
) Conduit.		
I Barrage.		
I Domaine	Laine écrue.	
	TOUTE QUANTITÉ.	
	Jusqu'en 1465	1. p. l.
	LA CHARRETTE.	
)Chaussées.		
	Congé et hallage	1'
	LA CHARGE D'HOMME.	
Péage du Petit-Pont.		
	LES 12 TOISONS.	
	Tonlieu	1'
	TOUTE QUANTITÉ.	
	Jusqu'en 1465	1 p. l.
	LA CHARRETTE.	
Chaussées.		
	Tonlieu	3'
	Congé et hallage	1'
Barrage.		
Domaine	Lin non filé.	
	LE SOMMIER.	
Péage du Petit-Pont.		
	TOUTE QUANTITÉ.	
	Jusqu'en 1465	1 p. l.
	LA CHARRETTE.	
Chaussées.		
Péage du Petit-Pont.		
	Tonlieu.	
	Congé et hallage.	
	Filanderie jusqu'en 1465	1 p. l.
Barrage.		
Domaine	Chanvre non filé.	
	LA BALLE.	
	Vente et achat	12'
	Vente et revente	2'
	Idem	3

De 1692 à 1791, mêmes droits que pour les cuirs (voir fin du tableau n° 4) et en plus 6 sous ar quintal, pour le droit de Poids-le-Roi avec ses 2 vingtièmes et 10 sous pour livre.

MARCHANDISES OUVRÉES.

ANNÉES.	TITRES de PERCEPTION.	DROITS D'ENTRÉE pour le TRÉSOR.	pour la VILLE.	pour les HÔPITAUX.	pour les OFFICIERS de police.	SURTAXE.	À DÉDUIRE pour suppression	TOTA[L] après chaqu[e] variatio[n]
1	2	3	4	5	6	7	8	9
	Laine filée.							
		l. s. d.	l. s. d.	l. s. d.	l. s. d.	l. s. d.	l. s. d.	l. s.
1268..	Livre des métiers..	4^r	......	......	......	......	......	
	Idem............	2^r	......	......	......	......	......	2^r
1268..	Livre des métiers..	......	......	......	......	......	......	.....
	Idem............	......	......	......	......	......	......	.....
1360..	Inst. G^d C^l 18 déc..	......	......	......	......	......	......	.....
	Tapisseries.							
		l. s. d.	l. s. d.	l. s. d.	l. s. d.	l. s. d.	l. s. d.	l. s.
1360..	Inst. G^d C^l 18 déc.	......	......	......	......	......	......	.....
	Draps entrant par terre.							
		l. s. d.	l. s. d.	l. s. d.	l. s. d.	l. s. d.	l. s. d.	l. s.
1268..	Livre des métiers..	2^r	......	......	......	......	......	
	Idem............	2^r	......	......	......	......	......	2^r
1268..	Livre des métiers..	1^r	......	......	......	......	......	
1268..	Livre des métiers..	......	......	......	......	......	......	.....
	Idem............	......	......	......	......	......	......	.....
	Idem............	......	......	......	......	......	......	.....
	Idem............	......	......	......	......	......	......	.....
1337..	Let. pat. 10 déc...	......	......	......	......	......	......	.....
1341..	Let. pat. 25 avril..	......	......	......	......	......	......	.....
1350..	Let. pat. 17 février	......	......	......	......	......	......	.....
1351..	Let. pat. 3 mai....	......	......	......	......	......	......	.....
	Draps, serges, camelots. — **Tapisseries** entrant par terre.							
		l. s. d.	l. s. d.	l. s. d.	l. s. d.	l. s. d.	l. s. d.	l. s.
1360..	Inst. G^d C^l 18 déc.	......	......	......	......	......	......	.....
1465..	Ord. 3 août......	......	......	......	......	......	......	.....
1571..	Édit mars........	......	......	......	......	......	......	.....
1582..	Édit décembre....	......	......	......	......	......	......	.....
1640..	Arrêt 1er février...	5^r	......	......	......	......	......	5^r
1643..	Décl. 14 octobre..	......	......	......	......	......	......	.....
1644..	Décl. 15 juin.....	......	......	......	......	......	......	.....
1651..	Décl. 8 février....	2^r	......	......	......	......	......	2^r 5
1692..	Décl. 17 septembre.	3	......	......	......	......	2^r 5^r	3
1705..	Décl. 7 juillet.....	3	......	......	......	......	......	6
1730..	Édit juin.........	......	......	......	7^r	......	......	13
1758..	Décl. 10 décembre.	10	......	......	......	......	......	23
1768..	Édit avril........	3	......	......	......	......	......	26
	Actes déjà cités....	......	......	2^r 12^r	......	......	......	28 12
	Idem............	......	......	......	......	14^r 6^r	......	42 18
1791..	Loi 19 février....	......	......	......	......	......	42 18	.....

MARCHANDISES OUVRÉES.

DÉNOMINATION DES DROITS D'INTRODUCTION principaux ou additionnels.	OBSERVATIONS.	DROITS DE VENTE pour le Trésor. En gros.	DROITS DE VENTE pour le Trésor. En détail.	pour les officiers de police.
10	11	12	13	14
	LA CHARRETTE.	s. d.	s. d.	s. d.
Péage du Petit-Pont.......	Excepté pour les femmes traînant ou portant.			
Conduit.				
	LA PIÈCE.			
....	Tonlieu..................................	$\frac{1}{2}$ᶠ	$\frac{1}{2}$ᶠ	
....	Congé et hallage.........................	$\frac{1}{2}$	$\frac{1}{2}$	
		Par livre du prix.		
....	Jusqu'en 1465...........................	1	1	
....	Jusqu'en 1465...........................	1	1	
	LA CHARRETTE.	s. d.	s. d.	s. d.
Chaussées.				
Conduit.				
	LA CHARGE D'ÂNE.			
Péage du Petit-Pont.				
	LA PIÈCE.			
....	Tonlieu du drap écarlate..................	2ᶠ	2ᶠ	
....	Tonlieu du drap d'autres couleurs.........	12ᶠ	12ᶠ	
....	Tonlieu du drap ordinaire.................	3	3	
....	Congé et hallage — selon les qualités, depuis....	4	4	
		Par livre du prix.		
....	Vente et achat............................	4	4	
....	*Idem*....................................	4	4	
....	Vente et revente..........................	4	4	
....	*Idem*....................................	4	4	
	LA CHARRETTE DE 2,000 livres.			
....	....	1	1	
....	Suppression du droit de vente au détail.........	1		
....	Auneurs-contrôleurs. — Visiteurs et marqueurs...	1		
....	Aliénation probable du s. p. l. à ces officiers......	....	....	1
Barrage................	....	....	....	1
....	Rétablissement du s. p. l. pour le Trésor........	1		
....	Suppression de ce droit.			
Domaine.				
Domaine et barrage.				
Doublemᵗ du dom. et barr..				
Droits de police.				
Don gratuit.............				
....	Suppression et attribution au Tʳ des droits de police.			
Vingtièmes de l'hôpital gén.				
Six sous pour livre.				
....	Suppression générale.			

TABLEAU N° 6.

MARCHANDISES OUVRÉES. (Suite.)

ANNÉES.	TITRES de PERCEPTION.	DROITS D'ENTRÉE						
		pour le TRÉSOR.	pour la VILLE.	pour les HÔPITAUX.	pour les OFFICIERS de police.	SURTAXES.	À DÉDUIRE pour suppression	TOTAL après chaque variation
1	2	3	4	5	6	7	8	9
		l. s. d.	l. s. d.	l. s. d.	l. s. d.	l. s. d.	l. s. d.	l. s. d.
	Draps de soie, sans mercerie, entrant par terre.							
1268 ..	Livre des métiers.	1^{s}	......	......	......	......	......	
	Toiles de lin, entrant par terre.							
1268 ..	Livre des métiers.	4^{s}	......	......	......	......	......	4
	Toiles de lin ou de chanvre, canevas, treillis, fils ouvrés, entrant par terre.							
1268 ..	Livre des métiers.	2^{s}	......	......	......	......	......	2^{s}
1268 ..	Livre des métiers.	......	......	......	......	......	......	.....
1268 ..	Livre des métiers.	......	......	......	......	......	......	.....
	Coton filé.							
1341 ..	Let. pat. 25 avril.	......	......	......	......	......	......	.....
1350 ..	Let. pat. 17 février.	......	......	......	......	......	......	.....
1351 ..	Let. pat. 3 mai...	......	......	......	......	......	......	.....
1693 ..	Arrêt 16 juin.....	3^{s}	......	......	......	......	......	3^{s}
1705 ..	Décl. 7 juillet.....	3	......	......	......	......	......	6
1360 ..	Inst. G^d^ C^l^ 18 déc.	......	......	......	......	......	......	.....
	Feutres, chapeaux, bas.							
1360 ..	Inst. G^d^ C^l^ 18 déc.	......	......	......	......	......	......	.....
	Chapeaux, bas, soie filée, fleurets ouvrés, étoffes de soie, fils, dentelles, surfaix, sangles, etc., entrant par terre.							
1640 ..	Édit novembre ...	5 6	......	......	......	......	......	5
1651 ..	Décl. 8 février....	10	......	......	......	......	......	15
1692 ..	Décl. 17 septembre	3	......	......	......	......	15 6	3
1705 ..	Décl. 7 juillet....	3	......	......	......	......	......	6
1730 ..	Édit juin........	......	......	......	7	......	......	13
1758 ..	Décl. 10 décembre	10	......	......	......	......	......	23
	Actes déjà cités...	......	......	2 6	......	......	......	25 6
	Idem..........	......	......	......	......	12 13	......	37 19
1791 ..	Loi 19 février....	......	......	......	......	......	37 19	.....

Toiles, canevas, coutils, treillis, bougrans, serviettes, mousselines, batistes, futaines, basins, toiles de coton, de lin et autres ouvrages de **fil**, entrant par terre.

MARCHANDISES OUVRÉES. (Suite.)

DÉNOMINATION DES DROITS D'INTRODUCTION principaux ou additionnels. 10	OBSERVATIONS. 11	DROITS de VENTE. 12
		s. d.
I Péage du Petit-Pont.	LA PIÈCE.	
I Péage du Petit-Pont.	LA CHARRETTE.	
) Conduit.	LA CHARRETTE.	
	LA CHARGE D'HOMME.	
....	Tonlieu..	½
	LA PIÈCE.	
....	Congé et hallage..	?
	LA BALLE.	
....	Vente et achat..	3
....	Vente et revente..	3
....	*Idem*..	4 6
	LE QUINTAL.	
Poids-le-Roi		
Doublement	Jusqu'en 1791 avec vingtièmes et sous pour livre.	
		Par livre du prix.
	TOUTE QUANTITÉ.	
....	Jusqu'en 1465..	1
....	Jusqu'en 1465..	1
	LA CHARRETTE DE 2,000 LIVRES.	
[Barrage.		
[Domaine...............	Excepté pour les fils ouvrés ou non qui devaient 1 l 10 s.	
[Domaine et barrage.		
[Doubt du dom. et barrage.		
\Auneurs, etc.		
[Don gratuit.		
[Vingtièmes de l'hôpit. gén..		
[Dix sous pour livre.......	Pour le Trésor sur tous les droits principaux.	
....	Suppression générale.	

Mêmes droits que ci-dessus excepté :
Pour les officiers de police, 11 deniers par aune.
Pour les droits rétablis, 1 denier par aune..... } 1 sou + vingtièmes et 10 s. p. l.

MARCHANDISES OUVRÉES. (Fin.)

ANNÉES.	TITRES de PERCEPTION.	DROITS D'ENTRÉE pour le TRÉSOR.	pour la VILLE.	pour les HÔPITAUX.	pour les OFFICIERS de police.	SURTAXES.	À DÉDUIRE pour suppression	TOTAL après chaque variation
1	2	3	4	5	6	7	8	9
		l. s. d.	l. s. d.	l. s. d.	l. s. d.	l. s. d.	l. s. d.	l. s. d.
Aumusses, bonnets, bas, pourpoints, ouvrages de doubletage (à deux couleurs).								
1360 ..	Inst. Gd Cl décemb.	......	......	......	......	......	......	......
Coustes (couvertures). — Coussins, entrant par eau.								
1268 ..	Livre des métiers.	$\frac{1}{2}$	......	......	......	......	......	$\frac{1}{2}$
1360 ..	Inst. Gd Cl 18 déc.	......	......	......	......	......	......	......
Friperies, entrant par terre.								
1268 ..	Livre des métiers.	2	......	......	......	......	......	2
LES MÊMES, entrant par eau.								
1268 ..	Livre des métiers.	$\frac{1}{2}$	......	......	......	......	......	$\frac{1}{2}$
Merceries, entrant par terre.								
1268 ..	Livre des métiers.	4	......	......	......	......	......	4
	Idem..........	2	......	......	......	......	......	2
1640 ..	Édit novembre...	5 6	......	......	......	......	......	5 6
1651 ..	Décl. 8 février ...	10	......	......	......	......	......	15 6
1692 ..	Décl. 17 sept....	1	......	......	......	......	15 6	1
LES MÊMES, entrant par eau.								
1268 ..	Livre des métiers.	$\frac{1}{2}$	......	......	......	......	......	$\frac{1}{2}$
Peintures, imageries.								
1360 ..	Inst. Gd Cl 18 déc.	......	......	......	......	......	......	......
Sains de Moustier (statues de sainteté), entrant par terre.								
1268 ..	Livre des métiers.	2	......	......	......	......	......	2
Papiers et cartons, entrant par terre.								
1640 ..	Édit novembre ...	5 6	......	......	......	......	......	5 6
1651 ..	Décl. 8 février ...	10	......	......	......	......	......	15 6
1692 ..	Décl. 17 septemb.	1	......	......	......	......	15 6	1
1705 ..	Décl. 7 juillet....	1	......	......	......	......	......	2
1730 ..	Édit juin........	......	......	......	......	......	......	......
1743 ..	Édit décembre....	......	......	......	......	......	......	......
1758 ..	Décl. 10 décembre	10	......	......	......	......	......	12
	Actes déjà cités...	......	......	1 4	......	......	......	13 4
	Idem..........	......	......	......	......	6 12	......	19 16
1791 ..	Loi 19 février....	......	......	......	......	......	19 16	......

MARCHANDISES OUVRÉES. (Fin.)

DÉNOMINATION DES DROITS D'INTRODUCTION principaux ou additionnels. 10	OBSERVATIONS. 11	DROITS de VENTE. 12
		Par livre du prix.
....	Jusqu'en 1465..	1 s.
	LA PIÈCE.	
Rivage de Seine.		
....	Jusqu'en 1465..	1
	LA CHARRETTE	
Péage du Petit-Pont.		
Rivage de Seine.		
	Exemption de 1/2 pour les objets portés au marché.	
Péage du Petit-Pont.		
Conduit.		
Barrage.		
Domaine.		
Domaine et barrage.....	Ensuite mêmes droits que pour les cuirs. (Voir tableau n° 4.)	
	LA CHARGE D'HOMME.	
Rivage de Seine.		
....	Jusqu'en 1465..	1
	LA PIÈCE.	
Péage du Petit-Pont.....	A destination du commerce.	
	LA CHARRETTE DE 2,000 LIVRES.	
Barrage.		
Domaine.		
Domaine et barrage.		
Doubl. du dom. et barrage.		
Droits de police.........	Selon les qualités, par rame, paquet, etc.	
Droits rétablis...........	*Idem.* D'abord du tiers des droits de police. — Égaux depuis 1756.	
Don gratuit.		
Vingtièmes de l'hôpit. gén.		
Dix sous pour livre.		
....	Suppression générale.	

TABLEAU N° 7.

MÉTAUX.

ANNÉES.	TITRES de PERCEPTION.	DROITS D'ENTRÉE pour le TRÉSOR.	pour la VILLE.	pour les HÔPITAUX.	pour les OFFICIERS de police.	SURTAXES.	À DÉDUIRE pour suppression	TOTAL après chaque variation
1	2	3	4	5	6	7	8	9
		l. s. d.	l. s. d.	l. s. d.	l. s. d.	l. s. d.	l. s. d.	l. s. d.
		Tous métaux entrant par terre.						
1268 ..	Livre des métiers ..	2ˢ	......	......	......	......	......	2
	Idem	2ˢ	......	......	......	......	......	2ˢ
		LES MÊMES entrant par eau.						
1268 ..	Livre des métiers ..	$\frac{1^s}{2}$	......	......	......	......	......	$\frac{1}{2}$
		Or.						
1350 ..	Let. pat. 17 février.	......	......	......	......	......	......	......
1351 ..	Let. pat. 3 mai....	......	......	......	......	......	......	......
		OBJETS D'OR, DORÉS OU ÉMAILLÉS.						
1341 ..	Let. pat. 25 avril..	......	......	......	......	......	......	......
1350 ..	Let. pat. 17 février.	......	......	......	......	......	......	......
1351 ..	Let. pat. 3 mai...	......	......	......	......	......	......	......
		Argent.						
1341 ..	Let. pat. 25 avril..	......	......	......	......	......	......	......
1350 ..	Let. pat. 17 février.	......	......	......	......	......	......	......
1351 ..	Let. pat. 3 mai....	......	......	......	......	......	......	......
	Idem	......	......	......	......	......	......	......
		Orfèvrerie.						
1360 ..	Inst. Gᵈ Cˡ. 18 déc.	......	......	......	......	......	......	......
		Cuivre.						
1268 ..	Livre des métiers ..	......	......	......	......	......	......	......
1341 ..	Let. pat. 25 avril..	......	......	......	......	......	......	......
1350 ..	Let. pat. 17 février.	......	......	......	......	......	......	......
1351 ..	Let. pat. 3 mai....	......	......	......	......	......	......	......
		Chaudronnerie, dinanderie (Objets en cuivre jaune).						
1360 ..	Inst. Gᵈ Cˡ. 18 déc.	......	......	......	......	......	......	......
		Étain.						
1341 ..	Let. pat. 25 avril..	......	......	......	......	......	......	......
1350 ..	Let. pat. 17 février.	......	......	......	......	......	......	......
1351 ..	Let. pat. 3 mai....	......	......	......	......	......	......	......
		Pots et **ouvrages d'étain.**						
1360 ..	Inst. Gᵈ Cˡ. 18 déc.	......	......	......	......	......	......	......

MÉTAUX.

DÉNOMINATION DES DROITS D'INTRODUCTION principaux ou additionnels. 10	OBSERVATIONS. 11	DROITS de VENTE. 12
	LA CHARRETTE.	
) Chaussées.		
) Conduit	Excepté le fer et l'acier.	
	TOUTE QUANTITÉ.	
[Rivage de Seine	Excepté l'or et l'argent monnayés.	
	LE MARC.	
	Vente par les changeurs	10^{dp}
	Idem	9
	LA PIÈCE.	
	Vente par les changeurs et les orfèvres	4^{d} p^{r} liv.
	Vente et revente	4^{dp}
	Idem	6
	LE MARC.	
	Vente par les changeurs et les orfèvres	1^{dp}
	Idem	11
	Vente par les orfèvres	3
	Vente par les changeurs	$1\frac{1}{2}^{t}$
	LA PIÈCE.	
	Jusqu'en 1465	sol p^{r} liv.
	LA CHARRETTE.	
	Tonlieu	2^{dt}
	LES 100 LIVRES.	
	Vente et achat	12^{dp}
	Vente et revente	2
	Idem	3st
	Jusqu'en 1465	sol p^{r} liv.
	LES 100 LIVRES.	
	Vente et achat	6^{dp}
	Vente et revente	12
	Idem	18
	LA PIÈCE.	
	Jusqu'en 1465	Sol p^{r} liv.

TABLEAU N° 7.

MÉTAUX. (Suite.)

ANNÉES. 1	TITRES de PERCEPTION. 2	DROITS D'ENTRÉE pour le TRÉSOR. 3	pour la VILLE. 4	pour les HÔPITAUX. 5	pour les OFFICIERS de police. 6	SURTAXES. 7	À DÉDUIRE pour suppression 8	TOTAL après chaque variation 9
		l. s. d.	l. s. d.	l. s. d.	l. s. d.	l. s. d.	l. s. d.	l. s. d.
		Plomb.						
1341..	Let. pat. 25 juillet.	......	......	......	......	......	......	......
1350..	Let. pat. 17 février.	......	......	......	......	......	......	......
1351..	Let. pat. 3 mai...	......	......	......	......	......	......	......
		Fonte entrant par terre.						
1268..	Livre des métiers..	2	.....	......	......	......	......	2
	Idem...........	4	......	......	......	......	......	4
		Fer entrant par terre.						
1268..	Livre des métiers..	4	......	......	......	......	......	4
	Idem...........	......	......	......	......	......	......	......
1268..	Livre des métiers..	1	......	......	......	......	......	1
		Faucilles. — Fil à haubert ouvré.						
1268..	Livre des métiers..	2	......	......	......	......	......	2
		Clous de fer à cheval entrant par terre. **Ferrures de charrette** *Idem.* **Lames pour armure** *Idem.* **Liens de fer trentein** (fabriqués à Trente). **Hapes** (hameçons) *Idem.*						
1268..	Livre des métiers..	½	......	......	......	......	......	½
	Idem...........	2	......	......	......	......	......	2
		Hauberts, heaumes, lames, boucles, lanternes, pots et **ouvrages de fer, maréchalerie.**						
1360..	Inst. G^d C^l. 18 déc.	......	......	......	......	......	......	......
		Acier entrant par terre.						
1268..	Livre des métiers..	4	......	......	......	......	......	4
	Idem...........	......	......	......	......	......	......	......
	Idem...........	4	......	......	......	......	......	4

MÉTAUX. (Suite.)

DÉNOMINATION DES DROITS D'INTRODUCTION principaux ou additionnels. 10	OBSERVATIONS. 11	DROITS de VENTE. 12
	LES 100 LIVRES.	
....	Vente et achat..	2dp
....	Vente et revente..	4
....	*Idem*..	6
	LA PIÈCE.	
Péage du Petit-Pont...........	Avant la forge.	
Idem........................	Après la forge.	
	LA CHARRETTE.	
Conduit.		
....	Tonlieu..	2
	LA CHARGE DE CHEVAL.	
Péage du Petit-Pont.		
	LA CHARRETTE.	
Péage du Petit-Pont.		
	LE PAQUET.	
	LA PIÈCE.	
	LES 25.	
	LES 6.	
	LES 500.	
Rivage de Seine.		
Péage du Petit-Pont.		
....	Coutume de la quincaillerie, jusqu'en 1465 au moins.............	sol pr liv.
	LA CHARRETTE.	
Conduit.		
....	Tonlieu..	2dp
Péage du Petit-Pont...........	Pour l'acier poitevin et les heaumes.	

MÉTAUX. (Fin.)

Cuivre, airain, laiton, plomb, étain, fer, fonte, acier, fil d'archal et de fer-blanc, ferrailles, etc., entrant par terre.

ANNÉES. 1	TITRES de PERCEPTION. 2	DROITS D'ENTRÉE pour le TRÉSOR. 3	pour la VILLE. 4	pour les HÔPITAUX. 5	pour les OFFICIERS de police. 6	SURTAXES. 7	À DÉDUIRE pour suppression 8	TOTA[L] après chaqu[e] variatio[n] 9
		l. s. d.	l. s. d.	l. s. d.	l. s. d.	l. s. d.	l. s. d.	l. s. [d.]
1640..	Arrêt 1er février...	3 9	......	......	......	......	......	3
1651..	Décl. 8 février....	2	......	......	......	......	......	5
1692..	Décl. 17 septembre.	1	......	......	......	......	5 9	1
1705..	Décl. 7 juillet....	1	......	......	......	......	......	2
1730..	Édit juin.........	......	......	......	7	......	......	9
1758..	Décl. 10 décembre.	10	......	......	......	......	......	19
	Actes déjà cités...	......	......	1 18	......	......	......	20 18
	Idem...........	......	......	......	......	10 9	......	31 7
1791..	Loi 19 février....	......	......	......	......	......	31 7	.....

Cuivre entrant.

ANNÉES. 1	TITRES de PERCEPTION. 2	3	4	5	6	7	8	9
		fr. c.	fr. c.	fr. c.	fr. c.	fr. c.	fr. c.	fr. c.
1848..	Décret 17 juin....	......	0 05	......	......	0 01	......	0 06

Zinc et fer entrant.

ANNÉES. 1	TITRES de PERCEPTION. 2	3	4	5	6	7	8	9
		fr. c.	fr. c.	fr. c.	fr. c.	fr. c.	fr. c.	fr. c.
1848..	Décret 17 juin....	......	0 01	......	......	0 002	......	0 01

Fer entrant sous forme de poitrails, solives, pièces pour combles, marches d'escalier et autres pièces façonnées pouvant entrer dans les constructions.

ANNÉES. 1	TITRES de PERCEPTION. 2	3	4	5	6	7	8	9
		fr. c.	fr. c.	fr. c.	fr. c.	fr. c.	fr. c.	fr. c.
1854..	Décret 1er avril....	......	3 00	......	......	0 60	......	3 60

Fer, acier Bessemer et autre métal ferro-aciéreux

entrant sous forme de poitrails, solives, pièces pour combles, marches d'escalier, fers à T de toutes espèces, tôles striées et ondulées, chasse-roues, rails de toutes espèces.

Fers tors et à croix; fers à olive, fers à moulure, fers à vitrage de toutes dimensions, fers rainés de toutes dimensions, fers cornières et d'angles de toutes espèces, fers demi-ronds de 25 millimètres et au-dessus, larges-plats, de 175 millimètres de largeur et au-dessus, et d'une épaisseur minimum de 6 millimètres; fers creux ou tubes de toutes espèces, les tubes de tôle exceptés, coussinets et plaques tournantes.

ANNÉES. 1	TITRES de PERCEPTION. 2	3	4	5	6	7	8	9
		fr. c.	fr. c.	fr. c.	fr. c.	fr. c.	fr. c.	fr. c.
1882..	Décret 12 juillet..	......	3 60	......	......	......	......	3 60

Fonte entrant sous toutes les formes dont la nomenclature est trop longue pour figurer ici.

ANNÉES. 1	TITRES de PERCEPTION. 2	3	4	5	6	7	8	9
		fr. c.	fr. c.	fr. c.	fr. c.	fr. c.	fr. c.	fr. c.
1882..	Décret 12 juillet...	......	2 40	......	......	......	......	2 40

MÉTAUX. (Fin.)

DÉNOMINATION DES DROITS D'INTRODUCTION principaux ou additionnels. 10	OBSERVATIONS. 11
	LA CHARRETTE DE 2,000 LIVRES.
Barrage. Domaine. Domaine et barrage. Doublement du domaine et barrage. Droits de police. Don gratuit. Vingtièmes de l'hôpital général. Dix sous pour livre	Pour le Trésor sur tous les droits principaux.
....	Suppression générale.
	LE KILOGRAMME.
Octroi. — Décimes	Du 5 juillet au 30 septembre. — Suppression par décret du 9 de ce mois.
	LE KILOGRAMME.
Octroi. — Décimes	Du 5 juillet au 30 septembre. — Suppression par décret du 9 de ce mois.
	LES 100 KILOGRAMMES.
Octroi. — Décimes	
	LES 100 KILOGRAMMES. Ne sont pas imposables les rails, coussinets et plaques tournantes en fer ou acier, des chemins de fer proprement dits, qualifiés comme tels dans les déclarations d'utilité publique et dans les actes de concession, et dont la nue propriété appartient à l'État ou au département. Ne sont pas imposables les tubes, tuyaux, manchons et consoles en fer ou acier, employés par l'Administration des postes et des télégraphes à l'établissement des lignes télégraphiques.
Octroi	Sans décimes.
	LES 100 KILOGRAMMES.
Octroi	Sans décimes. — Mêmes observations que ci-dessus pour les objets analogues.

MATÉRIAUX.

ANNÉES.	TITRES de PERCEPTION.	DROITS D'ENTRÉE pour le TRÉSOR.	pour la VILLE.	pour les HÔPITAUX.	pour les OFFICIERS de police.	SURTAXES.	À DÉDUIRE pour suppression	TOTAL après chaque variation
1	2	3	4	5	6	7	8	9
	Chaux entrant.							
		l. s. d.	l. s. d.	l. s. d.	l. s. d.	l. s. d.	l. s. d.	l. s. d.
1360..	Inst. G^d C^l. 18 déc.	......	......	......	......	......	......	......
1415..	Ord. février......	......	......	......	......	......	......	......
1730..	Édit juin........	......	......	......	6 5	......	......	6
1743..	Édit décembre....	3 7 1	......	......	......	......	......	3 13
1781..	Édit août...	3 7 1	......	......	......	......	......	7
	Actes déjà cités...	......	......	14	......	......	......	7 14
	Idem............	......	......	......	......	3 17 3	......	11 11 1
1791..	Loi 19 février.....	......	......	......	......	......	11 11 10	......
		fr. c.	fr. c.	fr. c.	fr. c.	fr. c.	fr. c.	fr. c.
1798..	Loi 18 octobre....	......	0 75	......	......	......	......	0 75
1799..	Loi 10 décembre..	......	0 15	......	......	......	......	0 90
1803..	Arrêté 21 septemb.	......	0 30	......	......	......	......	1 20
1813..	Décret 11 novemb.	......	......	......	......	0 12	......	1 32
1814..	Décret 27 avril...	......	......	......	......	......	0 12	1 20
1815..	Décret 16 août....	......	......	......	......	0 12	......	1 32
1848..	Arrêté 17 juin....	......	......	......	......	0 12	......	1 44
	Arrêté 12 octobre.	......	1 20	......	......	0 24	......	2 88
1852..	Décret 17 mars...	......	......	......	......	......	0 084	1 356
1855..	Décret 3 novemb..	......	0 02	......	......	0 004	......	1 38
1865..	Décret 5 juillet...	......	......	......	......	......	......	......
	Ciment entrant.							
		l. s. d.	l. s. d.	l. s. d.	l. s. d.	l. s. d.	l. s. d.	l. s. d.
1743..	Édit décembre....	8	......	......	......	......	......	[illegible]
	Actes déjà cités...	......	......	1	......	4	......	1 [illegible]
		fr. c.	fr. c.	fr. c.	fr. c.	fr. c.	fr. c.	fr. c.
1855..	Décret 3 novembre.	......	0 90	......	......	0 18	......	1 08
	CHAUX et CIMENT entrant.							
		fr. c.	fr. c.	fr. c.	fr. c.	fr. c.	fr. c.	fr. c.
1865..	Décret 5 juillet...	......	1 00	......	......	0 20	......	1 20
	Plâtre entrant.							
		l. s. d.	l. s. d.	l. s. d.	l. s. d.	l. s. d.	l. s. d.	l. s. d.
1360..	Inst. G^d C^l. 18 déc.	......	......	......	......	......	......	......
1743..	Édit décembre....	1 5 4	......	......	......	......	......	1 5 4
1781..	Édit août.... ...	1 5 4	......	......	......	......	......	2 10 8
	Actes déjà cités....	......	......	5	......	......	......	2 15 8
	Idem...........	......	......	......	......	1 8 2	......	4 3 10
1791..	Loi 19 février.....	......	......	......	......	......	4 3 10	......
		fr. c.	fr. c.	fr. c.	fr. c.	fr. c.	fr. c.	fr. c.
1798..	Loi 18 octobre....	......	0 20	......	......	......	......	0 20
1799..	Loi 10 décembre..	......	0 04	......	......	......	......	0 24
1803..	Arrêté 21 septemb.	......	0 11	......	......	......	......	0 35
1804..	?	......	0 05	......	......	......	0 05	0 35
1813..	Décret 11 novemb.	......	......	......	......	0 035	......	0 385
1814..	Décret 27 avril....	......	......	......	......	......	0 035	0 35
1815..	Décret 16 août....	......	......	......	......	0 035	......	0 385
1818..	Ord. 23 décembre.	......	0 01	......	......	0 001	......	0 396
1848..	Arrêté 17 juin....	......	......	......	......	0 036	......	0 432
1852..	Décret 17 mars...	......	......	......	......	......	0 024	0 408
1855..	Décret 3 novembre.	......	0 01	......	......	0 012	......	0 42

MATÉRIAUX.

DÉNOMINATION DES DROITS D'INTRODUCTION principaux ou additionnels. 10	OBSERVATIONS. 11	DROITS de VENTE. 12
	LE MUID OU VOIE DE 20 MINOTS.	s. d.
....	Jusqu'en 1465..	sol p[r] livr.
....	Mesureurs avec 2 s. 8 d. p. du vendeur et 4 s. p. de l'acheteur..........	6[s] 8[d]
fficiers de police.		
roits rétablis.		
oublement.		
ingtièmes de l'hôpital gén.		
ix sous pour livre.......	Pour le Trésor sur les droits principaux.	
....	Suppression générale.	
	L'HECTOLITRE.	
ctroi municip[l] et de bienf.	(27 vendémiaire an VII.)	
dem....................	(19 frimaire an VIII.)	
dem....................	(4e jour complémentaire an XI.)	
écime.......	Pour le Trésor.	
....	Suppression du décime.	
écime..................	Pour la Ville.	
euxième décime.........	Pour la Ville.	
ctroi. — Décime........		
ctroi. — Décimes.......	Diminution de 7 centimes en principal.	
dem.		
....	Réunion de la chaux et du ciment en un seul article.	
	LE SAC DE DEUX BOISSEAUX.	
roits rétablis.		
ingtièmes et 10 s. pour liv.	Jusqu'en 1791.	
	LES 100 KILOGRAMMES.	
ctroi. — Décimes.......	Ciment de toute espèce contenant de la chaux.	
	LES 100 KILOGRAMMES.	
ctroi. — Décimes.......		
	LE MUID DE 36 SACS OU MINOTS.	
....	Jusqu'en 1465..	sol p[r] livr.
roits rétablis.		
oublement.		
ingtièmes de l'hôpital gén.		
ix sous pour livre.		
....	Suppression générale.	
	L'HECTOLITRE.	
ctroi municip[l] et de bienf.	(27 vendémiaire an VII.)	
dem....................	(19 frimaire an VIII.)	
dem....................	(4e jour complémentaire an XI.)	
dem....................	Diminution de 5 centimes, puis rétablissement en 1805.	
écime..................	Pour le Trésor.	
....	Suppression du décime.	
écime.		
ctroi. — Décime.		
euxième décime.		
ctroi. — Décimes.		
dem....................	Diminution de 2 centimes en principal.	

MATÉRIAUX. (Suite.)

ANNÉES.	TITRES de PERCEPTION.	DROITS D'ENTRÉE pour le TRÉSOR.	pour la VILLE.	pour les HÔPITAUX.	pour les OFFICIERS de police.	SURTAXES.	À DÉDUIRE pour suppression	TOTA[L] après chaqu[e] variati[on]
1	2	3	4	5	6	7	8	9
	Moellons BRUTS entrant par terre ou par eau.							
		l. s. d.	l. s. d.	l. s. d.	l. s. d.	l. s. d.	l. s. d.	l. s.
1360..	Inst. Gd Ct. 18 déc.	......	......	......	......	......	......	....
1743..	Édit décembre....	5 4	......	......	......	......	......	5
1781..	Édit août........	5 4	......	......	......	......	......	10
	Actes déjà cités....	......	......	1	......	......	......	11
	Idem...........	......	......	......	......	5 10	......	16
1791..	Loi 19 février.....	......	......	......	......	......	16 9	....
	MOELLONS PIQUÉS entrant par terre ou par eau.							
		l. s. d.	l. s. d.	l. s. d.	l. s. d.	l. s. d.	l. s. d.	l. s.
1743..	Édit décembre....	8	......	......	......	......	......	8
1781..	Édit août........	8	......	......	......	......	......	16
	Actes déjà cités....	......	......	1	......	......	......	17
	Idem...........	......	......	......	......	8 6	......	1 5
1791..	Loi 19 février.....	......	......	......	......	......	1 5 6	....
	MOELLONS DE TOUTE ESPÈCE et **meulière** DE TOUTE DIMENSION entrant.							
		fr. c.	fr. c.	fr. c.	fr. c.	fr. c.	fr. c.	fr.
1798..	Loi 18 octobre....	......	1 00	......	......	......	......	1 0
1799..	Loi 10 décembre..	......	0 20	......	......	......	......	1 2
1803..	Arrêté 21 septemb.	......	......	......	......	......	0 60	0 6
1813..	Décret 11 novemb.	......	......	......	......	0 06	......	0 6
1814..	Décret 27 avril...	......	......	......	......	......	0 06	0 6
1815..	Loi 16 août......	......	......	......	......	0 06	......	0 6
1848..	Arrêté 17 juin....	......	......	......	......	0 06	......	0 7
1852..	Décret 17 mars...	......	......	......	......	......	0 048	0 6
1855..	Décret 3 novembre.	......	......	......	......	......	0 072	0 6
1874..	Décret 18 juillet..	......	0 50	......	......	0 10	......	1 2
	Meules de moulin entrant par terre.							
		l. s. d.	l. s. d.	l. s. d.	l. s. d.	l. s. d.	l. s. d.	l. s.
1268..	Livre des métiers..	2d	......	......	......	......	......	
	Idem...........	4	......	......	......	......	......	
	Idem...........	......	......	......	......	......	......	....
	LES MÊMES entrant par eau.							
		l. s. d.	l. s. d.	l. s. d.	l. s. d.	l. s. d.	l. s. d.	l. s.
1268..	Livre des métiers..	½d	......	......	......	......	......	
	MEULES À AIGUISER entrant par terre.							
		l. s. d.	l. s. d.	l. s. d.	l. s. d.	l. s. d.	l. s. d.	l. s.
1268..	Livre des métiers..	2d	......	......	......	......	......	
	LES MÊMES entrant par eau.							
		l. s. d.	l. s. d.	l. s. d.	l. s. d.	l. s. d.	l. s. d.	l. s.
1268..	Livre des métiers..	2d	......	......	......	......	......	
	Idem...........	½	......	......	......	......	......	
	....	......	......	......	......	......	......	....
	Mortiers à piler ouvrés entrant par terre.							
		l. s. d.	l. s. d.	l. s. d.	l. s. d.	l. s. d.	l. s. d.	l. s.
1268..	Livre des métiers..	2d	......	......	......	......	......	

MATÉRIAUX. (Suite.)

DÉNOMINATION DES DROITS D'INTRODUCTION principaux ou additionnels. 10	OBSERVATIONS. 11	DROITS de VENTE. 12
	LA VOIE DE 40 PIEDS CUBES.	
....	Jusqu'en 1465..............................	sol p. liv.
Droits rétablis.		
Doublement.		
Vingtièmes de l'hôpital général.		
Dix sous pour livre.		
....	Suppression générale.	
	LA VOIE DE 100 MOELLONS.	
Droits rétablis.		
Doublement.		
Vingtièmes de l'hôpital général.		
Dix sous pour livre.		
....	Suppression générale.	
	LE MÈTRE CUBE.	
Octroi municipal et de bienfaisance...	(27 vendémiaire an VII.)	
Idem..............................	(19 frimaire an VIII.)	
Idem..............................	Diminution de moitié.	
Décime..............................	Pour le Trésor.	
....	Suppression du décime.	
Décime..............................	Pour la Ville.	
Deuxième décime..............................	*Idem.*	
Octroi. — Décimes..............................	Diminution de 4 centimes en principal.	
Idem..............................	Diminution de 6 centimes en principal.	
Idem..............................	Conversion du droit de mesurage de 1811.	
	LA PIÈCE.	s. d.
Chaussées.		
Péage du Petit-Pont.		
....	Tonlieu des meules valant 2 s. et au-dessus..............................	$\frac{1}{2}$
	LA PIÈCE.	
Rivage de Seine.		
	LA CHARRETTE.	
Péage du Petit-Pont.		
	LA PIÈCE.	s. d.
Péage du Petit-Pont.		
Rivage de Seine.		
....	Tonlieu..............................	$\frac{1}{2}$
	LA CHARRETTE OU LA PIÈCE.	
Chaussées..............................		

MATÉRIAUX. (Suite.)

ANNÉES.	TITRES de PERCEPTION.	DROITS D'ENTRÉE pour le TRÉSOR.	pour la VILLE.	pour les HÔPITAUX.	pour les OFFICIERS de police.	SURTAXES.	À DÉDUIRE pour suppression	TOTA après chaque variatio
1	2	3	4	5	6	7	8	9
	Pierres dures ou **de libage** entrant.							
		l. s. d.	l. s. d.	l. s. d.	l. s. d.	l. s. d.	l. s. d.	l. s.
1743..	Édit décembre....	13 4	......	......	......	......	......	13
1781..	Édit août........	13 4	......	......	......	......	......	1 6
	Actes déjà cités....	......	......	1 8	......	......	......	1 8
	Idem...........	......	......	......	......	14 2	......	2 2
1791..	Loi 19 février....	......	......	......	......	......	2 2 6	.....
	Pierres de liais entrant.							
		l. s. d.	l. s. d.	l. s. d.	l. s. d.	l. s. d.	l. s. d.	l. s.
1743..	Édit décembre....	2	......	......	......	......	......	2
1781..	Édit août........	2	......	......	......	......	......	4
	Actes déjà cités...	......	......	2	......	......	......	4
	Idem...........	......	......	......	......	2 1	......	6
1791..	Loi 19 février....	......	......	......	......	......	6 3	.....
	Pierres de taille, dalles et **carreaux de pierre** DE TOUTE ESPÈCE entrant.							
		fr. c.	fr. c.	fr. c.	fr. c.	fr. c.	fr. c.	fr. c
1798..	Loi 18 octobre....	......	1 00	......	......	......	......	1 0
1799..	Loi 10 décembre..	......	0 20	......	......	......	......	1 2
1803..	Arrêté 21 septemb.	......	0 40	......	......	......	......	1 6
1813..	Décret 11 novemb.	......	......	......	......	3 16	......	1 7
1814..	Décret 27 avril ...	......	......	......	......	......	0 16	1 0
1815..	Décret 16 août....	......	......	......	......	0 16	......	1 7
1848..	Arrêté 17 juin....	......	......	......	......	0 16	......	1 9
1852..	Décret 17 mars...	......	......	......	......	......	0 12	1 8
1855..	Décret 3 novembre.	......	0 50	......	......	0 10	......	2 4
1874..	Décret 18 juillet..	......	1 50	......	......	0 30	......	4 9
	Pavés de grès entrant.							
		l. s. d.	l. s. d.	l. s. d.	l. s. d.	l. s. d.	l. s. d.	l. s.
1743..	Édit décembre....	13 6 8	......	......	......	......	......	13 6
	Actes déjà cités....	......	......	1 6 5	......	......	......	14 13
	Idem...........	......	......	......	......	7 6 6	......	21 18
1791..	Loi 19 février....	......	......	......	......	......	21 19 7	.....
	Pavés rabots entrant.							
		l. s. d.	l. s. d.	l. s. d.	l. s. d.	l. s. d.	l. s. d.	l. s.
1743..	Édit décembre....	10 13 4	......	......	......	......	......	10 13
	Actes déjà cités....	......	......	1 1 4	......	5 17 4	......	17 12
	Marbres et **granits** entrant.							
		fr. c.	fr. c.	fr. c.	fr. c.	fr. c.	fr. c.	fr. c
1825..	Ord. 4 mai.......	......	16 00	......	......	1 60	......	17 6
1848..	Décret 17 juin....	......	......	......	......	1 60	......	19 2
1852..	Décret 17 mars...	......	......	......	......	......	1 152	18 0
1855..	Décret 3 novemb..	......	......	......	......	......	0 48	18 0
1874..	Décret 28 juillet..	......	10 00	......	......	2 00	......	30 0

MATÉRIAUX. (Suite.)

DÉNOMINATION DES DROITS D'INTRODUCTION principaux ou additionnels. 10	OBSERVATIONS. 11
	LA VOIE DE 30 PIEDS CUBES.
Droits rétablis.	
Doublement.	
Vingtièmes de l'hôpital général.	
Dix sous pour livre..................	Pour le Trésor sur tous les droits principaux.
....	Suppression générale.
	LE PIED CUBE.
Droits rétablis.....................	6 s. 8 d. les 14 pieds cubes de pierre de Saint-Leu, Troussis et Vergelet.
Doublement.	
Vingtièmes de l'hôpital général.	
Dix sous pour livre.................	Pour le Trésor sur tous les droits principaux.
....	Suppression générale.
	LE STÈRE.
Octroi municipal et de bienfaisance....	1 fr. 40 cent. pour les pierres de liais, Saint-Leu, Troussis et Vergelet.
Idem.	
Idem.	
Décime..........................	Pour le Trésor.
....	Suppression du décime.
Décime..........................	Pour la Ville.
Deuxième décime..................	*Idem.*
Octroi. — Décimes................	Diminution de 10 centimes en principal.
Idem.	
Idem..........................	Conversion du droit de mesurage de 1811.
	LE MILLIER.
Droits rétablis.	
Vingtièmes de l'hôpital général.	
Dix sous pour livre.................	Pour le Trésor sur les droits principaux.
....	Suppression générale.
	LE MILLIER.
Droits rétablis.	
Vingtièmes et dix sous pour livre.....	Jusqu'en 1791.
	LE MÈTRE CUBE.
Octroi. — Décime.................	Depuis 1798 mêmes droits que pour les pierres de taille.
Deuxième décime..................	Pour la Ville.
Octroi. — Décimes................	Diminution de 96 centimes en principal.
Idem..........................	Diminution de 4 centimes en principal.
Idem	

MATÉRIAUX. (Suite.)

ANNÉES.	TITRES de PERCEPTION.	DROITS D'ENTRÉE pour le TRÉSOR.	pour la VILLE.	pour les HÔPITAUX.	pour les OFFICIERS de police.	SURTAXES.	À DÉDUIRE pour suppression	TOTA[L] après chaqu[e] variatio[n]
1	2	3	4	4	6	7	8	9
Pavés de marbre entrant.								
		l. s. d.	l. s. d.	l. s. d.	l. s. d.	l. s. d.	l. s. d.	l. s.
1692 ..	Décl. 17 septembre.	3	......	......	......	......	......	3
1705 ..	Décl. 7 juillet.....	3	......	......	......	......	......	6
	Actes déjà cités...	......	......	7	......	3 3	......	9
Carreaux de pierre ou **de marbre, ardoises, briques** et **tuiles** entrant par terre.								
		l. s. d.	l. s. d.	l. s. d.	l. s. d.	l. s. d.	l. s. d.	l. s.
1360 ..	Inst. G[d] C[l]. 18 déc.	......	......	......	......	......	......	....
1692 ..	Décl. 17 septembre.	5 6	......	......	......	......	......	5
1705 ..	Décl. 7 juillet.....	5 6	......	......	......	......	......	11
1743 ..	Édit décembre....	1 13 4	......	......	......	......	......	2 4
1781 ..	Édit août........	2 4 4	......	......	......	......	......	4 8
	Actes déjà cités ...	......	......	9 1	......	......	......	4 17
	Idem...........	......	......	......	......	2 8 10	......	7 7
1791 ..	Loi 19 février.....	......	......	......	......	......	7 7 7	....
ARDOISES DE GRANDE DIMENSION (451 à 700 centimètres carrés) entrant.								
		fr. c.	fr. c.	fr. c.	fr. c.	fr. c.	fr. c.	fr.
1817 ..	Ord. 26 décembre.	......	5	......	......	0 50	......	5
1848 ..	Arrêté 17 juin....	......	......	......	......	0 50	......	6
1852 ..	Décret 17 mars...	......	......	......	......	......	0 36	5
1855 ..	Décret 3 novembre.	......	......	......	......	......	0 84	4
1874 ..	Décret 28 juillet....	......	1	......	......	0 20	......	6
ARDOISES DE PETITE DIMENSION (450 centimètres carrés et au-dessous) entrant.								
		fr. c.	fr. c.	fr. c.	fr. c.	fr. c.	fr. c.	fr.
1817 ..	Ord. 26 décembre.	......	4	......	......	0 40	......	4
1848 ..	Arrêté 17 juin....	......	......	......	......	0 40	......	4
	Décret 12 octobre.	......	1	......	......	0 20	......	6
1855 ..	Décret 3 novembre.	......	......	......	......	......	3	3
1874 ..	Décret 28 juillet...	......	0 50	......	......	0 10	......	3
BRIQUES DE DIMENSION ORDINAIRE (1,500 centimètres cubes au plus) entrant.								
		fr. c.	fr. c.	fr. c.	fr. c.	fr. c.	fr. c.	fr.
1817 ..	Ord. 26 décembre..	......	6	......	......	0 60	......	6
1848 ..	Arrêté 17 juin....	......	......	......	......	0 60	......	7
1852 ..	Décret 17 mars...	......	......	......	......	......	0 432	6
1855 ..	Décret 3 novembre.	......	0 11	......	......	0 22	......	6
1874 ..	Décret 28 juillet...	......	0 25	......	......	0 05	......	7
BRIQUES PLEINES entrant.								
		fr. c.	fr. c.	fr. c.	fr. c.	fr. c.	fr. c.	fr.
1882 ..	Décret 20 avril...	......	0 30	......	......	......	......	0
BRIQUES CREUSES entrant.								
		fr. c.	fr. c.	fr. c.	fr. c.	fr. c.	fr. c.	fr.
1882 ..	Décret 20 avril...	......	0 36	......	......	......	......	0

MATÉRIAUX. (Suite).

DÉNOMINATION DES DROITS D'INTRODUCTION principaux ou additionnels. 10	OBSERVATIONS. 11
	LE CENT.
Domaine et barrage.	
Doublement du domaine et barrage.	
Vingtièmes et dix sous pour livre.	
	LA VOIE DE 500 LIVRES.
....	Pour les ardoises et les tuiles, droit de vente de 1 sol pour livre.
Domaine et barrage.	
Doublement du domaine et barrage.	
Droits rétablis.	
Doublement	Sur les droits principaux.
Vingtièmes de l'hôpital général.	
Dix sous pour livre.	
....	Suppression générale.
Pour une surface supérieure droit proportionnel.	
	LE MILLIER.
Octroi. — Décime.	
Deuxième décime	Pour la Ville.
Octroi. — Décimes	Diminution de 0f 30c en principal.
Idem	Diminution de 0f 70c en principal.
Idem.	
	LE MILLIER.
Octroi. — Décime.	
Deuxième décime	Pour la Ville.
Octroi. — Décimes.	
Idem	Diminution de 2f 50c en principal.
Idem.	
	LE MILLIER.
Octroi. — Décime.	
Deuxième décime	Du 5 juillet au 14 octobre 0f 30c en principal les 100 kilogrammes.
Octroi. — Décimes	Diminution de 0f 36c en principal.
Idem.	
Idem	Jusqu'en 1882.
	LES 100 KILOGRAMMES.
Octroi	Sans décimes.
	LES 100 KILOGRAMMES.
Octroi	Sans décimes.

MATÉRIAUX. (Fin.)

ANNÉES.	TITRES de PERCEPTION.	DROITS D'ENTRÉE						
		pour le TRÉSOR.	pour la VILLE.	pour les HÔPITAUX.	pour les OFFICIERS de police.	SURTAXE.	À DÉDUIRE pour SUPPRESSION	TOTAL après chaque variation
1	2	3	4	5	6	7	8	9
		fr. c.	fr. c.	fr. c.	fr. c.	fr. c.	fr. c.	fr. c.
Tuiles de dimension ordinaire (750 centimètres carrés) entrant.								
1817..	Ord. 26 décembre.	......	7 50	......	......	0 75	......	8 2
1848..	Arrêté 17 juin....	......	......	......	......	0 75	......	9 0
1852..	Décret 17 mars...	......	......	......	......	......	0 540	8 4
1855..	Décret 3 novembre.	......	......	......	......	......	0 06	8 4
1882..	Décret 20 avril....	......	0 36	......	......	......	......	0 3
Carreaux de dimension ordinaire (300 centimètres carrés) entrant.								
1817..	Ord. 26 décembre.	......	5 00	......	......	0 50	......	5 5
1848..	Arrêté 17 juin....	......	......	......	......	0 50	......	6 0
1852..	Décret 17 mars....	......	......	......	......	......	~~0 36~~	5 6
1855..	Décret 3 novembre.	......	0 05	......	......	0 010	......	5 7
CARREAUX DE DIMENSION ORDINAIRE ET DE FAÏENCE entrant.								
1874..	Décret 28 juillet...	......	5 00	......	......	1 00	......	6 0
CARREAUX DE TERRE CUITE entrant.								
1882..	Décret 20 avril...	......	0 60	......	......	......	......	0 6
CARREAUX ET PANNEAUX DE FAÏENCE entrant.								
1882..	Décret 20 avril...	......	2 70	......	......	......	......	2 7
BRIQUES, TUILES ET CARREAUX de dimension extraordinaire, POTS CREUX, MITRES, TUYAUX et POTERIE de toute espèce employés dans la construction et le jardinage, entrant.								
1848..	Décret 5 juillet...	......	0 30	......	......	0 06	......	0 36
	Décret 4 octobre..	......	......	......	......	......	0 06	0 30
1852..	Décret 17 mars...	......	......	......	......	......	0 024	0 27
1855..	Décret 3 novembre.	......	0 02	......	......	0 004	......	0 30
1874..	Décret 28 juillet..	......	0 25	......	......	0 050	......	0 6
1882..	Décret 20 avril...	......	0 60	......	......	......	0 60	0 6
Argile et **terre glaise** entrant.								
1818..	Ord. 23 décembre.	......	0 60	......	......	0 06	......	0 66
1848..	Arrêté 17 juin....	......	......	......	......	0 06	......	0 72
Sable gras entrant.								
1818..	Ord. 23 décembre..	......	0 60	......	......	0 06	......	0 66
1848..	Arrêté 17 juin....	......	......	......	......	0 06	......	0 72
ARGILE, TERRE GLAISE et SABLE GRAS entrant.								
1848..	Décret 5 juillet....	......	0 60	......	......	0 12	......	0 72
1852..	Décret 17 mars...	......	......	......	......	......	0 048	0 672
1855..	Décret 3 novembre.	......	0 04	......	......	0 008	......	0 72
1874..	Décret 28 juillet..	......	0 90	......	......	0 18	......	1 80

MATÉRIAUX. (Fin.)

DÉNOMINATION DES DROITS D'INTRODUCTION principaux ou additionnels. 10	OBSERVATIONS. 11
	LE MILLIER.
Octroi. — Décime.	
Deuxième décime..................	Pour la Ville.
Octroi. — Décimes................	Diminution de 45 centimes en principal.
Idem..........................	Diminution de 5 centimes en principal.
	LES 100 KILOGRAMMES.
Octroi..........................	Sans décimes.
	LE MILLIER.
Octroi. — Décime.	
Deuxième décime..................	Du 5 juillet au 14 octobre, 30 centimes les 100 kilogrammes.
Octroi. — Décimes................	Diminution de 30 centimes en principal.
Idem..........................	Jusqu'en 1874.
	LE MILLIER.
....	Jusqu'en 1882.
	LES 100 KILOGRAMMES.
Octroi..........................	Sans décimes.
	LES 100 KILOGRAMMES.
Octroi..........................	Sans décimes.
	LES 100 KILOGRAMMES.
Octroi. — Décimes.	
Idem..........................	Diminution de 5 centimes en principal.
Idem..........................	Diminution de 2 centimes en principal.
Idem..........................	Jusqu'en 1874 pour les pots creux, mitres et poteries, et jusqu'en 1882 pour les briques, tuiles et carreaux.
Idem.	
Octroi..........................	Sans décimes.
De 1692 à 1791 mêmes droits pour la terre à potier que pour les briques et les tuiles.	
	LE MÈTRE CUBE.
Octroi. — Décime.................	1 franc en principal par 100 mottes de terre glaise jusqu'en 1848.
Deuxième décime.	
	LE MÈTRE CUBE.
Octroi. — Décime.	
Deuxième décime.	
	LE MÈTRE CUBE.
Octroi. — Décimes.	
Idem..........................	Diminution de 4 centimes en principal.
Idem.	
Idem.	

Tableau n° 9.

BOIS À BÂTIR ET À OUVRER.

ANNÉES.	TITRES de PERCEPTION.	DROITS D'ENTRÉE pour le TRÉSOR.	pour la VILLE.	pour les HÔPITAUX.	pour les OFFICIERS de police.	SURTAXES.	À DÉDUIRE pour suppression	TOTAL après chaque variation
1	2	3	4	5	6	7	8	9
Bois à bâtir ou à ouvrer, de sciage, charpente, charronnage et autres, entran								
		l. s. d.	l. s. d.	l. s. d.	l. s. d.	l. s. d.	l. s. d.	l. s. d
1213..	Charte janvier...	......	3^{r}	......	......	......	......	3^{r}
1268..	Livre des métiers.	......	......	......	......	......	......	......
1360..	Inst. G[d] C[l] 18 déc.	......	......	......	......	......	......	......
1640..	Décl. 1er février...	2^{r}	......	......	......	......	......	2^{r}
1641..	Décl. 8 janvier...	......	......	......	......	......	......	......
1644..	Édit février......	......	......	......	......	......	......	......
1651..	Décl. 8 février....	2	......	......	......	......	......	4
1692..	Décl. 17 sept.....	5 6^{r}	......	......	......	......	4^{r}	5
1705..	Décl. 7 juillet....	5 6	......	......	......	......	......	11
	Décl. 3 mars.....	......	......	......	......	1^{r} 1^{r}	......	12
1707..	Édit novembre...	......	......	......	......	......	......	......
1709..	Décl. 29 octobre..	1 1	......	......	......	......	......	13
1711..	Décl. 3 janvier....	......	......	7^{r}	......	......	1 1^{r}	12
1715..	Décl. 7 mai......	......	......	......	......	1 1	......	13
1730..	Édit juin........	......	......	10^{r}	10^{r}	......	......	11^{r} 3
1743..	Édit décembre....	4^{r}	......	4	......	......	......	15 7
1747..	Édit septembre...	......	......	......	......	3^{r} 2	......	18 9
1760..	Décl. 3 février....	......	......	......	......	15 6	......	19 5
1763..	Édit 21 novembre.	......	......	......	......	15 6	......	20
1771..	Décl. 26 juillet...	......	......	1^{r} 9 7	......	......	......	21 10
	Édit novembre...	......	......	......	......	1 12 6	......	23 2 1
1781..	Édit août........	18 3	......	......	......	2 1 7	......	26 2
1791..	Loi 19 février....	......	......	......	......	......	26^{r} 2 8	......
Bois d'essence dure, en grume ou équarris, entrant.								
		fr. c.	fr. c.	fr. c.	fr. c.	fr. c.	fr. c.	fr. c.
1815..	Ord. 29 décembre.	......	9 00	......	......	0 90	......	9 90
1825..	Ord. 4 mai......	......	1 00	......	......	0 10	......	11 00
1848..	Arrêté 17 juin....	......	......	......	......	1 00	......	12 00
1852..	Décret 17 mars...	......	......	......	......	......	0 72	11 28
Bois d'essence dure débités en sciage, en planches ou en fente, entrant.								
		fr. c.	fr. c.	fr. c.	fr. c.	fr. c.	fr. c.	fr. c.
1815..	Ord. 29 décembre.	......	0 07	......	......	0 007	......	0 07
1825..	Ord. 4 mai......	......	0 03	......	......	0 003	......	0 11
1848..	Arrêté 17 juin....	......	......	......	......	0 010	......	0 12
		fr. c.	fr. c.	fr. c.	fr. c.	fr. c.	fr. c.	fr. c.
1852..	Décret 17 mars...	......	9 40	......	......	1 88	......	11 28
1855..	Décret 3 novembre	......	......	......	......	......	......	11 28
Bois d'essence tendre en grume ou équarris, entrant.								
		fr. c.	fr. c.	fr. c.	fr. c.	fr. c.	fr. c.	fr. c.
1815..	Ord. 29 décembre.	......	7 00	......	......	0 70	......	7 70
1825..	Ord. 4 mai......	......	1 00	......	......	0 10	......	8 80
1848..	Arrêté 17 juin....	......	......	......	......	0 80	......	9 60
1852..	Décret 17 mars...	......	......	......	......	......	0 576	9 02
1855..	Décret 3 novembre	......	......	......	......	......	0 024	9 00
Bois d'essence tendre débités en sciage ou en planches, entrant.								
		fr. c.	fr. c.	fr. c.	fr. c.	fr. c.	fr. c.	fr. c.
1815..	Ord. 29 décembre.	......	0 07	......	......	0 007	......	0 07
1825..	Ord. 4 mai......	......	0 01	......	......	0 001	......	0 08
1848..	Arrêté 17 juin....	......	......	......	......	0 008	......	0 09

BOIS À BÂTIR ET À OUVRER.

DÉNOMINATION DES DROITS D'INTRODUCTION principaux ou additionnels. 10	OBSERVATIONS. 11	DROIT DE VENTE pour le TRÉSOR. 12	DROIT DE VENTE pour les OFFICIERS de police. 13
	LE BATEAU DE MERRAINS.		
....	Concession à la Marchandise de l'eau représentant la Ville.		
	LA CHARRETTE.	l. s. d.	l. s. d.
....	Tonlieu du bois à tailler........................	½ᵈ	......
	LA VOIE DE 56 PIEDS CUBES.	par livre du prix.	
....	Jusqu'à l'aliénation de 1644.	1ᵈ	......
Barrage.			
Subvention................	....	3	......
....	Aliénation aux mouleurs. — Réglementation en 1646...	......	3ᵈ
Domaine....................	Réunion à la ferme des aides en 1674	3	......
Domaine et barrage...........	....	3	......
Doubl. du domaine et barrage...	....	3	......
Deux sous pour livre..........	Pour le Trésor, sur ses droits principaux............	3	......
....	Nouvelle aliénation jusqu'en 1715..................	......	3
Dixième....................	....	......	3
Vingtième de l'hôpital général...	....	......	3
Deux sous pour livre..........	Pour le Trésor, sur ses droits principaux.		
Jurés visiteurs, inspecteurs, mesurʳˢ	Tarif détaillé par espèces et unités depuis 1722.		
Droits rétablis..............	*Idem* en 1743.		
Quatre sous pour livre.........	Pour le Trésor, sur les droits princip. non encore surtaxés		
Deux sous pour livre..........	Pour le Trésor sur tous les droits principaux.		
Idem......................	*Idem*.		
Deuxième vingtième.			
Deux sous pour livre..........	Pour le Trésor sur tous les droits principaux.		
Cinquième en sus et 10 s. p. l...	Sur les droits principaux du Trésor.		
....	Suppression générale.		
	LE STÈRE.		
Octroi. — Décime.			
Idem.			
Deuxième décime............	Pour la Ville.		
Octroi. — Décimes............	Diminution de 0ᶠ 60ᶜ en principal.		
	LE MÈTRE SUPERFICIEL.		
Octroi. — Décime.			
Idem.			
Deuxième décime............	Pour la Ville.		
	LE STÈRE.		
Octroi. — Décimes...........	Réunion au même article que le bois dur à ouvrer.		
Idem......................	Les mêmes bois, façonnés ou non.		
	LES 100 MÈTRES COURANTS OU LE STÈRE.		
Octroi. — Décime.			
Idem.			
Deuxième décime............	Pour la Ville.		
Octroi. — Décimes	Diminution de 48ᶜ en principal.		
Idem......................	Dim. de 2ᶜ en ppᵃˡ, pʳ le stère des mêmes bois façonnés ou non.		
	LE MÈTRE COURANT.		
Octroi. — Décime.			
Idem......................	Pour la Ville.		
Deuxième décime............	En 1852, mêmes droits que pʳ les bois en grume ou équarris.		

TABLEAU N° 10.

BOIS OUVRÉ.

ANNÉES.	TITRES de PERCEPTION.	DROITS D'ENTRÉE pour le TRÉSOR.	pour la VILLE.	pour les HÔPITAUX.	pour les OFFICIERS de police.	SURTAXES.	À DÉDUIRE pour suppression	TOTAL après chaque variation
1	2	3	4	5	6	7	8	9
	CHARRETTES, entrant par terre.							
1268..	Livre des métiers..	......	......	......	......	......	......	......
	HUCHES NEUVES, entrant par terre.							
		l. s. d.	l. s. d.	l. s. d.	l. s. d.	l. s. d.	l. s. d.	l. s. d.
1268..	Livre des métiers..	$\frac{1}{2}^{t}$	......	......	......	......	......	$\frac{1}{2}^{t}$
	LES MÊMES, entrant par eau.							
		l. s. d.	l. s. d.	l. s. d.	l. s. d.	l. s. d.	l. s. d.	l. s. d.
1268..	Livre des métiers..	$\frac{1}{2}^{t}$	......	......	......	......	......	$\frac{1}{2}^{t}$
	HANAPS DE MADRE (vases à boire en bois dur), entrant par terre.							
		l. s. d.	l. s. d.	l. s. d.	l. s. d.	l. s. d.	l. s. d.	l. s. d.
1268..	Livre des métiers..	1^{t}	......	......	......	......	......	1^{t}
	FUTAILLES et CERCEAUX de toute espèce, entrant par terre.							
		l. s. d.	l. s. d.	l. s. d.	l. s. d.	l. s. d.	l. s. d.	l. s. d.
1268..	Livre des métiers..	1^{t}	......	......	......	......	......	1^{t}
	Idem...........	$\frac{1}{2}$	......	......	......	......	......	$\frac{1}{2}$
	LES MÊMES, entrant par eau.							
		l. s. d.	l. s. d.	l. s. d.	l. s. d.	l. s. d.	l. s. d.	l. s. d.
1268..	Livre des métiers..	4^{t}	......	......	......	......	......	4^{t}
	....	1	......	......	......	......	......	1
	HANTES (bois de lance), BOISSEAUX, VANS, BALAIS, CLAIES et CHARDONS À FOULON, entrant par terre.							
		l. s. d.	l. s. d.	l. s. d.	l. s. d.	l. s. d.	l. s. d.	l. s. d.
1268..	Livre des métiers..	2^{t}	......	......	......	......	......	2^{t}
	CORDES DE TILLEUL, entrant.							
1268..	Livre des métiers..	......	......	......	......	......	......	......
	TAN et ÉCORCES, entrant.							
		l. s. d.	l. s. d.	l. s. d.	l. s. d.	l. s. d.	l. s. d.	l. s. d.
1692..	Décl. 17 septembre	1 1^{t}	......	......	......	......	......	1
1705..	Décl. 7 juillet....	1 1	......	......	......	......	......	2
1730..	Édit juin........	......	......	......	1^{t}	......	......	3
1743..	Edit décembre....	3	......	......	......	......	......	6
	Actes déjà cités...	......	......	6^{t}	......	3^{t} 1^{t}	......	9 7
1791..	Loi 19 février....	......	......	......	......	......	9 7	......
	CHARRETTES, BAHUTS, TONNEAUX, MERRAINS neufs et vieux, BOISSELLERIE, RACLERIE, PELLES, PATINS, GALOCHES, NATTES, TALONS DE BOIS, BOBINES, MOULES DE BOUTON, CANNES et ROSEAUX, LIÈGE, entrant.							
		l. s. d.	l. s. d.	l. s. d.	l. s. d.	l. s. d.	l. s. d.	l. s. d.
1360..	Inst. Gd Cl 18 déc..	......	......	......	......	......	......	......
1640..	Décl. 1er février...	2^{t}	......	......	......	......	......	2^{t}
1692..	Décl. 17 sept.....	1^{t}	......	......	......	......	2^{t}	1^{t}
1705..	Décl. 7 juillet....	1	......	......	......	......	......	2
	Actes déjà cités...	......	......	4^{t}	......	1^{t} 1^{t}	......	3 5
1791..	Loi 19 février....	......	......	......	......	......	3^{t} 5	......
	LATTES, entrant.							
		l. s. d.	l. s. d.	l. s. d.	l. s.	l. s. d.	l. s. d.	l. s. d.
1730..	Édit juin........	3 15 4	......	......	......	......	......	3 15 4
1743..	Édit décembre....	......	......	......	11 6	......	......	15 6 10
	Actes déjà cités...	......	......	15 4	......	8 1 2	......	23 8
1791..	Loi 19 février....	......	......	......	......	......	23 8	......
		fr. c.	fr. c.	fr. c.	fr. c.	fr. c.	fr. c.	fr. c.
1817..	Ord. 12 janvier...	......	10 00	......	......	1 00	......	11 00
1848..	Arrêté 17 juin....	......	......	......	......	1 00	......	12 00
1852..	Décret 17 mars...	......	......	......	......	......	0 72	11 28

BOIS OUVRÉ.

DÉNOMINATION DES DROITS D'INTRODUCTION principaux ou additionnels. 10	OBSERVATIONS. 11	DROITS de VENTE. 12
	CHAQUE.	l. s. d.
....	Tonlieu de $\frac{1}{2}$ d p pour la ferrure outre le tonlieu d'autant......	$\frac{1}{2}$ r
	LA PIÈCE.	
Péage du Petit-Pont...............	Pour les huches valant au moins 12 deniers.	
	LA PIÈCE.	
Rivage de Seine.		
Péage du Petit-Pont.		
	LA CHARRETTE.	
	Voir pour les cerceaux le tableau n° 9 à la date de 1692.	
Chaussées........................	Pour les tonneaux sortis vides et rentraut pleins.	
Péage du Petit-Pont..............	Pour les douves seulement.	
	LE BATEAU.	
Péage du Petit-Pont...............	Pour les merrains des marchands de tonneaux.	
Rivage de Seine.	LA PIÈCE.	
	LA CHARRETTE.	
Péage du Petit-Pont..............	Pour les vans seuls et pour les boisseaux portés en foire.	
....	Tonlieu pour les balais et claies..........................	$\frac{1}{2}$
....	Voir pour les cordes à puits le tableau n° 9 à la date de 1692.	
....	Tonlieu pour la charrette.............................	2
	LE SAC.	
Domaine et barrage...............	Pour le tan seulement.	
Doublement du domaine et barrage...	*Idem.*	
Jurés, visiteurs, inspecteurs, mesureurs		
Droits rétablis.		
Vingtièmes et dix sous pour livre.....	Pour le Trésor.	
....	Suppression générale.	
....	Excepté pour les six derniers articles......................	sol p^r livre.
Barrage.........................	Pour les tonneaux seulement.	
Domaine et barrage.		
Doublement du domaine et barrage...		
Vingtièmes et dix sous pour livre.....	Pour le Trésor.	
....	Suppression générale.	
	LA VOIE DE 104 BOTTES.	
Jurés, visiteurs, inspecteurs, mesureurs		
Droits rétablis.		
Vingtièmes et dix sous par livre......	Pour le Trésor.	
....	Suppression générale.	
Octroi. — Décime................	Les 100 bottes de 50 lattes de 1^m 30^c de longueur et de 5^c de largeur. Au-dessous de ces dimensions, droit proportionnel.	
Deuxième décime.................	Depuis 1855, même droit pour les bottes de treillage contenant 70^m de longueur. Au-dessous de ces dimensions, droit prop^{el}.	
Octroi. — Décimes...............		

BATEAUX ET BOIS DE DÉCHIRAGE.

ANNÉES.	TITRES de PERCEPTION.	DROITS D'ENTRÉE						
		pour le TRÉSOR.	pour la VILLE.	pour les HÔPITAUX.	pour les OFFICIERS de police.	SURTAXES.	À DÉDUIRE pour suppression	TOTAL après chaque variation
1	2	3	4	5	6	7	8	9
		Bateaux VENDUS, entrant.						
		l. s. d.	l. s. d.	l. s. d.	l. s. d.	l. s. d.	l. s. d.	l. s. d.
1268 ..	Livre des métiers..	2^{s}	......	......	......	......	......	2
		l. s. d.	l. s. d.	l. s. d.	l. s. d.	l. s. d.	l. s. d.	l. s. d.
1268 ..	Livre des métiers..	$\frac{1}{2}^{p}$	......	......	......	......	......	$\frac{1}{2}$
1268 ..	Livre des métiers..	......	......	......	......	......	.....	......
1360 ..	Inst. G^{d} C^{l} 18 déc.	......	......	......	......	......	......	......
		BATEAUX EN CHÊNE, entrant.						
		fr. c.	fr. c.	fr. c.	fr. c.	fr. c.	fr. .	fr. c.
1803 ..	Loi 21 septembre..	......	24	......	......	......	......	24 00
1813 ..	Décret 11 novemb.	......	......	......	......	2 40	......	26 40
1814 ..	Décret 27 avril...	......	......	......	......	......	2 40	24 00
1815 ..	Décret 16 août....	......	......	......	......	2 40	......	26 40
1848 ..	Arrêté 17 juin....	......	......	......	......	2 40	......	28 80
1852 ..	Décret 17 mars...	......	......	......	......	......	1 728	27 07
1855 ..	Décret 3 novembre.	......	1 44	......	......	0 288	......	28 80
		BATEAUX EN SAPIN, entrant.						
		fr. c.	fr. c.	fr. c.	fr. c.	fr. c.	fr. c.	fr. c.
1803 ..	Loi 21 septembre..	......	12	......	......	......	......	12 00
1813 ..	Décret 11 novemb.	......	......	......	......	1 20	......	13 20
1814 ..	Décret 27 avril...	......	......	......	......	......	1 20	12 00
1815 ..	Décret 16 août....	......	......	......	......	1 20	......	13 20
1848 ..	Arrêté 17 juin....	......	......	......	......	1 20	1 20	14 40
1852 ..	Décret 17 mars...	......	......	......	......	......	0 864	13 53
1855 ..	Décret 3 novembre	......	0 72	......	......	0 144	......	14 40
		BATEAUX À DÉCHIRER, entrant.						
		l. s. d.	l. s. d.	l. s. d.	l. s. d.	l. s. d.	l. s. d.	l. s. d.
1730 ..	Édit juin........	......	......	......	11	......	......	11
1743 ..	Édit décembre....	3 13	......	3 6	......	......	......	14 13
1747 ..	Édit septembre...	......	......	......	......	2 18 6	......	17 11 6
1760 ..	Décl. 3 février....	......	......	......	......	14 7	......	18 6 1
1763 ..	Édit 21 novembre.	......	......	......	......	14 7	......	19 8
1771 ..	Décl. 26 juillet...	......	......	3 6	......	1 4	......	19 5 6
	Édit novembre....	......	......	......	......	1 11 6	......	20 17
1781 ..	Édit août........	......	......	......	......	1 11 6	......	22 8 6
1791 ..	Loi 19 février....	......	......	......	......	......	22 8 6	.....
		BOIS DE DÉCHIRAGE EN CHÊNE, entrant.						
		fr. c.	fr. c.	fr. c.	fr. c.	fr. c.	fr. c.	fr. c.
1815 ..	Ord. 29 décembre.	......	0 18	......	......	0 018	......	0 198
1848 ..	Arrêté 17 juin....	......	......	......	......	0 018	......	0 216
1852 ..	Décret 17 mars...	......	......	......	......	......	0 012	0 204
1855 ..	Décret 3 novembre.	......	0 01	......	......	0 012	......	0 216
		BOIS DE DÉCHIRAGE EN SAPIN, entrant.						
		fr. c.	fr. c.	fr. c.	fr. c.	fr. c.	fr. c.	fr. c.
1815 ..	Ord. 29 décembre.	......	0 10	......	......	0 01	......	0 11
1848 ..	Arrêté 17 juin....	......	......	......	......	0 01	......	0 12
1852 ..	Décret 17 mars...	......	......	......	......	......	0 012	0 108
1855 ..	Décret 3 novembre.	......	0 01	......	......	0 002	......	0 12

BATEAUX ET BOIS DE DÉCHIRAGE.

DÉNOMINATION DES DROITS D'INTRODUCTION principaux ou additionnels. 10	OBSERVATIONS. 11	DROITS de VENTE. 12
	CHAQUE GRAND.	
Péage du Petit-Pont.		
	CHAQUE PETIT.	
Péage du Petit-Pont.		
	CHAQUE DE TOUTE DIMENSION.	
....	Tonlieu	2^{dp}
....	Jusqu'en 1791 par exception à tous les autres objets.........	sol p^{r} liv.
	CHAQUE.	
Octroi municipal et de bienfaisance.		
Décime..............................	Pour le Trésor.	
....	Suppression du décime.	
Décime..............................	Pour la Ville.	
Deuxième décime	*Idem.*	
Octroi. — Décimes..............................	Diminution de 1 fr. 44 cent. en principal.	
	CHAQUE.	
Octroi municipal et de bienfaisance.		
Décime..............................	Pour le Trésor.	
....	Suppression du décime.	
Décime..............................	Pour la Ville.	
Deuxième décime..............................	*Idem.*	
Octroi. — Décimes..............................	Diminution de 72 centimes en principal.	
	CHAQUE.	
Jurés, visiteurs, mesureurs, inspecteurs	Probablement, depuis 1360 jusqu'en 1791, outre le droit d'entrée :	sol p^{r} liv.
Droits rétablis et 20e de l'Hôpital gén^{al}.		
Quatre sous pour livre..............................	Pour le Trésor sur les droits principaux.	
Un sou pour livre..............................	*Idem.*	
Idem..............................	*Idem.*	
Deuxième vingtième de l'Hôpital gén^{al}.		
Deux sous pour livre..............................	*Idem.*	
Idem.		
....	Suppression générale.	
	LE MÈTRE CARRÉ.	
Octroi. — Décime..............................	Pour la Ville.	
Deuxième décime.		
Octroi. — Décimes..............................	Diminution de 1 centime en principal.	
Idem.		
	LE MÈTRE CARRÉ.	
Octroi. — Décime.		
Deuxième décime..............................	Pour la Ville.	
Octroi. — Décimes..............................	Diminution de 1 centime en principal.	

FOURRAGES.

ANNÉES.	TITRES de PERCEPTION.	DROITS D'ENTRÉE						
		pour le TRÉSOR.	pour la VILLE.	pour les HÔPITAUX.	pour les OFFICIERS de police.	SURTAXES.	À DÉDUIRE pour suppression	TOTAL après chaque variation
1	2	3	4	5	6	7	8	9
	Foin entrant par eau.							
		l. s. d.	l. s. d.	l. s. d.	l. s. d.	l. s. d.	l. s. d.	l. s. d.
1213..	Charte janvier....	......	2^{r}	......	......	......	......	2
	FOIN ET HERBE entrant par terre.							
		l. s. d.	l. s. d.	l. s. d.	l. s. d.	l. s. d.	l. s. d.	l. s. d.
1268..	Livre des métiers..	1^{r}	......	......	......	......	......	1
	FOIN entrant par terre.							
		l. s. d.	l. s. d.	l. s. d.	l. s. d.	l. s. d.	l. s. d.	l. s. d.
1268..	Livre des métiers..	......	......	......	......	......	......	......
1360..	Inst. G^d C^t 18 déc.	......	......	......	......	......	......	......
1581..	Édit décembre....	......	......	......	4^{r}	......	......	4^{r}
1620..	Edit février......	......	......	......	10	......	......	14
1640..	Arrêt 1er février...	2^{r}	......	......	......	......	......	2
1644..	Édit mars........	......	......	......	6	......	......	1^{r} 2
1692..	Décl. 17 septembre.	5 6	......	......	......	......	2^{r}	1 5 6
1702..	Édit juin........	......	......	......	2	......	......	......
1705..	Décl. 7 juillet....	5^{r} 6	......	......	......	......	......	1 11
1730..	Édit juin........	......	......	......	3 9 6	......	......	5 6
1743..	Édit décembre....	10 6	......	......	......	......	......	5 11
	Actes déjà cités...	......	......	2	......	2 15 6	......	8 7 6
1788..	Décl. 29 novembre.	......	......	5	......	2 6	......	8 15
1791..	Loi 19 février.....	......	......	......	......	......	8 15	......
	FOIN, SAINFOIN, LUZERNE ET AUTRES FOURRAGES SECS entrant.							
		fr. c.	fr. c.	fr. c.	fr. c.	fr. c.	fr. c.	fr. c.
1798..	Loi 18 octobre....	......	2 50	......	......	......	......	2 50
1799..	Loi 10 décembre..	......	50	......	......	......	......	3
1803..	Arrêté 21 septemb.	......	1 00	......	......	......	......	4
1815..	Loi 16 août......	......	......	......	......	0 40	......	4 40
1832..	Ord. 17 août.....	......	1 00	......	......	0 10	......	5 50
1848..	Arrêté 17 juin....	......	......	......	......	0 50	......	6
1851..	Décret 17 mars...	......	......	......	......	......	0 36	5 64
1855..	Décret 3 novembre	......	0 30	......	......	......	......	6
	Paille entrant.							
		l. s. d.	l. s. d.	l. s. d.	l. s. d.	l. s. d.	l. s. d.	l. s. d.
1692..	Décl. 17 septembre	1 6	......	......	......	......	......	1 6
1705..	Décl. 7 juillet....	1 6	......	......	......	......	......	3
1730..	Édit juin........	......	......	......	2	......	......	5
1743..	Édit décembre....	8	......	......	......	......	......	5 8
	Actes déjà cités...	......	......	6	......	3 1	......	9 3
1791..	Loi 19 février....	......	......	......	......	......	9 3	......
		fr. c.	fr. c.	fr. c.	fr. c.	fr. c.	fr. c.	fr. c.
1798..	Loi 18 octobre....	......	0 50	......	......	......	......	0 50
1799..	Loi 10 décembre..	......	0 10	......	......	......	......	0 60
1803..	Arrêté 21 septemb.	......	0 40	......	......	......	......	1 00
1815..	Loi 16 août......	......	......	......	......	0 10	......	1 10
1832..	Ord. 17 août.....	......	1 00	......	......	0 10	......	2 20
1848..	Arrêté 17 juin....	......	......	......	......	0 20	......	2 40
1852..	Décret 14 mars...	......	......	......	......	......	0 144	2 256
1855..	Décret 3 novembre.	......	0 12	......	......	0 024	......	2 40

FOURRAGES.

DÉNOMINATION DES DROITS D'INTRODUCTION principaux ou additionnels. 10	OBSERVATIONS. 11
	LE BATEAU.
....	Concession à la Marchandise de l'eau représentant la Ville.
	LA CHARRETTE.
Chaussées.	
	LES 100 BOTTES.
....	Courtiers vend[rs] datant prob[t] de 1170 avec un d. d[t] la quotité est incon[e].
....	Sol pour livre du prix de vente jusqu'en 1465.
Jurés, compteurs, vendeurs et priseurs.....	Succédant d'abord avec 2[s] seul[t] aux contrôleurs sur les ports de 1575.
Débardeurs et chargeurs	Changés le 30 déc. suivant en jurés, courtiers, chargeurs et débard[rs].
Barrage.	
Courtiers-vendeurs.....................	D'abord avec 4 s. puis avec 2 autres s. le 10 octobre suivant.
Domaine et barrage.	
Droits de police......................	Augmentation lors de la suppression de botteleurs créés en 1701.
Doublement du domaine et barrage.	
Droits de police.	
Droits rétablis.	
Vingtièmes et dix sous pour livre.	
Droit de l'hôpital général.	
....	Suppression générale.
	LES 100 BOTTES DE 5 KILOGRAMMES.
Octroi municipal et de bienfaisance........	(27 vendémiaire an VII.) Pour le foin et la luzerne seulement.
Idem..............................	(19 frimaire an VIII.) *Idem*.
Idem..............................	Du 11 novembre 1813 au 27 avril 1814 décime pour le Trésor.
Décime..............................	Pour la Ville.
Octroi. — Décime.	
Deuxième décime.	*Idem*.
Octroi. — Décimes......................	Diminution de 30 centimes en principal.
	LES 100 BOTTES.
Domaine et barrage.	
Doublement du domaine et barrage.	
Droits de police.	
Droits rétablis.	
Vingtièmes et dix sous pour livre.	
....	Suppression générale.
	LES 100 BOTTES DE 5 KILOGRAMMES.
Octroi municipal et de bienfaisance........	(27 vendémiaire an VII.)
Idem..............................	(19 frimaire an VIII.)
Idem..............................	Du 11 novembre 1813 au 27 avril 1814 décime pour le Trésor.
Décime..............................	Pour la Ville.
Octroi. — Décime.	
Deuxième décime.......................	*Idem*.
Octroi. — Décimes......................	Diminution de 12 centimes en principal.
Idem.	

FOURRAGES. (Fin.)

ANNÉES.	TITRES de PERCEPTION.	DROITS D'ENTRÉE pour le TRÉSOR.	pour la VILLE.	pour les HÔPITAUX.	pour les OFFICIERS de police.	SURTAXES.	À DÉDUIRE pour suppression	TOTA[L] après chaque variatio[n]
1	2	3	4	5	6	7	8	9
	Avoine entrant par terre.							
		l. s. d.	l. s. d.	l. s. d.	l. s. d.	l. s. d.	l. s. d.	l. s. d
1268..	Livre des métiers..	......	......	......	......	......	......	.....
1640..	Arrêt 1er février...	2	......	......	......	......	......	[illegible]
1651..	Décl. 8 février....	2	......	......	......	......	......	[illegible]
1692..	Décl. 17 septembre.	5 6	......	......	......	......	6	5 [illegible]
1705..	Décl. 7 juillet.....	5 6	......	......	......	......	......	11
	Actes déjà cités...	......	......	1 1	......	......	......	12
	Idem...........	......	......	......	......	6	......	18
1791..	Loi 19 février.....	......	......	......	......	......	18 1	.....
		l. s. d.	l. s. d.	l. s. d.	l. s. d.	l. s. d.	l. s. d.	l. s. d
1730..	Édit juin........	......	......	......	4 17	......	......	4 17
1743..	Édit décembre....	3 9 8	......	......	......	......	......	8 6 [illegible]
	Actes déjà cités....	......	......	......	......	4 3 4	......	12 10
1791..	Loi 19 février.....	......	......	......	......	......	12 10	.....
		fr. c.	fr. c.	fr. c.	fr. c.	fr. c.	fr. c.	fr. c.
1798..	Loi 18 octobre....	......	0 25	......	......	......	......	0 2[illegible]
1799..	Loi 10 décembre..	......	0 05	......	......	......	......	0 3[illegible]
1803..	Arrêté 21 septemb.	......	0 20	......	......	......	......	0 5[illegible]
1815..	Loi 16 août......	......	......	......	......	0 05	......	0 5[illegible]
1832..	Ord. 17 août.....	......	0 10	......	......	0 01	......	0 6[illegible]
1848..	Arrêté 17 juin....	......	......	......	......	0 05	......	0 7[illegible]
1852..	Décret 17 mars...	......	......	......	......	......	0 048	0 6[illegible]
1855..	Décret 3 novembre.	......	1 25	......	......	0 25	......	1 5[illegible]
	Vesce entrant par terre.							
		l. s. d.	l. s. d.	l. s. d.	l. s. d.	l. s. d.	l. s. d.	l. s. d.
1730.	Édit juin........	......	......	......	1 14	......	......	1 14
1743..	Édit décembre....	3 2	......	......	......	......	......	4 16
	Actes déjà cités....	......	......	......	......	2 8	......	7 4
1791..	Loi 19 février....	......	......	......	......	......	7 4	......
	GRAINS AUTRES QUE LE BLÉ, **Orge** ET AUTRES GRAINES que les POIS, FÈVES, LENTILLES et RIZ entrant par terre. (Voir pour le blé et les 4 derniers articles le tableau n° 2.)							
		l. s. d.	l. s. d.	l. s. d.	l. s. d.	l. s. d.	l. s. d.	l. s. d.
1730..	Édit juin........	......	......	......	1 7	......	......	1 7
1743..	Édit décembre....	3 9	......	......	......	......	......	4 16
	Actes déjà cités...	......	......	......	......	2 8	......	7 4
1791..	Loi 19 février.....	......	......	......	......	......	7 4	......
	ORGE entrant.							
		fr. c.	fr. c.	fr. c.	fr. c.	fr. c.	fr. c.	fr. c.
1799..	Loi 10 décembre..	......	0 60	......	......	......	......	0 60
1803..	Arrêté 21 septemb.	......	1 90	......	......	......	......	2 50
1808..	Décret 9 juin.....	......	......	......	......	......	1 30	1 20
1815..	Loi 16 août......	......	......	......	......	0 12	......	1 32
1816..	?	......	......	......	......	......	1 32	......
1818..	Ord. 23 décembre.	......	1	......	......	0 10	......	1 10
1848..	Arrêté 17 juin....	......	......	......	......	0 10	......	1 20
1852..	Décret 17 mars...	......	......	......	......	......	0 072	1 12
1855..	Décret 3 novembre.	......	1 60	......	......	0 32	......	1 92

FOURRAGES. (Fin.)

DÉNOMINATION DES DROITS D'INTRODUCTION principaux ou additionnels. 10	OBSERVATIONS. 11
	LES 9 SETIERS.
....	Coutume de l'avoine dont la quotité est inconnue.
Barrage.	
Domaine.	
Domaine et barrage.	
Doublement du domaine et barrage.	
Vingtièmes de l'hôpital général.	
Dix sous pour livre......................	Pour le Trésor sur tous les droits principaux.
....	Suppression générale.
	LE MUID (36 HECTOLITRES 1/2).
Droits de police.	
Droits rétablis.	
Vingtièmes de l'hôpital et dix sous pour liv.	Pour le Trésor.
....	Suppression générale.
	L'HECTOLITRE.
Octroi municipal et de bienfaisance........	(27 vendémiaire an VII.)
Idem..................................	(19 frimaire an VIII.)
Idem..................................	Du 11 novembre 1813 au 27 avril 1814 décime pour le Trésor.
Décime..................................	Pour la Ville.
Octroi.— Décime.	
Deuxième décime..........................	*Idem.*
Octroi. — Décimes........................	Diminution de 4 centimes en principal.
Idem.	LES 100 KILOGRAMMES.
	LE MUID (36 HECTOLITRES 1/2).
Droits de police.	
Droits rétablis.	
Dix sous pour livre......................	Pour le Trésor.

Mêmes droits de Domaine, barrage, ancien et nouveau, que pour l'avoine, et en outre :

	LE MUID (36 HECTOLITRES 1/2).
Droits de police.	
Droits rétablis.	
Dix sous pour livre......................	Pour le Trésor.
....	Suppression générale.
	L'HECTOLITRE.
Octroi municipal et de bienfaisance........	(19 frimaire an VIII.)
Idem..................................	Du 11 novembre 1813 au 27 avril 1814 Décime pour le Trésor.
Idem..................................	Diminution de 1 fr. 30 cent.
Décime..................................	Pour la Ville.
....	De 1816 à 1818 l'orge n'a pas figuré au tarif.
Octroi. — Décime.	
Deuxième décime..........................	Pour la Ville.
....	Diminution de 6 centimes en principal.
Octroi. — Décimes........................	LES 100 KILOGRAMMES.

OBJETS DIVERS.

ANNÉES. 1	TITRES de PERCEPTION. 2	DROITS D'ENTRÉE: pour le TRÉSOR. 3	pour la VILLE. 4	pour les HÔPITAUX. 5	pour les OFFICIERS de police. 6	SURTAXES. 7	À DÉDUIRE pour suppression 8	TOTAL après chaque variation. 9
	Sels.							
		l. s. d.	l. s. d.	l. s. d.	l. s. d.	l. s. d.	l. s. d.	l. s. d.
1213..	Charte janvier....	......	5^s	......	......	......	......	5^s
1268..	Livre des métiers..	......	......	......	......	......	......	......
1337..	Let. pat. 10 déc...	......	......	......	......	......	......	......
1341..	Let. pat. 25 avril..	......	......	......	......	......	......	......
1350..	Let. pat. 17 février.	......	......	......	......	......	......	......
1415..	Ord. février......	......	......	......	......	......	......	......
1268..	Livre des métiers..	2^s	......	......	......	......	......	2^s
	SEL GRIS OU BLANC entrant							
		fr. c.	fr. c.	fr. c.	fr. c.	fr. c.	fr. c.	fr. c.
1817..	Ord. 8 janvier ...	......	0 05	......	......	0 05	......	0 055
1848..	Arrêté 17 juin....	......	......	......	......	0 005	......	0 06
1852..	Décret 17 mars...	......	4 70	......	......	0 94	......	5 64
1855..	Décret 3 novembre.	......	0 30	......	......	0 06	......	6 00
	Cires entrant par terre.							
		l. s. d.	l. s. d.	l. s. d.	l. s. d.	l. s. d.	l. s. d.	l. s. d.
1268..	Livre des métiers..	4^d	......	......	......	......	......	4^d
	CIRE POULAINE (de Pologne).							
1341..	Let. pat. 25 avril..	......	......	......	......	......	......	......
1350..	Let. pat. 17 février.	......	......	......	......	......	......	......
1351..	Let. pat. 3 mai...	......	......	......	......	......	......	......
1360..	Inst. G^d C^l 18 déc.	......	......	......	......	......	......	......
	CIRES entrant.							
		l. s. d.	l. s. d.	l. s. d.	l. s. d.	l. s. d.	l. s. d.	l. s. d.
1640..	Décl. 1er février...	5^s	......	......	......	......	......	5^s
1692..	Décl. 17 septembre.	1^l	......	......	......	......	5^s	1^l
1693..	Arrêté 16 juin....	3	......	......	......	......	......	4
1705..	Décl. 7 juillet.....	4	......	......	......	......	......	8
1730..	Édit juin........	......	......	......	7^l	......	......	15
1758..	Décl. 10 décembre.	10	......	......	......	......	......	25
	Actes déjà cités...	......	......	1^l 6^s	......	13^l 13^s	......	39 19
1791..	Loi 19 février.....	......	......	......	......	......	39^l 19^s	......
	CIRES et BOUGIES entrant.							
		fr. c.	fr. c.	fr. c.	fr. c.	fr. c.	fr. c.	fr. c.
1817..	Ord. 8 janvier....	......	0 60	......	......	0 06	......	0 66
	CIRE BLANCHE et SPERMA CETI RAFFINÉ OU PRESSÉ, entrant.							
		fr. c.	fr. c.	fr. c.	fr. c.	fr. c.	fr. c.	fr. c.
1822..	Ord. 13 mars.....	......	0 30	......	......	0 03	......	0 33
1848..	Arrêté 17 juin....	......	......	......	......	0 03	......	0 36
1852..	Décret 17 mars...	......	28 20	......	......	5 64	......	33 84
1855..	Décret 3 novembre.	......	......	......	......	......	0 24	33 60
	CIRE JAUNE entrant et SPERMA CETI BRUT							
		fr. c.	fr. c.	fr. c.	fr. c.	fr. c.	fr. c.	fr. c.
1822..	Ord. 13 mars.....	......	0 20	......	......	0 02	......	0 22
1848..	Arrêté 17 juin....	......	......	......	......	0 02	......	0 24
1852..	Décret 17 mars...	......	18 80	......	......	3 76	......	22 56
1855..	Décret 3 novembre.	......	0 20	......	......	0 04	......	22 80
	CIRE BLANCHE, SPERMA CETI RAFFINÉ et PRESSÉ; CIRE JAUNE, entrant.							
		fr. c.	fr. c.	fr. c.	fr. c.	fr. c.	fr. c.	fr. c.
1874..	Décret 28 juillet..	......	35 00	......	......	7 00	......	42 00

OBJETS DIVERS.

DÉNOMINATION DES DROITS D'INTRODUCTION principaux ou additionnels.	OBSERVATIONS.	DROITS de VENTE pour le Trésor.
10	11	12
	LE BATEAU.	s. d.
....	Concession à la marchandise de l'eau représentant la ville.	
	LE MINOT (100 livres).	
....	Mesureurs de sels avec un droit dont la quotité est inconnue.	
....	Vente et achat..	3'
....	*Idem*..	2
....	Vente et revente..	3
....	Courtiers avec 4'p et briseurs avec 4dp.	
	LA CHARRETTE.	
Péage du Petit-Pont.		
	LE KILOGRAMME.	
Octroi. — Décime.		
Deuxième décime.		
	LES 100 KILOGRAMMES.	
Octroi. — Décimes.		
Idem.		
	LA CHARRETTE.	s. d.
Péage du Petit-Pont.		
	LA BALLE OU LE PAIN.	
....	Vente et achat..	2'
....	Vente et revente..	3
....	*Idem*..	4 6
....	Jusqu'en 1465..	Sol p^r livre
	LES 2,000 LIVRES.	
Barrage.		
Domaine et barrage.		
Poids-le-Roi.		
Doubl^t du dom. et bar. et du poids-le-Roi.		
Officiers de police.		
Don gratuit.		
Vingtièmes et dix sous pour livre.....		
....	Suppression générale.	
	LE KILOGRAMME.	
Octroi. — Décime.................	Jusqu'en 1822.	
	LE KILOGRAMME.	
Octroi. — Décime.		
Deuxième décime.................	Pour la Ville.	
	LES 100 KILOGRAMMES.	
Octroi. — Décimes.		
Idem.........................	Diminution de 20 centimes en principal jusqu'en 1874.	
	LE KILOGRAMME.	
Octroi. — Décime.		
Deuxième décime.................	Pour la Ville.	
	LES 100 KILOGRAMMES.	
Octroi. — Décimes.		
Idem.		
	LES 100 KILOGRAMMES.	
Octroi. — Décimes.		

OBJETS DIVERS. (Suite.)

ANNÉES.	TITRES de PERCEPTION.	DROITS D'ENTRÉE pour le TRÉSOR.	pour la VILLE.	pour les HÔPITAUX.	pour les OFFICIERS de police.	SURTAXES.	À DÉDUIRE pour suppression	TOTAL après chaque variation
1	2	3	4	5	6	7	8	9
	Bougie stéarique entrant.							
		fr. c.	fr. c.	fr. c.	fr. c.	fr. c.	fr. c.	fr. c.
1835..	Ord. 15 mai......	......	0 075	......	......	0 0075	......	0 08
1848..	Arrêté 17 juin....	......	......	......	......	0 0075	......	0 09
	BOUGIES, ACIDES, STÉARIQUES et MARGARIQUES, et AUTRES SUBSTANCES pouvant remplacer la CIRE, entr							
		fr. c.	fr. c.	fr. c.	fr. c.	fr. c.	fr. c.	fr. c.
1848..	Arrêté 12 octobre..	......	10 00	......	......	2 00	......	12 00
1852..	Décret 17 mars...	......	......	......	......	......	0 72	11 28
1855..	Décret 3 novembre.	......	6 60	......	......	1 32	......	19 20
	LES MÊMES et AUTRES telles que la PARAFFINE, etc.; SPERMA CETI BRUT entrant.							
		fr. c.	fr. c.	fr. c.	fr. c.	fr. c.	fr. c.	fr. c.
1874..	Décret 28 juillet...	......	20 00	......	......	4 00	......	24
	Sains (GRAISSES COMESTIBLES).							
		l. s. d.	l. s. d.	l. s. d.	l. s. d.	l. s. d.	l. s. d.	l. s.
1268..	Livre des métiers..	½	......	......	......	......	......	
	Idem............	......	......	......	......	......	......	.....
	Oins (GRAISSES NON COMESTIBLES) DESPLOYÉS (fondus et mis en boule?)							
		l. s. d.	l. s. d.	l. s. d.	l. s. d.	l. s. d.	l. s. d.	l. s.
1268..	Livre des métiers..	4	......	......	......	......	......	
	OINS À VENDRE entrant par terre ou par eau.							
		l. s. d.	l. s. d.	l. s. d.	l. s. d.	l. s. d.	l. s. d.	l. s.
1268..	Livre des métiers..	½	......	......	......	......	......	½
	OINS FRAIS entrant par eau.							
		l. s. d.	l. s. d.	l. s. d.	l. s. d.	l. s. d.	l. s. d.	l. s.
1268..	Livre des métiers..	½	......	......	......	......	......	½
	Idem............	......	......	......	......	......	......	.....
	OINS EN PENNE (faisant corps avec la flèche de lard).							
		l. s. d.	l. s. d.	l. s. d.	l. s. d.	l. s. d.	l. s. d.	l. s.
1268..	Livre des métiers..	4	......	......	......	......	......	4
	Suif.							
		l. s. d.	l. s. d.	l. s. d.	l. s. d.	l. s. d.	l. s. d.	l. s.
1268..	Livre des métiers..	2	......	......	......	......	......	2
1268..	Livre des métiers..	½	......	......	......	......	......	½
1268..	Livre des métiers..	½	......	......	......	......	......	½
	Idem............	......	......	......	......	......	......	.....
	SUIFS et CHANDELLES entrant.							
		l. s. d.	l. s. d.	l. s. d.	l. s. d.	l. s. d.	l. s. d.	l. s. d
1640..	Décl. 1er février...	5	......	......	......	......	......	5
1692..	Décl. 17 septembre	1	......	......	......	......	5	1
1693..	Édit avril........	5	......	......	......	......	......	5 1
	Arrêt 16 juin.....	3	......	......	......	......	......	5 4
1705..	Décl. 7 juillet.....	4	......	......	......	......	......	5 8
1707..	Décl. 26 mars....	5	......	......	......	......	......	10 8
	Actes déjà cités....	......	......	10 6	......	2 3 6	......	13 2
1719..	Arrêt 19 septembre	......	......	......	......	......	12 12	10

OBJETS DIVERS. (Suite.)

DÉNOMINATION DES DROITS D'INTRODUCTION principaux ou additionnels. 10	OBSERVATIONS. 11	DROITS de VENTE pour le Trésor. 12
	LE KILOGRAMME.	s. d.
Octroi. — Décime. Deuxième décime	Pour la Ville.	
	LES 100 KILOGRAMMES.	
Octroi. — Décimes.	Diminution de 60 centimes en principal.	
	LES 100 KILOGRAMMES.	
Octroi. — Décimes.		
	LE TONNEAU.	
Rivage de Seine.	Courtiers de graisses avec 12^{dp} par 100 livres pesant.	
	LA CHARRETTE.	
Péage du Petit-Pont		
	LA PIÈCE OU LE BACON.	
Péage du Petit-Pont.		
	LES 5 LIVRES ET AU-DESSUS.	
Rivage de Seine.	Tonlieu. (2^{d} les 100 petits morceaux.)	$\frac{1}{2}$
Conduit.		
	LES 24 TESTÉES DITES DOUZAINE.	
Péage du Petit-Pont.		
	LA PELLÉE OU L'AUGE.	
Péage du Petit-Pont.		
	LES 5 LIVRES ET AU-DESSUS.	
Rivage de Seine.	Tonlieu. (2^{d} les 100 petits morceaux.)	$\frac{1}{2}$
	LES 100 LIVRES.	
Barrage.		
Domaine et barrage.		
Sol par livre pesant	Remplacement du droit attribué à des offices non achetés.	
Poids-le-Roi.		
Doubl^{t} du dom. bar. et du poids-le-Roi.		
Nouveau sol par livre pesant.		
Vingtième et quatre sous pour livre	Voir les dates de 1705, 1709 et 1711 au tableau n° 1.	
	Suppression des deux sols par livre pesant et de leurs surtaxes.	

OBJETS DIVERS. (Suite.)

ANNÉES. 1	TITRES de PERCEPTION. 2	DROITS D'ENTRÉE pour le TRÉSOR. 3	pour la VILLE. 4	pour les HÔPITAUX. 5	pour les OFFICIERS de police. 6	SURTAXES. 7	À DÉDUIRE pour suppression 8	TOTAL après chaque variation 9
	Suifs et chandelles. (Suite.)							
		l. s. d.	l. s. d.	l. s. d.	l. s. d.	l. s. d.	l. s. d.	l. s. d.
1720..	Arrêt 9 août.....	8 4	......	......	......	......	......	8 4
1721..	Arrêt 11 mai.....	5	......	......	......	......	......	5 8 4
1730..	Édit juin........	......	......	......	7	......	......	5 15 4
1748..	Édit février......	5	......	......	......	......	......	10 15 4
1758..	Décl. 10 décembre.	10	......	......	......	......	......	11 5 4
	Actes déjà cités...	......	......	1 2 1	......	4 18 8	......	17 6 1
1776..	Décl. 5 février....	1 18 9	......	......	......	......	17 6 1	1 18 9
1781..	Édit août........	......	......	......	......	3 6	......	2 2 3
1791..	Loi 19 février....	......	......	......	......	......	2 2 3	......
	Suifs en pains et chandelles.							
		fr. c.	fr. c.	fr. c.	fr. c.	fr. c.	fr. c.	fr. c.
1818..	Ord. 23 décembre.	3	......	......	......	0 30	......	3 30
	Suifs de toute espèce, bruts ou fondus sous toute forme, vieux oings et graisses de toute espèce, non comestibles, venant de l'extérieur, sortant des abattoirs ou des suifferies et fondoirs particuliers.							
		fr. c.	fr. c.	fr. c.	fr. c.	fr. c.	fr. c.	fr. c.
1846..	Ord. 23 décembre.	3	......	......	......	0 30	......	3 30
	Arrêté 17 juin....	......	......	......	......	0 30	......	3 60
1852..	Décret 17 mars...	......	......	......	......	......	0 216	3 38
1855..	Décret 3 novembre.	3 18	......	......	......	0 636	......	7 20
1874..	Décret 28 juillet..	4	......	......	......	0 80	......	12 00
	Drogueries-épiceries.							
1360..	Inst. G^{d} C^{l} 18 déc.	......	......	......	......	......	......	......
	Alun de glace entrant.							
		l. s. d.	l. s. d.	l. s. d.	l. s. d.	l. s. d.	l. s. d.	l. s. d.
1268..	Livre des métiers..	1^{r}	......	......	......	......	......	......1^{r}
1341..	Let. pat. 25 avril..	......	......	......	......	......	......	......
1350..	Let. pat. 17 février.	......	......	......	......	......	......	......
1351..	Let. pat. 3 mai....	......	......	......	......	......	......	......
	Soufre, couperose, vif-argent et borax.							
1341..	Let. pat. 25 avril..	......	......	......	......	......	......	......
1350..	Let. pat. 17 février.	......	......	......	......	......	......	......
1351..	Let. pat. 3 mai...	......	......	......	......	......	......	......
	Alun, mine de plomb, potasse, manganèse, soufre, salpêtre, tartre et arsenic.							
	Poivre.							
		l. s. d.	l. s. d.	l. s. d.	l. s. d.	l. s. d.	l. s. d.	l. s. d.
1268..	Livre des métiers..	4^{r}	......	......	......	......	......	4^{r}
	Idem...........	4^{r}	......	......	......	......	......	4^{r}
1350..	Let. pat. 17 février.	......	......	......	......	......	......	......
1351..	Let. pat. 3 mai...	......	......	......	......	......	......	......
	Gingembre et canelle.							
1341..	Let. pat. 25 avril..	......	......	......	......	......	......	......
1350..	Let. pat. 17 février.	......	......	......	......	......	......	......
1351..	Let. pat. 3 mai...	......	......	......	......	......	......	......
	Girofle.							
1341..	Let. pat. 25 avril..	......	......	......	......	......	......	......
1350..	Let. pat. 17 février.	......	......	......	......	......	......	......
1351..	Let. pat. 3 mai...	......	......	......	......	......	......	......

OBJETS DIVERS. (Suite.)

DÉNOMINATION DES DROITS D'INTRODUCTION principaux ou additionnels.	OBSERVATIONS.	DROITS de VENTE pour le Trésor.
10	11	12
	LES 100 LIVRES.	
Denier par livre pesant. Nouveau sol par livre pesant. Gardes de nuit plancheyeurs. Doublement du sol par livre pesant. Don gratuit. Vingtièmes et huit sous pour livre. Droit unique. Deux sous pour livre.		
....	Suppression générale.	
	LES 100 KILOGRAMMES.	
Octroi. — Décime.	Jusqu'en 1846.	
Octroi. — Décime. Deuxième décime. Octroi. — Décimes........	Diminution de 0 fr. 18 cent. en principal.	
Idem. *Idem.*		p. l. d. prix. s. d.
....	Jusqu'en 1465........	1
	LA CHARRETTE.	
Péage du Petit-Pont.		Droit fixe. s. d.
	LA BALLE.	
....	Vente et achat........	12'
....	Vente et revente........	16
....	*Idem*........	2'
		p. l. d. prix. s. d.
....	Vente et achat........	4
....	Vente et revente........	4
....	*Idem*........	4
De 1692 à 1791, mêmes droits que pour les teintures.		
		Droit fixe. s. d.
	LA BALLE.	
Péage du Petit-Pont. Conduit.		
....	Vente et revente........	6'
....	*Idem*........	9
....	Vente et achat........	4
....	Vente et revente........	6
....	*Idem*........	9
....	Vente et achat........	25
....	Vente et revente........	30
....	*Idem*........	45

OBJETS DIVERS. (Suite.)

ANNÉES.	TITRES de PERCEPTION.	DROITS D'ENTRÉE pour le TRÉSOR.	pour la VILLE.	pour les HÔPITAUX.	pour les OFFICIERS de police.	SURTAXES.	À DÉDUIRE pour suppression	TOTAL après chaque variation
1	2	3	4	5	6	7	8	9
	SAFRAN.							
1341..	Let. pat. 25 avril.	......	......	......	......	......	......	......
1350..	Let. pat. 17 février.	......	......	......	......	......	......	......
1351..	Let. pat. 3 mai...	......	......	......	......	......	......	......
	ANIS VERT, CUMIN.							
1341..	Let. pat. 25 avril.	......	......	......	......	......	......	......
1350..	Let. pat. 17 février.	......	......	......	......	......	......	......
1351..	Let. pat. 3 mai...	......	......	......	......	......	......	......
	AMANDES SÈCHES.							
1341..	Let. pat. 25 avril.	......	......	......	......	......	......	......
1350..	Let. pat. 17 février.	......	......	......	......	......	......	......
1351..	Let. pat. 3 mai...	......	......	......	......	......	......	......
	AMANDES et AVELINES entrant par terre. AMANDES, FRUITS SECS autres que les fruits à cidre, FIGUES, DATTES, PÂTES DE FRUIT, CITRONS et autres fruits confits de toute espèce; OLIVES entrant.							
		fr. c.	fr. c.	fr. c.	fr. c.	fr. c.	fr. c.	fr. c
1848..	Arrêté du 17 juin.	......	0 05	......	......	0 010	......	0 0
	RÉGLISSE, ASPIC, GRAINES DE PARADIS, POIVRE LONG, CUBÈBE, GARINGAL, MACIS, NOIX MUGUETTES, FLEUR DE CANELLE, SAFFLEUR (fleur de soufre?), DATTES, FIGUES DE MALTE et PIGNONS (probablement secs).							
1341..	Let. pat. 25 avril..	......	......	......	......	......	......	......
1350..	Let. pat. 17 février.	......	......	......	......	......	......	......
1351..	Let. pat. 3 mai....	......	......	......	......	......	......	......
	DROGUERIES-ÉPICERIES entrant par terre.							
		l. s. d.	l. s. d.	l. s. d.	l. s. d.	l. s. d.	l. s. d.	l. s. d
1640..	Décl. 1er février...	5s	......	......	......	......	......	5s
1651..	Décl. 8 février....	10	......	......	......	......	......	15
	LES MÊMES, telles que : POIVRE, MANIGUETTE, GINGEMBRE, CANELLE, GIROFLE, MUSCADE, SÉNÉ, RÉGLISSE, PISTACHES, CASSE, TAMARIN, DATTES et FIGUES SÈCHES, PRUNEAUX, OLIVES et CÂPRES CONSERVÉES OU CONFITES, RIZ, CHIENDENT, VANILLE, CAFÉ, CACAO, CHOCOLAT, THÉ, TABAC, JAMBONS, ANCHOIS, SARDINES, THON et HUÎTRES MARINÉS, COLLE.							
		l. s. d.	l. s. d.	l. s. d.	l. s. d.	l. s. d.	l. s. d.	l. s. d
1692..	Décl. 17 septembre	1	......	......	......	......	......	1
1693..	Arrêt 16 juin....	3	......	......	......	......	......	4
1705..	Décl. 7 juillet....	4	......	......	......	......	......	8
1730..	Édit juin........	......	......	......	7	......	......	15
1758..	Décl. 10 décembre.	10	......	......	......	......	......	25
	Actes déjà cités...	......	......	1 6	......	13 13	......	39 19
1791..	Loi 19 février....	......	......	......	......	......	39 19	......
	THÉ entrant.							
		fr. c.	fr. c.	fr. c.	fr. c.	fr. c.	fr. c.	fr. c
1848..	Arrêté 17 juin....	......	1 00	......	......	0 20	......	1 20

OBJETS DIVERS. (Suite.)

DÉNOMINATION DES DROITS D'INTRODUCTION principaux ou additionnels. 10	OBSERVATIONS. 11	DROITS de VENTE pour le Trésor. 12
		s. d.
....	Vente et achat	25ᵖ
....	Vente et revente......................................	18ᵖ
....	*Idem*......................................	27
....	Vente et achat......................................	12
....	Vente et revente......................................	16
....	*Idem*......................................	2
....	Vente et achat......................................	12
....	Vente et revente......................................	17
....	*Idem*......................................	27
De 1692 à 1791, mêmes droits que pour les objets d'épicerie ci-dessous.		
	LE KILOGRAMME.	
Octroi. — Décimes................	Jusqu'au 4 novembre suivant.	
		pʳ l. du prix.
....	Vente et achat......................................	4
....	Vente et revente......................................	4
....	*Idem*......................................	6
	LES 2,000 LIVRES.	
Barrage..............................	Jusqu'en 1692.	
Domaine..............................	*Idem.*	
	LES 2,000 LIVRES.	
Domaine et barrage. Poids-le-Roi. Doubl. du dom. bar. et du poids-le-Roi. Officier de police. Don gratuit. Vingtièmes et dix sous pour livre.		
....	Suppression générale.	
	LE KILOGRAMME.	
Octroi. — Décimes................	Jusqu'au 30 septembre suivant.	

OBJETS DIVERS. (Suite.)

ANNÉES.	TITRES de PERCEPTION.	DROITS D'ENTRÉE						
		pour le TRÉSOR.	pour la VILLE.	pour les HÔPITAUX.	pour les OFFICIERS de police.	SURTAXES.	À DÉDUIRE pour suppression	TOTAL après chaque variation
1	2	3	4	5	6	7	8	9
Miel.								
		l. s. d.	l. s. d.	l. s. d.	l. s. d.	l. s. d.	l. s. d.	l. s. d.
1268..	Livre des métiers..	$\frac{1}{2}$ d	......	......	......	......	......	$\frac{1}{2}$
1268..	Livre des métiers..	4 d	......	......	......	......	......	4 d
1268..	Livre des métiers..	1	......	......	......	......	......	1
MIEL DE NARBONNE ou de MONTPELLIER.								
1341..	Let. pat. 25 avril..	......	......	......	......	......	......	......
1350..	Let. pat. 17 février.	......	......	......	......	......	......	......
1351..	Let. pat. 3 mai....	......	......	......	......	......	......	......
MIEL entrant.								
		l. s. d.	l. s. d.	l. s. d.	l. s. d.	l. s. d.	l. s. d.	l. s. d.
1640..	Décl. 1er février...	5 s	......	......	......	......	......	5 s
Sucre ENTIER (peut-être raffiné?).								
1341..	Let. pat. 25 avril..	......	......	......	......	......	......	......
1350..	Let. pat. 17 février.	......	......	......	......	......	......	......
1351..	Let. pat. 3 mai....	......	......	......	......	......	......	......
SUCRE DE CHYPRE.								
1350..	Let. pat. 17 février.	......	......	......	......	......	......	......
1351..	Let. pat. 3 mai....	......	......	......	......	......	......	......
SUCRE BRISÉ (en morceaux?)								
1341..	Let. pat. 25 avril..	......	......	......	......	......	......	......
1350..	Let. pat. 17 février.	......	......	......	......	......	......	......
1351..	Let. pat. 3 mai....	......	......	......	......	......	......	......
SUCRE EN POUDRE.								
1350..	Ord. 30 janvier...	......	......	......	......	......	......	......
Confitures, citronnat, dragées.								
1341..	Let. pat. 25 avril..	......	......	......	......	......	......	......
1350..	Let. pat. 17 février.	......	......	......	......	......	......	......
1351..	Let. pat. 3 mai....	......	......	......	......	......	......	......
SUCRE, CASSONADE, DRAGÉES, SIROPS, CONFITURES SÈCHES ET LIQUIDES, FRUITS CUITS, ROSSOLIS, SORBET, entrant								
SUCRE entrant.								
		fr. c.	fr. c.	fr. c.	fr. c.	fr. c.	fr. c.	fr. c.
1848..	Arrêté 17 juin....	......	0 01	......	......	0 02	......	0 12
VIN DE SAINT-LAURENT, MUSCAT D'ESPAGNE ET AUTRES LIQUEURS EN BOUTEILLE OU EMBALLÉS; EAUX DE LA REINE DE HONGRIE, DE CANELLE, DE CETTE ET AUTRES; EAUX DE FORGE ET EAUX MINÉRALES entrant par terre.								
Glace à rafraîchir entrant.								
		fr. c.	fr. c.	fr. c.	fr. c.	fr. c.	fr. c.	fr. c.
1848..	Arrêté 17 juin....	......	0 05	......	......	0 01	......	0 06
1855..	Décret 3 novembre.	......	5	......	......	1 00	......	6 00
1872..	Décret 14 mars...	......	......	......	......	......	3 00	3 00
1874..	Décret 28 juillet...	......	2 50	......	......	0 50	......	6 00
1878..	Arrêté 9 mai......	......	......	......	......	......	6 00	......

OBJETS DIVERS. (Suite.)

DÉNOMINATION DES DROITS D'INTRODUCTION principaux ou additionnels. 10	OBSERVATIONS. 11	DROITS de VENTE pour le Trésor. 12
	LE TONNEAU.	s. d.
Rivage de Seine.		
	LA CHARRETTE.	
Conduit.		
	LE SOMMIER.	
Péage du Petit-Pont.		
	LA QUEUE.	
....	Vente et achat........	4
....	Vente et revente........	6
....	*Idem*........	9
Barrage........	Jusqu'en 1692; depuis, jusqu'en 1791, mêmes droits que p[r] les épic[ries]	
	LA BALLE.	
....	Vente et achat........	3
....	Vente et revente........	6
....	*Idem*........	9
	LA BALLE.	
....	Achat et revente........	3
....	*Idem*........	4 6
	LA BALLE.	
....	Vente et achat........	2
....	Vente et revente........	3
....	*Idem*........	4 6
	LA BALLE.	
....	Vente et revente........	2
		P[r] liv. du prix.
....	Vente et achat........	4
....	Vente et revente........	4
....	*Idem*........	6

De 1692 à 1791, mêmes droits que pour les épiceries.

Octroi. — Décimes........	Jusqu'au 12 octobre suivant.	

De 1692 à 1791, mêmes droits que pour les épiceries.

	LE KILOGRAMME.	
Octroi. — Décimes........	Jusqu'au 12 octobre suivant.	
	LES 100 KILOGRAMMES.	
Octroi. — Décimes........		
Idem........	Diminution de 2 fr. 50 en principal.	
Idem.		
....	Suppression.	

OBJETS DIVERS. (Suite.)

ANNÉES.	TITRES de PERCEPTION.	DROITS D'ENTRÉE pour le TRÉSOR.	pour la VILLE.	pour les HÔPITAUX.	pour les OFFICIERS de police.	SURTAXES.	À DÉDUIRE pour suppression	TOTAL après chaque variation
1	2	3	4	5	6	7	8	9
	Gommes, vernis, laques, encens, mastic blanc (LIQUEUR).							
		l. s. d.	l. s. d.	l. s. d.	l. s. d.	l. s. d.	l. s. d.	l. s. d.
1341..	Let. pat. 25 avril..	......	......	......	......	......	......	......
1350..	Ord. 30 janvier...	......	......	......	......	......	......	......
1351..	Let. pat. 3 mai....	......	......	......	......	......	......	......
	ENCENS, ASSA FÆTIDA, SANG-DRAGON, MANNE, entrant par terre.							
		l. s. d.	l. s. d.	l. s. d.	l. s. d.	l. s. d.	l. s. d.	l. s. d.
1692..	Décl. 17 septembre.	1	......	......	......	......	......	1
1693..	Arrêt 16 juin.....	3	......	......	......	......	......	4
1705..	Décl. 7 juillet.....	4	......	......	......	......	......	8
1730..	Édit juin........	......	......	......	7	......	......	15
1758..	Décl. 10 décembre.	10	......	......	......	......	......	25
	Actes déjà cités...	......	......	1 6	......	13 13	......	39 19
1791..	Loi 19 février.....	......	......	......	......	......	39 19	......
	Poix NOIRE et BLANCHE.							
		l. s. d.	l. s. d.	l. s. d.	l. s. d.	l. s. d.	l. s. d.	l. s. d.
1341..	Let. pat. 25 avril..	......	......	......	......	......	......	......
1350..	Ord. 30 janvier...	......	......	......	......	......	......	......
1351..	Let. pat. 3 mai....	......	......	......	......	......	......	......
	POIX GRASSE, **goudron, brai, bitume**, entrant par terre.							
		l. s. d.	l. s. d.	l. s. d.	l. s. d.	l. s. d.	l. s. d.	l. s. d.
1640..	Décl. 1er février...	5	......	......	......	......	......	5
1651..	Décl. 8 février....	10	......	......	......	......	......	15
	ASPHALTE, BITUME, BRAI de toute sorte, GOUDRONS naturels ou artificiels non imposables comme essences ou comme goudrons liquides et résidus non imposables comme essences provenant de la houille, du gaz et de toutes autres matières organiques, entrant.							
		fr. c.	fr. c.	fr. c.	fr. c.	fr. c.	fr. c.	fr. c.
1865..	Décret 5 juillet....	......	0 60	......	......	0 12	......	0 72
	Teintures DE TOUTE ESPÈCE.							
		l. s. d.	l. s. d.	l. s. d.	l. s. d.	l. s. d.	l. s. d.	l. s. d.
1268..	Livre des métiers..	2^{p}	......	......	......	......	......	
	LES MÊMES, excepté celles en graine.							
		l. s. d.	l. s. d.	l. s. d.	l. s. d.	l. s. d.	l. s. d.	l. s. d.
1268..	Livre des métiers..	2^{p}	......	......	......	......	......	
	LES MÊMES en graine.							
		l. s. d.	l. s. d.	l. s. d.	l. s. d.	l. s. d.	l. s. d.	l. s. d.
1628..	Livre des métiers.	4^{p}	......	......	......	......	......	
	TEINTURES et GUÈDES.							
1360..	Inst. Gd Cl 18 déc.	......	......	......	......	......	......	......
1415..	Ord. février......	......	......	......	......	......	......	......
	GARANCE.							
1341..	Let. pat. 25 avril..	......	......	......	......	......	......	......
1350..	Ord. 30 janvier...	......	......	......	......	......	......	......
1351..	Let. pat. 3 mai....	......	......	......	......	......	......	......

OBJETS DIVERS. (Suite.)

DÉNOMINATION DES DROITS D'INTRODUCTION principaux ou additionnels. 10	OBSERVATIONS. 11	DROITS DE VENTE pour le TRÉSOR. 12	DROITS DE VENTE pour les OFFICIERS de police. 13
		par livre du prix.	
		s. d.	s. d.
....	Vente et achat........................	4	
....	Vente et revente........................	4	
....	*Idem*........................	6	
	LES 2,000 LIVRES.		
Domaine et barrage.			
Poids-le-Roi.			
Doubl[t] du dom. bar. et du p.-le-R.			
Officiers de police.			
Don gratuit.			
Vingtièmes et dix sous pour livre.			
....	Suppression générale.		
		Droit fixe.	
	LES 100 LIVRES.	s. d.	
....	Vente et achat........................	4'	
....	Vente et revente........................	6	
....	*Idem*........................	9	

De 1692 à 1791, mêmes droits que pour les produits résineux ci-dessus; antérieurement :

Barrage.			
Domaine.			
	LES 100 KILOGRAMMES.		
Octroi. — Décimes.			
	LA CHARRETTE.		
Chaussées.			
	LA CHARRETTE.		
Péage du Petit-Pont.			
	LA CHARGE.		
Péage du Petit-Pont.			
....	Jusqu'en 1465........................	Sol p[r] livre	
		Droit fixe.	
	LE SETIER.	s. d.	s. d.
....	Mesureurs de guèdes........................	......	2'
	LA BALLE.		
....	Vente et achat........................	16'	
....	Vente et revente........................	18	
....	*Idem*........................	27	

OBJETS DIVERS. (Suite.)

ANNÉES. 1	TITRES de PERCEPTION. 2	DROITS D'ENTRÉE pour le TRÉSOR. 3	pour la VILLE. 4	pour les HÔPITAUX. 5	pour les OFFICIERS de police. 6	SURTAXES. 7	À DÉDUIRE pour suppression 8	TOTAL après chaque variation 9
	GRAINES D'ÉCARLATE.							
		l. s. d.	l. s. d.	l. s. d.	l. s. d.	l. s. d.	l. s. d.	l. s. d.
1341..	Let. pat. 25 avril..	......	......	......	......	......	......	......
1350..	Let. pat. 17 février.	......	......	......	......	......	......	......
1351..	Let. pat. 3 mai....	......	......	......	......	......	......	......
	BOIS DE BRÉSIL.							
1341..	Let. pat. 25 avril..	......	......	......	......	......	......	......
1350..	Let. pat. 17 février.	......	......	......	......	......	......	......
1351..	Let. pat. 3 mai...	......	......	......	......	......	......	......
	AZUR, INDE DE BAGDAD, MINE, VERMILLON, FUSTET, ORPIN, GALLE et VERT-DE-GRIS.							
1341..	Let. pat. 25 avril..	......	......	......	......	......	......	......
1350..	Let. pat. 17 février.	......	......	......	......	......	......	......
1351..	Let. pat. 3 mai....	......	......	......	......	......	......	......
	ENCRE BRISÉE (en poudre?)							
1341..	Let. pat. 25 avril..	......	......	......	......	......	......	......
1350..	Let. pat. 17 février.	......	......	......	......	......	......	......
	GUÈDES, PASTELS, COCHENILLE, VERMILLON, AZUR, INDIGO, MINE DE PLOMB, VERT-DE-GRIS, TARTI[...] OCRE, CÉRUSE, BOIS D'INDE, DE FUSTET, DE SUMAC, DE FERNAMBOUC ET DE CAMPÊCHE, CRAIE, BL[...] D'ESPAGNE, SANGUINE et LITHARGES, entrant par terre.							
		l. s. d.	l. s. d.	l. s. d.	l. s. d.	l. s. d.	l. s. d.	l. s. d.
1692..	Décl. 17 septembre.	1	......	......	......	......	......	1
1693..	Arrêt 16 juin.....	3	......	......	......	......	......	4
1705..	Décl. 7 juillet.....	4	......	......	......	......	......	8
1730..	Édit juin........	......	......	......	7	......	......	15
1758..	Décl. 10 décembre.	10	......	......	......	......	......	25
	Actes déjà cités....	......	......	1 6	......	13 13	......	39 19
1791..	Loi 19 février.....	......	......	......	......	......	39 19	......
	CENDRE GRAVELÉE. (Lie de vin séchée, calcinée et employée dans la teinture.)							
		l. s. d.	l. s. d.	l. s. d.	l. s. d.	l. s. d.	l. s. d.	l. s. d.
1268..	Livre des métiers..	2^{r}	......	......	......	......	......	2
	Idem............	2	......	......	......	......	......	2
	Idem............	2^{r}	......	......	......	......	......	2^{r}
1360..	Inst. G[d] C[l] 18 déc..	......	......	......	......	......	......	......
1627..	Arrêt 20 juin.....	......	......	......	......	......	......	......
1644..	Édit novembre....	......	......	......	......	......	......	......
	Idem............	......	......	......	......	......	......	......
		l. s. d.	l. s. d.	l. s. d.	l. s. d.	l. s. d.	l. s. d.	l. s. d.
1647..	Édit mars........	......	......	......	......	......	......	......
1660..	Arrêt 8 octobre...	2^{r} 3^{r} 4^{r}	......	......	......	......	......	2^{r} 3^{r} 4^{r}
	Actes déjà cités....	......	......	......	......	2^{r} 4^{r} 10^{r}	......	4 8 2
1681..	Ord. 22 juillet....	4	......	......	......	......	4^{r} 8^{r} 2^{r}	4
1682..	Arrêt 9 juin......	2 10	......	......	......	2 4	......	8 14
	Actes ci-dessus....	21 15	......	......	......	......	......	21 15
1692..	Décl. 17 septembre.	13 6	......	......	......	......	......	22 8 6
1705..	Décl. 7 juillet.....	13 6	......	......	......	......	......	23 12
1723..	Arrêt 27 septembre,	6	......	......	......	......	......	29 12
1730..	Édit juin........	......	......	......	7	......	......	36 12
1758..	Décl. 10 décembre.	10	......	......	......	......	......	46 12
	Actes déjà cités....	......	......	3 19 6	......	25 5 9	......	75 17 3
1791..	Loi 19 février.....	......	......	......	......	......	75 17 3	......

OBJETS DIVERS. (Suite.)

DÉNOMINATION DES DROITS D'INTRODUCTION principaux ou additionnels. 10	OBSERVATIONS. 11	DROITS DE VENTE pour le TRÉSOR. 12	DROITS DE VENTE pour les OFFICIERS de police. 13
	LA BALLE.	s. d.	s. d.
....	Vente et achat....................................	40r	
....	Vente et revente..................................	15	
....	*Idem*..	60	
	LA BALLE.		
....	Vente et achat....................................	25	
....	Vente et revente..................................	16	
....	*Idem*..	24	
		Par livre du prix.	
		s. d.	s. d.
....	Vente et achat....................................	4	
....	Vente et revente..................................	4	
....	*Idem*..	6	
		Droit fixe.	
	LA BALLE.	s. d.	s. d.
....	Vente et achat....................................	3r	
....	Vente et revente..................................	3	
	LES 2,000 LIVRES.		
Domaine et barrage.			
Poids-le-Roi.			
Dbl' du dom. bar. et du poids-le-R.			
Officiers de police.			
Don gratuit.			
Vingtièmes et dix sous pour livre..			
....	Suppression générale.		
	LA CHARRETTE.		
Chaussées.			
Péage du Petit-Pont.			
Conduit.			
		Par livre du prix.	
		l. s. d.	l. s. d.
....	Jusqu'en 1602 où l'omission au tarif interrompit la percep.	1	
....	Rétablissement de ce droit jusqu'à son aliénation en 1644.	1	
Contrôleurs-priseurs...........	Mêmes officiers que pour les soudes et les cendres.......	......	1.
Jurés-jaugeurs...............	Avec 5 s. p^r tonne.—Continuation des contrôleurs-priseurs	......	1
		Droit fixe.	
	LE MUID (350 LIVRES PESANT).	l. s. d.	l. s. d.
Contrôleurs-priseurs...........	Et nouveaux jurés-jaugeurs avec 5 autres sous par tonne..	......	6r
Tiers retranché...............	2 s. sur les contrôleurs-visiteurs et 5 s. 4 d. s^r les jaug^rs..	......	4 6r 8r
Parisis, sol et six deniers.......	Pour le Trésor sur le droit total. Voir le tableau n° 3.....	......	4 6 8
Droit fixe....................	Absorbant les droits de vente.		
Idem parisis, sol et 6 deniers.....	Réglementation par arrêts des 8 janvier et 20 mars 1683.		
Ancien droit.	LES 2,000 LIVRES.		
Domaine et barrage.			
Doubl' du domaine et barrage.			
Poids-le-Roi..................	Création de 1693 non appliquée alors aux cendres gravelées		
Officiers de police.			
Don gratuit.			
Vingtièmes et dix sous pour livre.	Pour le Trésor.		
....	Suppression générale		

OBJETS DIVERS. (Fin.)

ANNÉES.	TITRES de PERCEPTION.	DROITS D'ENTRÉE pour le TRÉSOR.	pour la VILLE.	pour les HÔPITAUX.	pour les OFFICIERS de police.	SORTAXES.	À DÉDUIRE pour suppression	TOTAL après chaque variation
1	2	3	4	5	6	7	8	9
	Poteries.							
		l. s. d.	l. s. d.	l. s. d.	l. s. d.	l. s. d.	l. s. d.	l. s. d.
1268..	Livre des métiers..	......	......	......	......	......	......	......
	Verres entrant.							
		l. s. d.	l. s. d.	l. s. d.	l. s. d.	l. s. d.	l. s. d.	l. s. d.
1268..	Livre des métiers..	1^{r}	......	......	......	......	......	1
1360..	Inst. G[d] C[t]. 18 déc.	......	......	......	......	......	......	......
	Cristaux, porcelaines et **faïences** entrant par terre.							
		l. s. d.	l. s. d.	l. s. d.	l. s. d.	l. s. d.	l. s. d.	l. s. d.
1692..	Décl. 17 septembre.	1^{r}	......	......	......	......	......	1^{r}
1705..	Décl. 7 juillet	1	......	......	......	......	......	2
1758..	Décl. 10 décembre.	10	......	......	......	......	......	12
	Actes déjà cités ...	......	......	$1^{r}\ 4^{r}$	......	$6^{r}12^{r}$	......	$19^{r}16^{r}$
1791..	Loi 19 février	......	......	......	......	......	$19^{r}16^{r}$	......
	FAÏENCES ET VERRERIES entrant par terre ou par eau.							
		l. s. d.	l. s. d.	l. s. d.	l. s. d.	l. s. d.	l. s. d.	l. s. d.
1730..	Édit juin........	......	......	......	12	......	......	12
1743..	Édit décembre....	4	......	......	......	......	......	16
	Actes déjà cités ...	......	......	1 7	......	8 9	......	1 4 9
1791..	Loi 19 février.....	......	......	......	......	......	1 4 9	......
	VERRES À VITRE entrant.							
		fr. c.	fr. c.	fr. c.	fr. c.	fr. c.	fr. c.	fr. c.
1872..	Décret 24 juillet ..	......	1 50	......	......	0 30	......	1 80
1880..	Arrêté 30 décemb..	......	......	......	......	......	1 80	......
	Glaces (MIROIRS) entrant.							
		fr. c.	fr. c.	fr. c.	fr. c.	fr. c.	fr. c.	fr. c.
1872..	Décret 24 juillet...	......	12	......	......	2 40	......	14 40
1880..	Arrêté 22 décemb..	......	......	......	......	......	14 40	......
	Verres et **bouteilles** entrant.							
		l. s. d.	l. s. d.	l. s. d.	l. s. d.	l. s. d.	l. s. d.	l. s. d.
1640..	Décl. 1er février...	1	......	......	......	......	......	1
1651..	Décl. 8 février....	2	......	......	......	......	3	3
1692..	Décl. 17 septemb..	5 6	......	......	......	......	......	5 6
1705..	Décl. 7 juillet.....	5 6	......	......	......	......	......	11
1758..	Décl. 10 décembre.	10	......	......	......	......	......	10 11
	Actes déjà cités....	......	......	1 1 1	......	5 16 1	......	17 8 2
1791..	Loi 19 février	......	......	......	......	......	17 8 2	......
	BOUTEILLES, DEMI-BOUTEILLES et FLACONS DE VERRE de toutes formes de la capacité de 37 centilitres 50 et au-dessus, entrant.							
		fr. c.	fr. c.	fr. c.	fr. c.	fr. c.	fr. c.	fr. c.
1872..	Décret 24 juillet...	......	0 96	......	......	0 192	......	1 152
1880..	Arrêté 22 décemb..	......	......	......	......	......	1 152	......

OBJETS DIVERS. (Fin.)

DÉNOMINATION DES DROITS D'INTRODUCTION principaux ou additionnels. 10	OBSERVATIONS. 11	DROITS de VENTE pour le Trésor. 12
....	LE LOT. Coutume ou tonlieu..................................	Un objet.
Chaussées.	LA CHARRETTE. Jusqu'en 1465..................................	Sol pr liv.
Domaine et barrage. Doublement du domaine et barrage. Don gratuit. Vingtièmes et dix sous pour livre.	LES 2,000 LIVRES. Suppression générale.	
Officiers de police. Droits rétablis. Vingtièmes et dix sous pour livre.	LA VOIE. Suppression générale.	
Octroi. — Décimes.	LES 100 KILOGRAMMES. Suppression.	
Octroi. — Décimes.	LES 100 KILOGRAMMES. Suppression.	
Barrage. Domaine. Domaine et barrage. Doublement du domaine et barrage. Don gratuit. Vingtièmes et dix sous pour livre..	LA VOIE. Suppression générale.	
Octroi. — Décimes.	LES 100 KILOGRAMMES. Suppression.	

ANIMAUX DIVERS, MOYENS DE TRANPORT, ETC.

ANNÉES.	TITRES de PERCEPTION.	DROITS D'ENTRÉE pour le TRÉSOR.	pour la VILLE.	pour les HÔPITAUX.	pour les OFFICIERS de police.	SURTAXES.	À DÉDUIRE pour suppression	TOTAL après chaque variation.
1	2	3	4	5	6	7	8	9
		Taureaux entrant.						
		l. s. d.	l. s. d.	l. s. d.	l. s. d.	l. s. d.	l. s. d.	l. s. d.
1268..	Livre des métiers.	......	......	......	......	......	......	......
	Idem...........	......	......	......	......	......	......	......
1360..	Inst. G^d C^l. 18 déc.	......	......	......	......	......	......	......
		Chevaux, juments et **poulains** entrant.						
		l. s. d.	l. s. d.	l. s. d.	l. s. d.	l. s. d.	l. s. d.	l. s. d.
1268..	Livre des métiers.	1^{s}	......	......	......	......	......	1^{s}
	Idem...........	......	......	......	......	......	......	......
1360..	Inst. G^d C^l 18 déc.	......	......	......	......	......	......	......
		CHEVAUX.						
1341..	Let pat. 25 vril..	......	......	......	......	......	......	......
1350..	Let. pat. 17 février.	......	......	......	......	......	......	......
1351..	Let. pat. 3 mai...	......	......	......	......	......	......	......
		CHEVAUX et MULETS DE TOUS PAYS, entrant.						
		l. s. d.	l. s. d.	l. s. d.	l. s. d.	l. s. d.	l. s. d.	l. s. d.
1640..	Décl. 1er février...	2^{s} 6^{d}	......	......	......	......	......	2^{s} 6^{d}
1651..	Décl. 8 février....	2 6	....	......	......	......	......	5
1692..	Décl. 17 septembre	6 9	......	......	......	......	5^{s}	6 9
1705..	Décl. 7 juillet....	6 9	......	......	......	......	......	13 6
	Actes déjà cités...	......	......	1^{s} 4^{d}	......	7^{s} 5^{d}	......	1 2 3
1791..	Loi 19 février....	......	......	......	......	......	1 2 3	......
		Mulets, mules, ânes et **ânesses** entrant.						
1268..	Livre des métiers..	......	......	......	......	......	......	......
		Singes À VENDRE entrant.						
		l. s. d.	l. s. d.	l. s. d.	l. s. d.	l. s. d.	l. s. d.	l. s. d.
1268..	Livres des métiers.	4^{s}	......	......	......	......	......	4^{s}
		Chars entrant.						
		l. s. d.	l. s. d.	l. s. d.	l. s. d.	l. s. d.	l. s. d.	l. s. d.
1268..	Livre des métiers..	4^{s}	......	......	......	......	......	4^{s}
		Charrettes entrant.						
		l. s. d.	l. s. d.	l. s. d.	l. s. d.	l. s. d.	l. s. d.	l. s. d.
1268..	Livre des métiers.	2^{s}	......	......	......	......	......	2^{s}
		Petites voitures suivant les marchés, entrant.						
		l. s. d.	l. s. d.	l. s. d.	l. s. d.	l. s. d.	l. s. d.	l. s. d.
1268..	Livre des métiers..	1^{s}	......	......	......	......	......	1^{s}

ANIMAUX DIVERS, MOYENS DE TRANSPORT, ETC.

DÉNOMINATION DES DROITS D'INTRODUCTION principaux ou additionnels. 10	OBSERVATIONS. 11	DROITS de VENTE pour le Trésor. 12
	PAR TÊTE.	s. d.
Péage du Petit-Pont.		
....	Congé et hallage................................	2ᶠ
....	Coutume du pied-fourché jusqu'en 1651	Sol p. livre
	PAR TÊTE.	
Péage du Petit-Pont	Exception pour les bêtes de moins d'un an.	Droit fixe.
....	Tonlieu des marchands seulement et exception pour les poulains tétant encore.	2ᶠ
....	Coutume du pied-rond jusqu'en 1651....................	Sol p. livre
	PAR TÊTE.	Par livre du prix.
....	....	4ᵈ
....	....	4
....	....	6
	PAR TÊTE.	
Barrage........................	Pour les chevaux seulement.	
Domaine........................	*Idem.*	
Domaine et barrage.		
Doublement du domaine et barrage.		
Vingtièmes et dix sous pour livre		
....	Suppression générale.	
	PAR TÊTE.	Droit fixe. s. d.
....	Tonlieu................................	$\frac{1}{2}$ᶠ
	PAR TÊTE.	
Péage du Petit-Pont.		
	CHAQUE.	
Chaussées........................	Indépendamment de la taxe sur les objets transportés.	
	CHAQUE.	
Chaussées........................	Indépendamment de la taxe sur les objets transportés.	
	CHAQUE.	
Chaussées........................	Indépendamment de la taxe sur les objets transportés.	

ANIMAUX DIVERS, MOYENS DE TRANSPORT, ETC. (Suite.)

ANNÉES.	TITRES de PERCEPTION.	DROITS D'ENTRÉE pour le TRÉSOR.	pour la VILLE.	pour les HÔPITAUX.	pour les OFFICIERS de police.	SURTAXES.	À DÉDUIRE pour suppression	TOTAL après chaque variation
1	2	3	4	5	6	7	8	9

Coches, carrosses et charrettes publiques de messagerie, entrant.

		l. s. d.	l. s. d.	l. s. d.	l. s. d.	l. s. d.	l. s. d.	l. s. d.
1640..	Décl. 1er février...	2	......	......	......	......	......	2
1651..	Décl. 8 février....	5	......	......	......	......	......	7
1692..	Décl. 17 septembre.	9 6	......	......	......	......	7	9 6
1705..	Décl. 7 juillet.....	9 6	......	......	......	......	......	19
....	Actes déjà cités...	......	......	1 10	......	10 5	......	1 11 3
1791..	Loi 19 février.....	......	......	......	......	......	1 11 3	......

CARROSSES PUBLICS à 2 et à 4 places servant pour la suite de la cour, entrant.

		l. s. d.	l. s. d.	l. s. d.	l. s. d.	l. s. d.	l. s. d.	l. s. d.
1692..	Décl. 17 septembre.	6	......	......	......	......	......	6
1705..	Décl. 7 juillet....	6	......	......	......	......	......	12
....	Actes déjà cités...	......	......	1 3	......	6 7	......	1 1
1791..	Loi 19 février.....	......	......	......	......	......	1 10	......

Cheval portant à dos, entrant.

		l. s. d.	l. s. d.	l. s. d.	l. s. d.	l. s. d.	l. s. d.	l. s. d.
1268..	Livre des métiers..	$\frac{1}{2}$	......	......	......	......	......	$\frac{1}{2}$

CHEVAL ou MULET DE MESSAGER chargé de ballots ou hardes, entrant.

		l. s. d.	l. s. d.	l. s. d.	l. s. d.	l. s. d.	l. s. d.	l. s. d.
1692..	Décl. 17 septembre.	6^{t} 9^{t}	......	......	......	......	......	6^{t} 9
1705..	Décl. 7 juillet.....	6 9	......	......	......	......	......	13 6
....	Actes déjà cités....	......	......	1^{t} 4^{t}	......	7^{t} 5^{t}	......	1^{t} 2 3
1791..	Loi 19 février.....	......	......	......	......	......	1^{t} 2^{t} 3^{t}	......

Coches et **autres bateaux** de grandeur ordinaire et ceux appelés MARGOTATS, arrivant d'amont.

		l. s. d.	l. s. d.	l. s. d.	l. s. d.	l. s. d.	l. s. d.	l. s. d.
1692..	Décl. 17 septembre.	2 14	......	......	......	......	......	2 14
1705..	Décl. 7 juillet.....	2 14	......	......	......	......	......	5 8
....	Actes déjà cités....	......	......	10 7	......	2 19 3	......	8 17 10
1791..	Loi 19 février....	......	......	......	......	......	8 17 10	......

LES MÊMES de moindre contenance, appelés FLETTES ou TOUES, arrivant d'amont.

		l. s. d.	l. s. d.	l. s. d.	l. s. d.	l. s. d.	l. s. d.	l. s. d.
1692..	Décl. 17 septembre.	1 7	......	......	......	......	......	1 7
1705..	Décl. 7 juillet.....	1 7	......	......	......	......	......	2 14
....	Actes déjà cités....	......	......	5 4	......	1 9 8	......	4 9
1791..	Loi 19 février....	......	......	......	......	......	4 9	......

ANIMAUX DIVERS, MOYENS DE TRANSPORT, ETC. (Suite.)

DÉNOMINATION DES DROITS D'INTRODUCTION principaux ou additionnels. 10	OBSERVATIONS. 11
	CHAQUE.
Barrage	Pour les coches publics, indépendamᵗ des taxes sur les objets transportés.
Domaine	*Idem.*
Domaine et barrage	*Idem.*
Doublᵗ du domaine et barrage	*Idem.*
Vingtièmes et dix sous pour livre.	
	Suppression générale.
	CHAQUE.
Domaine et barrage	Indépendamment des taxes sur les objets transportés.
Doublᵗ du domaine et barrage	*Idem.*
Vingtièmes et dix sous pour livre.	
	Suppression générale.
	PAR TÊTE.
Chaussées	Aussi pour le cheval portant à trousse, si la marchandise est dans la selle.
	PAR TÊTE.
Domaine et barrage	Indépendamment des taxes sur les objets transportés.
Doublᵗ du domaine et barrage	*Idem.*
Vingtièmes et dix sous pour livre.	
	Suppression générale.
	CHAQUE.
Domaine et barrage	Indépendamment des taxes sur les objets transportés.
Doublᵗ du domaine et barrage	*Idem.*
Vingtièmes et dix sous pour livre.	
	Suppression générale.
Domaine et barrage	Indépendamment des taxes sur les objets transportés.
Doublᵗ du domaine et barrage	*Idem.*
Vingtièmes et dix sous pour livre.	
	Suppression générale.

ANIMAUX DIVERS, MOYENS DE TRANSPORT, ETC. (Fin.)

ANNÉES.	TITRES de PERCEPTION.	DROITS D'ENTRÉE						
		pour le TRÉSOR.	pour la VILLE.	pour les HÔPITAUX.	pour les OFFICIERS de police.	SURTAXES.	À DÉDUIRE pour suppression	TOTAL après chaque variation.
1	2	3	4	5	6	7	8	9
	BACHOTS ou BILLES arrivant d'amont.							
		l. s. d.	l. s. d.	l. s. d.	l. s. d.	l. s. d.	l. s. d.	l. s. d.
1692..	Décl. 17 septembre	15	......	......	......	......	......	15
1705..	Décl. 7 juillet	......	......	......	......	......	......	1 10
	Actes déjà cités...	......	......	3	......	16 6	......	2 9 6
1791..	Loi 19 février	......	......	......	......	......	2 9 6	......
	BATEAUX portant travure et autres appelés CABOTIÈRES et BESOGNES arrivant d'aval.							
		l. s. d.	l. s. d.	l. s. d.	l. s. d.	l. s. d.	l. s. d.	l. s. d.
1692..	Décl. 17 septembre	5 8	......	......	......	......	......	5 8
1705..	Décl. 7 juillet.....	5 8	......	......	......	......	......	10 16
	Actes déjà cités...	......	......	1 1 7	......	5 18 9	......	17 16 4
1791..	Loi 19 février	......	......	......	......	......	17 16 4	
	BATEAUX appelés PETITS CHALANDS, FLETTES et GRANDES BARQUETTES arrivant d'aval.							
		l. s. d.	l. s. d.	l. s. d.	l. s. d.	l. s. d.	l. s. d.	l. s. d.
1692..	Décl. 17 septembre	2 14	......	......	......	......	......	2 14
1705..	Décl. 7 juillet	2 14	......	......	......	......	......	5 8
	Actes déjà cités ...	......	......	10 7	......	2 19 13	......	8 17 10
1791..	Loi 19 février	......	......	......	......	......	8 17 10	
	PETITES BARQUETTES et BACHOTS arrivant d'aval.							
		l. s. d.	l. s. d.	l. s. d.	l. s. d.	l. s. d.	l. s. d.	l. s. d.
1692..	Décl. 17 septembre	1 7	......	......	......	......	......	1 7
1705..	Décl. 7 juillet	1 7	......	......	......	......	......	2 14
	Actes déjà cités ...	......	......	5 4	......	1 9 8	......	4 9
1791..	Loi 19 février.....	......	......	......	......	......	4 9	......
	Caisses, écrins, coffres, contenant des marchandises et en général tout fardeau entrant ou sortant par eau.							
		l. s. d.	l. s. d.	l. s. d.	l. s. d.	l. s. d.	l. s. d.	l. s. d.
1268..	Livre des métiers..	$\frac{1^r}{2}$	......	......	......	......	......	$\frac{1^r}{2}$
	Homme chargé entrant.							
		l. s. d.	l. s. d.	l. s. d.	l. s. d.	l. s. d.	l. s. d.	l. s. d.
1268..	Livre des métiers..	1^r	......	......	......	......	......	1^r
	....	1^r	......	......	......	......	......	1^r
	Trousseaux de mariée traversant.							
		l. s. d.	l. s. d.	l. s. d.	l. s. d.	l. s. d.	l. s. d.	l. s. d.
1268..	Livre des métiers..	1^r	......	......	......	......	......	1^r
	Déménagements de ville à ville passant.							
		l. s. d.	l. s. d.	l. s. d.	l. s. d.	l. s. d.	l. s. d.	l. s. d.
1268..	Livre des métiers..	1^r	......	......	......	......	......	1^r

ANIMAUX DIVERS, MOYENS DE TRANSPORT, ETC. (Fin.)

DÉNOMINATION DES DROITS D'INTRODUCTION principaux ou additionnels. 10	OBSERVATIONS. 11
	CHAQUE.
Domaine et barrage..................	Indépendamment des taxes sur les objets transportés.
Doubl^t du domaine et barrage........	*Idem.*
Vingtièmes et dix sous pour livre.	
....	Suppression générale.
	CHAQUE.
Domaine et barrage..................	Indépendamment des taxes sur les objets transportés.
Doubl^t du domaine et barrage........	*Idem.*
Vingtièmes et dix sous pour livre.	
	CHAQUE.
Domaine et barrage..................	Indépendamment des taxes sur les objets transportés.
Doubl^t du domaine et barrage........	*Idem.*
Vingtièmes et dix sous pour livre.	
....	Suppression générale.
	CHAQUE.
Domaine et barrage..................	Indépendamment des taxes sur les objets transportés.
Doubl^t du domaine et barrage........	*Idem.*
Vingtièmes et dix sous pour livre.	
....	Suppression générale.
	CHAQUE.
Rivage de Seine.....................	Indépendamment des taxes sur les objets transportés.
Exemption pour la femme portant à col ou traînant charrette.	
Chaussées...........................	Même s'il trouve à mettre sa charge sur charrette en jurant qu'il a entrepris de porter à col. — Indépendamment des taxes sur les objets transportés.
Péage du Petit-Pont..................	Indépendamment des taxes sur les objets transportés.
	LA CHARRETTE.
Chaussées.	
	CHAQUE.
Chaussées...........................	Sous serment qu'il n'y a pas de marchandise et quand même il y aurait des objets de literie.

RÉCAPITULATION DE

ANNÉES.	TABLEAU N° 1. BOISSONS ET LIQUIDES.						TABLEAU N° COMESTIBLES.			
	Vins.	Alcools.	Cidres.	Vinaigres et Verjus.	Cervoises et Bières.	Huiles et Savons.	Bestiaux et Viandes.	Volailles	Poissons d'eau douce.	Poissor de mer.
1121	O									
1170	......	......	......	......	......	......	......	......	......	......
1213	O	......	......	......	......	......	......	......	......	......
1220	V	......	......	......	......	......	......	......	......	......
1258	P v	......	......	......	......	......	......	......	......	......
1268	E p v	......	......	......	......	E	E	E	V	E
1337	e p V	......	......	V	V	e	e	e	......	e
1341	e p V	......	......	V	V	e V	e	e	......	e
1350	e p V	......	......	V	V	e V	e V	e	V	e
1351	e p V	......	......	V	V	e V	e	e	V	e
1360	E P V	......	......	V	E V	e V	e V	e	V	e
1364	e p v	......	......	v	e v	e v	e	e	V	e
1375	e p v	......	......	v	e v	e v	e P V	e	V	e
1383	E p v	......	......	v	e V	e v	e p v	e	v	e
1384	e p v	......	......	v	V	e v	e p v	e	v	e
1395	e p V	......	......	v	V	e v	e p v	e	v	e
1398	e p v	......	......	v	v	e v	e p v	e	v	e
1415	e P v	......	......	v	v	e v	e p v	e	v	e
1418	E p v	......	......	v	v	e v	e p v	e	v	e
1436	E p v	......	......	v	v	e v	e p v	e	v	e
1465	e p V	......	......	v	v	e v	e p	e	v	e
1499	e p v	......	......	......	......	e	e p V	e	......	e
1505	e p v	......	......	......	......	e	e O p V	e	......	e
1508	e p v	......	......	......	......	e	e p V	e	......	e
1510	e p v	......	......	......	......	e	e p v	e	......	e
1527	e p v	......	......	......	......	e	e O p v	e	......	e
1539	e p v	......	......	......	......	e	e O p v	e	......	e
1544	O p v	......	......	......	......	e	e o p v	e	......	e
1546	o p v	......	......	......	......	e	e o p v	e	......	e
1548	p v	......	......	......	......	e	e O p v	e	......	e
1551	E p v	......	......	......	......	e	e o p v	e	......	e
1554	E p v	......	......	......	......	e	e o p v	e	......	e
1556	E p v	......	......	......	......	e	e o p v	e	......	e
1561	E p v	......	......	......	......	e	e o p V	e	......	e
1567	e p v	......	......	......	......	e	e p v	e	......	e
1569	E p v	......	......	......	......	e	e p v	e	......	e
1577	e p v	......	......	......	......	e	e p v	e	......	e
1581	E p v	......	......	......	......	e	e p v	e	......	e
1596	e p v	......	......	......	......	e	e p v	e	......	e
1597	E p v	......	......	......	......	e	e p v	e	......	e
1598	e O p v	......	......	......	......	e	e p v	e	......	e
1601	e O p v	......	......	......	......	e	e p v	e	......	e
1609	E p v	......	......	......	......	e	e p v	e	......	e
1613	e O H v	......	......	......	......	e	e p v	e	......	e
1625	E o h p v	......	......	......	E	e	e p v	e	......	e
1629	E o h p v	......	......	......	e	e	e p v	e	......	e
1630	E o h p v	......	......	......	e	e	e p v	e	......	e
1632	e O h p V	......	......	......	e	e	e p v	e	......	e
1633	E o h p V	E	......	......	......	e	e p v	e	......	e
1635	e o h p v	......	......	......	E	e	e p v	e	......	e
1636	E o h p v	e	......	......	E	e	e p v	e	......	e
					Cervoises 1337-1465. Bières depuis 1625.		Viandes vendues au détail 1360-1465.	Oies seulement.		Huîtres, moules, et vendues. 1350-1351

I DROITS PRINCIPAUX.

		TABLEAU N° 3. — Combustibles.	TABLEAUX N°s 4-7. — Dépouilles d'animaux.	TABLEAU N° 8. — Matériaux.	TABLEAUX N°s 9-11. — Bois à ouvrer et ouvré.	TABLEAU N° 12. — Fourrages.	TABLEAUX N°s 13 ET 14. — Objets et animaux divers. — Moyens de transport.		
Beurres. I Fromages. Œufs.	Grains. Fruits. Légumes.	Bois. Charbons. Cendres.	Marchandises ouvrées ou non. — Métaux.	Chaux. Pierres. Briques. Tuiles. Ardoises.	Meubles. Ustensiles. Charpentes. Futailles.	Foin. Paille. Avoine.	Graisses et Suifs.	Sels. Cires. Épiceries. Drogueries. Teintures.	Poteries. Verreries.
......	......	V							
......	O	O v	......	......	O	O			
......	......	v							
......	......	v							
E P	E V	E v	E	......	E V	E	E V	E V	E
e p	e V	e V	e	......	e	e	e v	e V	e
e p	e V	e V	e V	V	e V	e	e v	e V	e
e p	e V	e V	e V	V	e V	e	e v	e V	e
e p	e V	e V	e V	V	e V	e	e v	e V	e
e p	e V	e V	e V	V	e V	e	e v	e V	e V
e p	e	e v	e v	v	e v	e V	e v	e v	e v
e p	e	e v	e v	v	e v	e v	e v	e v	e v
e p	e	e v	e v	v	e v	e v	e v	e v	e v
e p	e	e v	e v	v	e v	e v	e v	e v	e v
e p	e	e v	e v	v	e v	e v	e v	e v	e v
e p	e	e v	e v	v	e v	e v	e v	e v	e v
e p	e V	e v	e v	v	e v	e v	e v	e v	e v
e p	e	e v	e v	v	e v	e v	e v	e v	e v
e p	e	e v	e v	v	e	e v	e v	e V	e v
e p	e	e v	e v	v	e	e v	e v	e V	e v
e p	e	e v	e	......	e	e	e v	e	e
e p	e	e v	e	......	e	e	e v	e	e
e p	e	e v	e	......	e	e	e v	e	e
e p	e	e v	e	......	e	e	e v	e	e
e p	e	e v	e	......	e	e	e v	e	e
e p	e	e v	e	......	e	e	e v	e	e
e p	e	e v	e	......	e	e	e v	e	e
e p	e	e v	e	......	e	e	e v	e	e
e p	e	e v	e	......	e	e	e v	e	e
e p	e	e v	e	......	e	e	e v	e	e
e p	e	e v	e	......	e	e	e v	e	e
e p	e	e v	e	......	e	e	e v	e	e
e p	e	e v	e	......	e	e	e v	e	e
e r	e	e v	e	......	e	e	e v	e	e
e p	e	e v	e	......	e	e	e v	e	e
e p	e	e v	e	......	e	e	e v	e	e
e p	e	e v	e	......	e	e	e v	e	e
e p	e	e v	e	......	e	e	e v	e	e
e p	e	e v	e	......	e	e	e v	e	e
e p	e	e v	e	......	e	e	e v	e	e
e p	e	e ʌ	e	......	e	e	e v	e	e
e p	e	e v	e	......	e	e	e v	e	e
e p	e	e v	e	......	e	e	e v	e	e
e p	e	e v	e	......	e	e	e v	e	e
e p	e	e v	e	......	e	e	e v	e	e
e p	e	e v	e	......	e	e	e v	e	e
e p	e	e v	e	......	e	e	e v	e	e
e p	e	e v	e	......	e	e	e v	e	e
e r	e	e v	e	......	e	e	e v	e	e
e p	e	e v	e	......	e	e	e v	e	e
Beurres seulement pour le droit des comptrs	Blé 1213. Farine 1415. Pain 1268.	Bois seul 1170 et 1213. Tourbe 1360.	Pelleteries 1268-1351.	Meules et mortiers 1268. Ciment et plâtre. 1360.	Merrains 1213. Charrettes et Bateaux 1268.	Herbe 1268.		Miel et Sucres avec droits distincts.	

RÉCAPITULATION D

Années.	Tableau n° 1. Boissons et liquides. Vins.	Alcools.	Cidres et poirés.	Vinaigres et Verjus.	Bières.	Huile et Savons.	Tableau Comestibl[es] Bestiaux et Viandes.	Volailles et Gibier.	Poissons d'eau douce.	Poisso[ns] de mer.
1638	E o h p v	E	c	......	E	c	p	c	......	e
1640	E o h p v	E		......	......	c	p v	e	......	e
1641	E o h p v	E P	c	......	......	c	p v	c	......	e
1643	E o h p v	c	E	......	......	c	p v	c	......	e
1645	E o h p v	e	E	......	......	c	p v	e	......	e
1646	E o h p v	e	e	......	......	c	p v	c	......	e
1648	E v	c	c	......	c	c	c v	c v	......	
1651	E v	E	E	......	c	E	E v	c v	c	
1652	c	e	e	......	e	e	e V	c	e	e
1654	E v	E	E	......	e	c	e v	e	e	
1655	c v	e	c	......	c	e	c P v	e	e	
1657	c v	e	c	......	c	c	E v	c	e	
1658	c H v	e	e	......	c	e	e ʌ	c	e	
1659	c h v	E	c	......	c	c	E v	c	e	
1663	c h V	e	c	......	c	c	e v	e	e	
1680	E v	E	c	E	E	c	e v	e	e	
1681	c v	e	c	c	e	c	c v	c	e	
1682	e v	e	e	e	e	c	c v	c	c	
1683	c v	c	e	e	c	e	c v	c	e	
1686	E v	E	c	e	c	e	e v	e	c	
1687	c v	e	c	e	c	e	e v	e	c	
1690	c v	e	c	e	c	e	E	c	c	c
1691	c H v	e	e	c	c	e	c	e	c	
1692	a h x	e	e	e	e	E	c	E	E	E
1693	e h v	e	c	e	e	c	E	e	e	e
1696	c h v	e	c	c	c	c	e	c	c	e
1697	c h v	c	e	c P	c	c	c	e	e	e
1698	c h v	c	c	E	e	c	e	c	e	c
1702	c O h v	c	e	......	e	c	c	e	c	c
1704	c o h v	c	c	......	e	c	c O v	e	c	e
1705	c O h v	c O	c O	......	c	E	E o v	E	E H	E
1706	c O h v	c o	E o	......	E	c	c o v	c	c	e
1707	c O h v	c O	c O	o	E	c	c o v	c	e	c
1709	c o h v	c o	c o	o	e	E	E o v	c	E	E
1711	c o h v	c o	c o	o	c	c H	c o H v	c	c H	c H
1715	c o h v	c o	e o	o	e	c h	e o h v	e	e h	c h
1717	e o h v	c o	c o	o	c	c h	c o h v	e	c h	c h
1718	c o h v	c o	e o	o	c	c h	c o h v	e	e h	e h
1719	e o h v	e O	E o	o	c	c h	c o h v	e	c h	e h
1720	c o h v	c o	c o	o	c	c h	c o h v	e	c h	c h
1721	e o h	c o	c o	o	c	c h	c o h v	e	c h	e h
1722	e o h	c o	c o	o	c	c h	c o h v	c V	c h	c h
1729	e o h	c o	c o	o	c	c h	c o H v	e v	c h	c h
1730	c o h p	c o	e o P	o P	c O	c h P	e o h P v	e v	c h V	e h
1733	c O h p	e o	c o p	o p	e o	c h p	c o h v	c v	c h v	c h
1741	o O h p	c O	c O P	o p	c o	c h p	c o h v	e v	c h v	e h
1743	E o h p	E o	c o p	o p	E o	c h p	c o h P v	c v	c h v	c h
1744	c o h p	E o	c o p	o p	c o	c h p	c o h v	c v	c h v	c h
	Vins de liqueurs depuis 1640	Eau-de-vie double et esprit de vins 1687.	Poirés depuis 1680	Vinaigres en 1707. Verjus et vin gâtés en 1680.			Porcs seulement, 1648 et 1652. Viandes depuis 1680			Huîtres depuis 16

DROITS PRINCIPAUX. (Suite.)

		TABLEAU n° 3. — Combustibles.	TABLEAUX N°s 4-7. — Dépouilles d'animaux.	TABLEAU N° 8. — Matériaux.	TABLEAUX N°s 9-11. — Bois à ouvrer et ouvré.	TABLEAU n° 12. — Fourrages.	TABLEAUX 13 ET 14. — Objets et animaux divers. — Moyens de transport.		
Beurres. Fromages Œufs.	Fruits crus. Légumes secs.	Bois. Charbons. Houille. Cendres.	Marchandises ouvrées ou non. — Métaux.	Pierres. Chaux. Briques. Tuiles. Ardoises.	Futailles.	Foin. Paille Avoine, etc.	Graisses. Suifs. Chandelles.	Sels. Cires. Épiceries. Drogueries. Teintures.	Faïences. Porcelaines Cristaux. Verreries.
p	c	c	e	......	e	e	e	e	e
p	e	e v	e	......	e	e	e	e	e
p	e	e v	e	......	e	e	e	e	c
p	e	e v	e	......	e	e	e	e	e
p	e	e v	e	......	e	e	e	e	e
p	e	e v	c	......	e	e	e	e	e
p	e	v	......	......	e v	c	e	e	e
p	e	E v	E	......	E v	e	e	e	E
	e	c ·	e	......	e v	e	e	e	c
	e	c v	e	......	e v	e	e	e	e
	e	e v	e	......	e v	e	e	e	e
	e	e v	c	......	e v	e	e	e	e
	e	e v	c	......	c v	e	e	e	e
	e	c v	c	......	e v	c	e	e	e
	c	e v	c	......	e v	e	e	e	e
	c	e v	e	......	c v	e	c	e	e
	e	e v	e	......	c v	e	e	e	e
	e	e v	e	......	c v	e	e	e	e
	e	c v	e	......	e v	e	e	e	e
	e	e v	e	......	e v	c	e	e	e
	c	e v	e	......	e v	e	c	e	e
	e	e v	e	......	e v	e	c	e	e
	e	c v	e	......	e v	e	e	e	e
E	E	E v	E	......	E v	E	E	E	E
e	e	e v	e	......	e v	e	E	E	e
e	e	e v	e	......	c v	e	e	e	e
e	e	c v	c	......	e v	e	e	e	e
e	e	e v	c	......	e v	e	e	e	e
e	e	e v	c	......	c v	c p	e	e	e
e	e	e v	e	......	e v	e	e	e	e
E	E	E v	E	......	E v	E	E	E	e
e	c	c v	e	......	e v	e	e	e	e
e	e	e v	c	......	e v	e	E	e	e
E	E	e v	E	......	E v	E	E	E	E
e H	c H	e v	c H	......	e H	e H	e H	e	e H
e h	e h	c v	e h	......	c h	e h	e h	e	e h
e h	e h	e v	c h	......	c h	e h	e h	e	e h
e h	e h	c v	e h	......	c h	e h	e h	e	c h
e h	é h	c H v	e h	......	e h	c h	E h	e	e h
e h	e h	c h v	e h	......	c h	c h	c h	e	e h
e h	e h	c h v	e h	......	e h	e h	E	E	e h
e h V	e h	e h v	c h	......	e h	e h	E	e	e h
e h v	c h	e h v	e h	......	e h	c h	e h	e	e h
e h v	c h	e h P v	c h P	......	c H	c h P	c h P	e P	c h P
e h v	e h	e h p v	c h p	......	e h	e h p	e h p	e p	e h p
e h v	e h	e h p v	e h p	......	c h	c h p	c h p	e p	c h p
e h v	e h p	e h p v	e h p	E h	E H	E h p	e h p	c p	c h p
e h v	e h	e h p v	e h p	e h	c h	e h	e h p	e p	e h p
Fromages seuls 1268-1692.	Fruits et légumes frais 1268-1692.	Houille depuis 1783	Draps vendus au détail 1360-1465, en gros 1360-1644.		Bateaux vendus jusqu'en 1791. Déchirage 1730-1791.		Chandelles depuis 1640.		Verres et bouteille depuis 1640.

RÉCAPITULATION D[…]

ANNÉES.	TABLEAU N° 1. — BOISSONS ET LIQUIDES.						TABLEAU N° [...] — COMESTIBLES.			
	Vins.	Alcools.	Cidres et poirés.	Vinaigres et Verjus.	Bières.	Huiles et Savons.	Bestiaux et Viandes.	Volailles et Gibier.	Poissons d'eau douce.	Poissons de mer.
1748	c o h p	c o	e o p	o p	e o	e h p	c o h v	e v	e h v	e h
1756	e O h p	c o	e o p	o p	c O	c h p	e o h v	e v	e h v	e h
1757	c o h p	e O	e o p	o p	c o	c h p	e o h v	e v	c h v	e h
1758	e O h p	E o	e o p	o p	c o	e h p	e o h v	e v	c h v	e h
1767	E o h p	E o	E o p	o p	e o	E h p	c o h v	e v	e h v	e h
1771	c o H p	e H	e o p	o p	E o	c H p	e o H v	e v	c H v	e H
1775	E o h p	e h	c o p	o p	c o	c h p	e o h v	c v	c h v	e h
1776	E o h p	e h	e o p	o	e o	c h	E o h v	e H v	e h v	e h
1781	c o h p	e h	e o p	o	c o	E h	c o h v	c h v	c V	e h
1782	c o h p	e h	c o p	o	e o	e h	c o h v	c h v	v	e h
1791	c o h p	c h	e o p	o	c o	c h	c o h v	e h v	v	e h
1798	O	O	......	O	......	......	O	......	......	......
1799	O	O	......	O	O	......	O	......	......	......
1802	O	o	O	O	o	......	o	V	......	......
1803	O	O	......	O	O	......	o	v	......	......
1805	o	o	......	o	o	......	o	v	......	......
1806	E O	E o	E o	O	O	......	o	v	......	
1807	e o	e o	c o	o	o	......	o	V	......	
1808	c o	E O	e o	o	o	......	o	v	......	
1809	c O	E o	E o	o	o	......	o	V	V	
1811	c O	e o	e o	O	o	......	o	v	v	
1813	E o	E o	E o	o	o	......	o	v	v	
1814	E o	e o	e o	o	o	......	O	V	v	
1815	E O	E O	E o	o	O	......	o	v	v	
1816	E o	e o	e o	o	o	......	O	V	V	
1817	c o	c o	e o	o	o	E	o	v	v	
1818	E O	c o	c o	o	O	e	o	v	v	
1819	c o	c o	e o	o	o	e	o	v	v	
1820	e o	e o	e o	o	o	e	o	v	v	
1822	E o	e o	e o	o	o	O	o	v	v	
1823	c o	c o	e o	o	o	o	o	v	v	
1824	c o	E O	c o	o	o	o	o	v	v	
1825	c o	c o	c o	o	o	o	o	v	v	
1826	e o	c o	c o	o	o	o	o	v	v	
1829	e o	c o	e o	o	o	o	o	v	v	
1830	E O	E O	e o	o	o	o	o	v	v	
1832	c O	c O	e o	O	o	O	O	v	v	
1834	e o	e o	e o	o	o	o	o	v	v	v
1835	c O	c o	c o	o	o	o	o	v	v	v
1838	c o	c o	e o	o	o	o	o	v	v	v
1840	c o	e o	c o	o	o	o	o	v	v	v
1844	c o	c o	c o	o	o	o	o	v	v	v
1845	c o	e o	e o	o	o	o	o	v	v	v
1846	c o	e o	e o	o	o	o	o	v	v	v
1847	e o	c o	c o	o	o	o	O	O v	O v	O V
1848	c o	E o	e o	O	o	o	o	o v	O v	O v
1849	e o	c o	c o	o	o	o	o	o v	o v	o v
1850	e o	e o	e o	o	o	o	o	o v	o v	o v
	Vin en bouteilles 1820 et 1848.	Alcools dénaturés 1844.		Verjus jusqu'en 1791.	Fabrication 1803 et 1815.	Savons jusqu'en 1791. Huiles minérales 1832-1851.	Bœufs exceptés en 1832.			

ROITS PRINCIPAUX. (Suite.)

			TABLEAU N° 3. — Combustibles.	TABLEAUX N°s 4-7. — Dépouilles d'animaux.	TABLEAU N° 8. — Matériaux.	TABLEAUX N°s 9-11. Bois à ouvrer et ouvré.	TABLEAU N° 12. — Fourrages.	TABLEAUX N°s 13 ET 14. — Objets et animaux divers. — Moyens de transport.		
	Beurres. Fromages. Œufs.	Grains. Fruits. Légumes.	Bois. Charbons. Houille. Cendres.	Marchandises ouvrées ou non. — Métaux.	Chaux. Pierres. Briques. Tuiles. Ardoises.	Bois dur. Bois tendre Futailles.	Foin. Paille. Avoine. Orge.	Graisses. Suifs et Chandelles.	Sels. Cires. Épiceries. Drogueries.	Faïence. Porcelaine. Verrerie.
oe	h v	e h	e h p	e h p	e h p	e h	e h	E h p	e h p	e
oe	h v	e h	E h p	e h p	e h p	e h	e h	e h p	e h p	e
oe	h v	e h	e h p	E h p	e h p	e h	e h	e h	e h p	e
oe	h v	e h	E h p	e h p	e h p	e h	e h	e h	E h p	E
oc	h v	e h	e h p	e h p	e h p	e h	e h	e h	e h p	e
oe	[illegible] v	e H	e H p	e H p	e H p	e H	e h	e H	e H p	e H
oe	h v	e h	e h p	e h p	e h p	e h	e h	e h	e H p	e h
oe	h v	e h	e h p	e h p	e h p	e h	e h	e h	E h p	e h
oe	h v	e h	e h p	e h p	E h p	e h	e h	e h	e	e h
oe	h v	e h	e h p	e h p	e h p	e h	e h	e h	e	e h
oe	h v	e h	e h p	e h p	e h p	e h	e h	e h	e	e h
	......	......	O	......	O	......	O	......	......	
	......	......	O	......	O	......	O	......	......	
	......	......	......	......	o	o	o	......	......	
	......	......	......	......	O	o	O	......	......	
	......	......	......	......	o	o	o	......	......	
	......	......	......	......	o	o	o	......	......	
	......	......	......	......	o	o	o	......	......	
	......	......	......	......	o	o	o	......	......	
	V	V	......	......	o	o	o	......	......	
	V	v	......	......	o	o	o	......	......	
	V	v	......	......	o	O	o	......	......	
	v	v	......	......	o	o	o	......	......	
	v	v	O	......	o	o	o	......	......	
	V	v	o	......	o	o	o	......	O	
	v	v	O	......	O	o	o	O	o	
	V	v	O	......	o	o	o	o	o	
	O V	v	o	......	o	o	o	o	o	
	o v	v	o	......	o	o	o	o	o	
	o V	v	o	......	o	o	o	o	o	
	o v	v	o	......	o	o	o	o	o	
	o v	v	o	......	o	o	o	o	o	
	o v	v	o	......	O	O	o	o	o	
	o V	v	o	......	o	o	o	o	o	
	o v	v	o	......	o	o	o	o	o	
	o v	v	o	......	o	o	o	o	o	
	o v	v	O	......	o	o	O	o	o	
	o v	v	o	......	o	o	o	o	o	
	o v	V	o	......	o	o	o	o	o	
	o v	v	o	......	o	o	o	o	o	
	o v	v	o	......	o	o	o	o	o	
	o v	v	o	......	o	o	o	o	o	
	o v	v	o	......	o	o	o	o	o	
	o v	v	o	......	o	o	o	o	o	
	O V	v	o	......	o	o	o	o	o	
	O V	v	o	O	o	o	o	o	o	
	o	v	o	......	o	o	o	o	o	
	o v	v	o	......	o	o	o	o	o	
	Fromages O depuis 1817 Œufs O depuis 1849 Beurres O depuis 1848.	Farines et grains seuls depuis 1807.	Charbon de terre 1815 et 1817 sans changement depuis.	Cuivre et zinc 1848.	Plâtre 1818. Marbres et granits depuis 1825.	Bateaux depuis 1803. Bois depuis 1815.	Orge 1799, 1808, 1816 et 1818.		Sels et cires depuis 1817. Bougie stéarique depuis 1835.	

RÉCAPITULATION DI

Années.	Tableau n° 1. Boissons et liquides. Vins.	Alcools.	Cidres et poirés.	Vinaigres et Verjus.	Bières.	Huiles.	Tableau N… Comestibl… Bestiaux et Viandes.	Volailles et Gibier.	Poissons d'eau douce.	Poisso… de mer.
1852	e	c o	e o	o	O	O	O	o V	O v	O
1854	e	e o	e O	o	o	o	o	o v	o v	o
1855	E O	E o	e o	O	O	O	O	O v	O v	O
1860	e o	E o	e o	o	o	o	o	o v	o v	o
1863	e o	e o	e o	o	o	o	o	o v	o v	o
1865	e o	e o	e o	o	o	o	o	o v	o v	o
1870	e o	e o	e o	o	o	o	o	o v	o v	o
1871	E o	E O	e o	o	o	o	o	o v	o v	o
1872	e o	E o	e o	o	O	o	o	O V	O V	O
1873	E o	e o	E o	o	O	E O	o	o v	o v	o
1874	e O	e o	e o	O	o	e O	o	O v	o v	o
1875	e o	e o	e o	E O	o	e o	o	o	o V	O
1877	e o	e o	e o	e o	o	e o	o	o	o v	O
1878	e o	e o	e o	c O	o	e o	o	o	O v	o
1880	E O	e o	E O	e o	o	e o	o	o	o	o
1882	e o	e o	e o	e o	o	e o	o	o	o	o
1886	e o	e o	e o	e o	o	e o	o	o	o	o
	en bouteille 1874.	dénaturés 1874-1880.		Verjus O 1878.	Fabrication 1863.	Minérales. 1851.	Viandes. 1852 et 1855.		Poissons salés vend… 1864-2870. Huîtres 1875 et 18…	

Tableau n° 16.

RÉCAPITULATION DES DROITS ADDITIONNEI

Années.	Pour le Trésor — Sur ses droits.	Sur les droits de la ville, des Hôpitaux, des Officiers de police et de Vente.
1643		
1645		
1654		
1657		
1658		
1680		
1705		
1715		
1747		
1760		
1763		
1771		
1781		
1791		
1813		
1815		
1816		
1848		
1855		
1873		
1874		
1886		

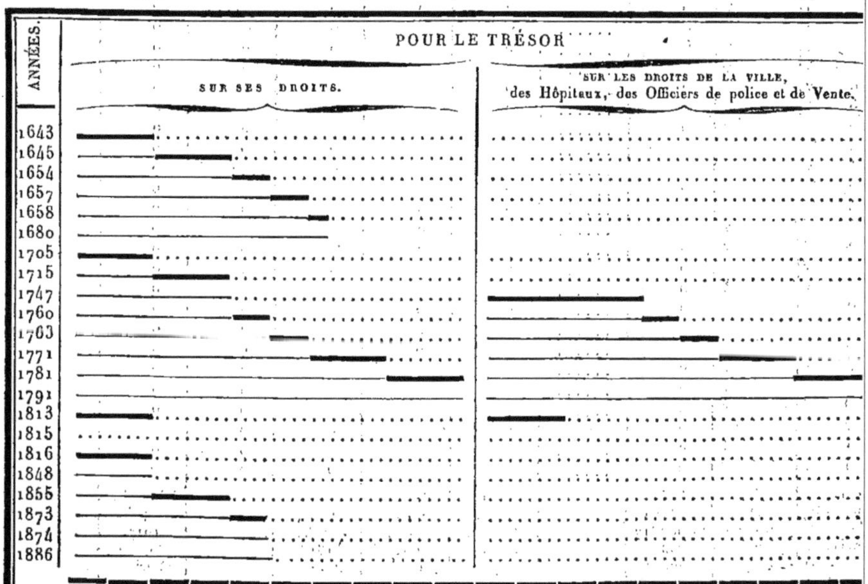

Échelle d'un droit principal d'une livre (20 sous) ou d'un franc. — La longueur des filets exprime la

DROITS PRINCIPAUX. (Fin.)

				TABLEAU n° 3. — Combustibles.	TABLEAU n° 7. — Métaux.	TABLEAU n° 8. — Matériaux.	TABLEAUX n°s 9-11. — Bois à ouvrer et ouvré.	TABLEAU n° 12. — Fourrages.	TABLEAUX N°s 13 ET 14. — Objets divers.		
Beurres. Fromages. Œufs.		Grains. Fruits. Légumes.		Bois. Charbons. Houilles.	Fer et Fonte.	Chaux. Pierres. Briques. Tuiles. Ardoises.	Bois dur. Bois tendre. Futailles.	Foin. Paille. Avoine. Orge.	Graisses. Suifs.	Sels. Cires. Spermaceti.	Vitres. Glaces. Bouteilles.
O	V			O	O	O	O	o	O	O	
o	v			O	o	o	o	o	o	O	
O	v		v	O	o	o	O	O	O	O	
o	v	O	v	o	o	O	o	o	o	o	
o	v	O	v	o	o	o	o	o	o	o	
o	v	o	v	o	o	o	o	o	o	o	
o	v	o	v	o	o	o	o	o	o	o	
o	v	o	v	o	o	O	o	o	o	o	
O	V		V	o	o	o	o	o	o	o	
o	v		v	o	o	o	o	o	o	o	O
o	v		v	o	o	o	o	o	o	o	o
o	v		v	o	o	o	o	o	O	O	o
o	v		v	O	o	O	o	o	o	o	o
O	v		v	o	o	o	o	o	o	o	o
o				o	o	o	o	o	o	o	O
o				o	O	O	o	o	o	o	o
o				o	o	o	o	o	o	o	o
Beurres 1852. Fromages 1858 et 72.		Grains 1863-1870.		Fagots, etc. 1874. Houilles 1854.	Fonte 1882.	Pierres, marbres et granits 1874.				Cires 1874.	

SUR TOUS LES OBJETS.

POUR LA VILLE SUR SES DROITS D'OCTROI.	DÉNOMINATIONS.
....	Deux sous pour livre } Parisis.
....	*Idem.* } Parisis.
....	Sou pour livre. } Parisis.
....	*Idem* sur les droits principaux et sur le parisis.
....	Six deniers sur les droits principaux et sur le dernier sou pour livre.
....	Deux sous pour livre.
....	*Idem.*
....	Sou pour livre.
....	*Idem.*
....	Deux sous pour livre.
....	*Idem.*
....	Décime de guerre, excepté sur les droits de vente.
——........................	Décime.
——........................	Décime de guerre.
——————........................	Deuxième décime, excepté sur les boissons et les viandes.
——————........................	*Idem* sur les boissons.
——————........................	Demi-décime sur les boissons.
——————........................	2e décime sur une partie des taxes pour les boissons et liquides.
——————........................	Supp.r vins, alcools et cidres, 1880; métaux et terres cuites, 1882.

quotité des droits en sus. La partie grasse représente les créations nouvelles et la partie maigre les créations antérieures.

TABLE

DES PRINCIPAUX OBJETS ASSUJETTIS.

www.ingramcontent.com/pod-product-compliance
Ingram Content Group UK Ltd.
Pitfield, Milton Keynes, MK11 3LW, UK
UKHW020333230726
13925UKWH00002B/766

9 782014 044881